narr STUDIENBÜCHER

Holger Siever / Anne Simone Wehberg

Ausgewählte Tempora und Modi des Spanischen

Ein Arbeitsbuch

Bibliografische Information der Deutschen Nationalbibliothek

Die Deutsche Nationalbibliothek verzeichnet diese Publikation in der Deutschen Nationalbibliografie; detaillierte bibliografische Daten sind im Internet über http://dnb.dnb.de abrufbar.

© 2016 · Narr Francke Attempto Verlag GmbH + Co. KG
Dischingerweg 5 · D-72070 Tübingen

Das Werk einschließlich aller seiner Teile ist urheberrechtlich geschützt. Jede Verwertung außerhalb der engen Grenzen des Urheberrechtsgesetzes ist ohne Zustimmung des Verlages unzulässig und strafbar. Das gilt insbesondere für Vervielfältigungen, Übersetzungen, Mikroverfilmungen und die Einspeicherung und Verarbeitung in elektronischen Systemen.
Gedruckt auf säurefreiem und alterungsbeständigem Werkdruckpapier.

Internet: www.narr-studienbuecher.de
E-Mail: info@narr.de

Printed in Germany

ISSN 0941-8105
ISBN 978-3-8233-6984-4

Inhaltsverzeichnis

1	**Einleitung**	**9**
2	**Die Vergangenheitszeiten**	**12**
2.1	Die Temporalsysteme im Deutschen und Spanischen	12
2.1.1	Das deutsche Temporalsystem	14
2.1.2	Das spanische Temporalsystem	15
2.1.3	Die Zeitenfolge im Spanischen	25
2.1.4	Kurze Zusammenfassung	27
2.2	**Die Vergangenheitszeiten im Deutschen**	**27**
2.2.1	Unterschiede zwischen Präsensperfekt und Präteritum im Deutschen	27
2.2.2	Das Präteritum	28
2.2.3	Das Präsensperfekt	29
2.2.4	Beispiele zu Präsensperfekt und Präteritum	30
2.2.5	Zusammenfassung zu Präsensperfekt und Präteritum	31
2.2.6	Übungen zu deutschem Präsensperfekt und Präteritum	31
	2.2.6.1 Aufgaben zu deutschem Präsensperfekt und Präteritum	31
	2.2.6.2 Lösungen zu deutschem Präsensperfekt und Präteritum	32
2.3	**Die spanischen Vergangenheitszeiten**	**34**
2.3.1	Das *Pretérito Perfecto Compuesto* in Spanischlehrwerken	34
2.3.2	Das *Perfecto Compuesto*	35
2.3.3	Das *PPS (Indefinido)*	36
2.3.4	Vergleich von *Perfecto Compuesto* und *PPS (Indefinido)*	37
2.3.5	Das *Imperfecto*	37
2.3.6	Vergleich von *Imperfecto* und *PPS (Indefinido)*	39
2.3.7	Das *Pluscuamperfecto*	41
2.3.8	Das *Pretérito Anterior*	42
2.3.9	Das *Condicional*	43
2.3.10	Die korrekte Verwendung der Vergangenheitszeiten	44
2.3.11	Reflexion und Selbsteinschätzung	46
2.4	**Annäherung an die spanischen Vergangenheitszeiten**	**47**
2.4.1	*Pretérito Perfecto Simple* und *Imperfecto* in einzelnen Sätzen	47
2.4.2	Die Vergangenheitszeiten im Lückentext	51
2.4.3	Text 1: *PPS (Indefinido)* in wissenschaftlichen Berichten	60
2.4.4	Text 2: *PPS (Indefinido)* in fachlichen Berichten	61
2.4.5	Text 4: *Imperfecto* und *PPS (Indefinido)* im Zusammenspiel	63
2.4.6	Text 5: *Imperfecto* und *PPS (Indefinido)* im Zusammenspiel	65

2.4.7	Text 6: *Imperfecto* und *PPS* (*Indefinido*) im Zusammenspiel	67
2.4.8	Text 7: *PPS* (*Indefinido*) in Erzähltexten	70

3 Übungen zu den Vergangenheitszeiten ... 73

3.1 Satzorientierte Übungen zu den Vergangenheitszeiten ... 73

- 3.1.1 Übung 1: einfache Sätze ... 73
  - 3.1.1.1 Übung 1: Aufgaben ... 73
  - 3.1.1.2 Übung 1: Lösungen ... 74
- 3.1.2 Übung 2: einfache Sätze ... 75
  - 3.1.2.1 Übung 2: Aufgaben ... 75
  - 3.1.2.2 Übung 2: Lösungen ... 76
- 3.1.3 Übersetzungsübung 3: einfache Sätze ... 77
  - 3.1.3.1 Übung 3: Aufgaben ... 77
  - 3.1.3.2 Übung 3: Lösungen ... 78

3.2 Textorientierte Übungen zu den Vergangenheitszeiten ... 79

- 3.2.1 Pedro y Carmen ... 80
  - 3.2.1.1 Pedro y Carmen: Lückentext ... 80
  - 3.2.1.2 Pedro y Carmen: Lösungen ... 81
  - 3.2.1.3 Pedro y Carmen: Anmerkungen zu den Lösungen ... 81
- 3.2.2 Gabriela ... 85
  - 3.2.2.1 Gabriela: Lückentext ... 85
  - 3.2.2.2 Gabriela: Lösungen ... 86
  - 3.2.2.3 Gabriela: Anmerkungen zu den Lösungen ... 86
- 3.2.3 Miguel S. Carbonell: Bolívar ... 90
  - 3.2.3.1 Bolívar: Lückentext ... 90
  - 3.2.3.2 Bolívar: Lösungen ... 91
  - 3.2.3.3 Bolívar: Anmerkungen zu den Lösungen ... 91
- 3.2.4 Juan L. Mera: Una mañana en los Andes ... 94
  - 3.2.4.1 Una mañana en los Andes: Lückentext ... 94
  - 3.2.4.2 Una mañana en los Andes: Lösungen ... 95
  - 3.2.4.3 Una mañana en los Andes: Anmerkungen zu den Lösungen ... 95
- 3.2.5 De Medina del Campo a Salamanca ... 98
  - 3.2.5.1 De Medina del Campo a Salamanca: Lückentext ... 98
  - 3.2.5.2 De Medina del Campo a Salamanca: Lösungen ... 99
  - 3.2.5.3 De Medina del Campo a Salamanca: Anmerkungen zu den Lösungen ... 99
- 3.2.6 José López Portillo y Rojas: En diligencia ... 103
  - 3.2.6.1 En diligencia: Lückentext ... 103
  - 3.2.6.2 En diligencia: Lösungen ... 104
  - 3.2.6.3 En diligencia: Anmerkungen zu den Lösungen ... 104
- 3.2.7 Carmen Martín Gaite: Entre visillos ... 108
  - 3.2.7.1 Entre visillos: Lückentext ... 108
  - 3.2.7.2 Entre visillos: Lösungen ... 109
  - 3.2.7.3 Entre visillos: Anmerkungen zu den Lösungen ... 109

3.2.8 Las Lenguas de España 115
    3.2.8.1 Las Lenguas de España: Lückentext 115
    3.2.8.2 Las Lenguas de España: Lösungen 116
    3.2.8.3 Las Lenguas de España: Anmerkungen zu Lösungen 116
3.2.9 Cristóbal Colón 118
    3.2.9.1 Cristóbal Colón: Lückentext 118
    3.2.9.2 Cristóbal Colón: Lösungen 119
    3.2.9.3 Cristóbal Colón: Anmerkungen zu den Lösungen 119
3.2.10 Los amantes de Teruel 123
    3.2.10.1 Los amantes de Teruel: Lückentext 123
    3.2.10.2 Los amantes de Teruel: Lösungen 124
    3.2.10.3 Los amantes de Teruel: Anmerkungen zu den Lösungen 124

4 Direkte und indirekte Rede 128

4.1 Grammatische Erläuterungen 128
4.1.1 Keine Umformung nötig: Das Tempus bleibt gleich 129
4.1.2 Umformung nötig: Das Tempus wird verändert 131
4.1.3 Keine Umformung möglich: Das Tempus bleibt gleich 133
4.1.4 Das Schema für die Tempusumformung 134
4.1.5 Der *Subjuntivo* in der indirekten Rede 135
4.1.6 Ausnahme: *PPS (Indefinido)* 136
4.1.7 Ausnahme: *Presente* mit futurischer Bedeutung 136
4.1.8 Umformung der Person 137
4.1.9 Umformung von Zeitausdrücken 137

4.2 Umformung in die indirekte Rede 138
4.2.1 Übung 1 zur indirekten Rede 138
4.2.2 Umformungslösungen zur Übung 1 139
4.2.3 Übung 2 zur indirekten Rede 140
4.2.4 Umformungslösungen zur Übung 2 141

5 Der *Subjuntivo* 142

5.1 Der Modus *Subjuntivo* 142

5.2 Der *Subjuntivo* in Verbindung mit Verben 144
5.2.1 Der *Subjuntivo* nach Verben der Gefühlsäußerung 144
5.2.2 Der *Subjuntivo* nach Verben der Willensäußerung 145
5.2.3 Der *Subjuntivo* nach verneinten persönlichen Stellungnahmen .. 146
5.2.4 Der *Subjuntivo* nach unpersönlichen Ausdrücken 147
5.2.5 Der *Subjuntivo* nach subjektiven Bewertungen 149
5.2.6 Der *Subjuntivo* nach einer unbestimmten Nominalgruppe 150
5.2.7 Der *Subjuntivo* in einem Relativsatz mit Eigenschaft oder Bedingung 152
5.2.8 Der *Subjuntivo* in einer kontrafaktischen verneinten Aussage 153

5.2.9 Der *Subjuntivo* nach *quienquiera, cualquiera, comoquiera* und *dondequiera*.... 153
5.2.10 Der *Subjuntivo* nach *como, cuanto, donde* und *según* 153
5.2.11 Der *Subjuntivo* nach festen Wendungen 155
5.2.12 Der *Subjuntivo* beim Einräumen eines Zugeständnisses....................... 155
5.2.13 Der *Subjuntivo* bei irrealen Vergleichen 155
5.2.14 Der *Subjuntivo* in Wunschsätzen 156
5.2.15 Der *Subjuntivo* bei Ausdrücken eines Zweifels oder Wunsches.............. 156

5.3 Der *Subjuntivo* in Verbindung mit Konjunktionen.......................... 157
5.3.1 Konjunktionen mit *Subjuntivo* 158
5.3.2 Konjunktionen mit *Subjuntivo* und Indikativ 159
    5.3.2.1 Die spanische Konjunktion *cuando*.................................... 159
    5.3.2.2 Die spanische Konjunktion *después de que*......................... 160
    5.3.2.3 Die spanische Konjunktion *hasta que* 160
    5.3.2.4 Die spanische Konjunktion *aunque*................................... 161
    5.3.2.5 Die spanische Konjunktion *por mucho que*......................... 163
    5.3.2.6 Die spanische Konjunktion *mientras*.................................. 163
    5.3.2.7 Die spanische Konjunktion *siempre que* 164
    5.3.2.8 Die spanische Konjunktion *cada vez que* 165
    5.3.2.9 Die spanischen Konjunktionen *así que* 166
    5.3.2.10 Die spanischen Konjunktionen *de modo que, de manera que, de forma que* 167

6 Übungen zum *Subjuntivo* 169

6.1 Einsetzübung 1: *Presente de Subjuntivo*.. 169
6.1.1 Einsetzübung 1: Aufgaben 169
6.1.2 Einsetzübung 1: Lösungen 170

6.2 Einsetzübung 2: *Presente de Subjuntivo*.. 171
6.2.1 Einsetzübung 2: Aufgaben 171
6.2.2 Einsetzübung 2: Lösungen 172

6.3 Einsetzübung 3: *Perfecto de Subjuntivo* und *Imperfecto de Subjuntivo* 173
6.3.1 Einsetzübung 3: Aufgaben 173
6.3.2 Einsetzübung 3: Lösungen 174

6.4 Einsetzübung 4: *Perfecto*, *Imperfecto* und *Pluscuamperfecto de Subjuntivo* 175
6.4.1 Einsetzübung 4: Aufgaben 175
6.4.2 Einsetzübung 4: Lösungen 176

6.5 Einsetzübung 5: Der *Subjuntivo* in Nebensätzen 177
6.5.1 Einsetzübung 5: Aufgaben 177
6.5.2 Einsetzübung 5: Lösungen 178

6.6	**Einsetzübung 6: Der *Subjuntivo* in Nebensätzen**....................	179
6.6.1	Einsetzübung 6: Aufgaben	179
6.6.2	Einsetzübung 6: Lösungen...	180
6.7	**Einsetzübung 7: *Subjuntivo* nach Konjunktionen**	181
6.7.1	Einsetzübung 7: Aufgaben	181
6.7.2	Einsetzübung 7: Lösungen...	182
6.8	**Einsetzübung 8: *Subjuntivo* nach Konjunktionen**	183
6.8.1	Einsetzübung 8: Aufgaben	183
6.8.2	Einsetzübung 8: Lösungen...	184
6.9	**Einsetzübung 9: *Subjuntivo* oder Indikativ nach Konjunktionen**....	185
6.9.1	Einsetzübung 9: Aufgaben	185
6.9.2	Einsetzübung 9: Lösungen...	186
6.10	**Einsetzübung 10: *Subjuntivo* oder Indikativ nach Konjunktionen** ..	187
6.10.1	Einsetzübung 10: Aufgaben	187
6.10.2	Einsetzübung 10: Lösungen...	188
6.11	**Einsetzübung 11: *Subjuntivo* oder Indikativ nach Konjunktionen** ..	189
6.11.1	Einsetzübung 11: Aufgaben	189
6.11.2	Einsetzübung 11: Lösungen...	190
7	**Die Zeitenfolge beim *Subjuntivo***	**191**
7.1	**Schema der Zeitenfolge beim *Subjuntivo***	**191**
7.2	**Beispiele zur Zeitenfolge beim *Subjuntivo***	**192**
7.2.1	Die Zeitenfolge in der Gegenwartsstufe	192
7.2.2	Die Zeitenfolge in der Vergangenheitsstufe	192
7.2.3	Vermischte Beispiele zur Zeitenfolge	193
7.3	**Auswahlübung 1: Zeitenfolge mit Indikativ oder *Subjuntivo***	**194**
7.3.1	Auswahlübung 1: Aufgaben	194
7.3.2	Auswahlübung 1: Lösungen	195
7.4	**Auswahlübung 2: Zeitenfolge mit Indikativ oder *Subjuntivo***	**196**
7.4.1	Auswahlübung 2: Aufgaben	196
7.4.2	Auswahlübung 2: Lösungen	197
7.5	**Auswahlübung 3: Zeitenfolge beim *Subjuntivo***	**198**
7.5.1	Auswahlübung 3: Aufgaben	198
7.5.2	Auswahlübung 3: Lösungen	199
7.6	**Auswahlübung 4: Zeitenfolge beim *Subjuntivo***	**200**
7.6.1	Auswahlübung 4: Aufgaben	200
7.6.2	Auswahlübung 4: Lösungen	201
7.7	**Auswahlübung 5: Zeitenfolge beim *Subjuntivo***	**202**
7.7.1	Auswahlübung 5: Aufgaben	202

7.7.2	Auswahlübung 5: Lösungen	203
7.8	**Einsetzübung 1: Konjunktionen mit und ohne *Subjuntivo***	**204**
7.8.1	Einsetzübung 1: Aufgaben	204
7.8.2	Einsetzübung 1: Lösungen	205
7.9	**Einsetzübung 2: Konjunktionen mit und ohne *Subjuntivo***	**206**
7.9.1	Einsetzübung 2: Aufgaben	206
7.9.2	Einsetzübung 2: Lösungen	207
7.10	**Einsetzübung 3: Konjunktionen mit und ohne *Subjuntivo***	**208**
7.10.1	Einsetzübung 3: Aufgaben	208
7.10.2	Einsetzübung 3: Lösungen	209
7.11	**Einsetzübung 4: Konjunktionen mit und ohne *Subjuntivo***	**210**
7.11.1	Einsetzübung 4: Aufgaben	210
7.11.2	Einsetzübung 4: Lösungen	211
8	***Condicional* und *Futuro* als Modi**	**212**
8.1	**Die Verwendung des *Condicional* als Modus**	**213**
8.2	**Die Verwendung des *Futuro* als Modus**	**214**
8.3	**Übungen zu *Condicional* und *Futuro***	**219**
8.3.1	Einsetzübung 1 zum *Condicional*	219
8.3.1.1	Einsetzübung 1: Aufgaben	219
8.3.1.2	Einsetzübung 1: Lösungen	220
8.3.2	Einsetzübung 2 zum *Condicional*	221
8.3.2.1	Einsetzübung 2: Aufgaben	221
8.3.2.2	Einsetzübung 2: Lösungen	222
8.3.3	Auswahlübung 1 zum *Condicional*	223
8.3.3.1	Auswahlübung 1: Aufgaben	223
8.3.3.2	Auswahlübung 1: Lösungen	224
8.3.4	Einsetzübung 1 zum *Futuro*	225
8.3.4.1	Einsetzübung 1: Aufgaben	225
8.3.4.2	Einsetzübung 1: Lösungen	226
8.3.5	Übersetzungsübung 1 zum *Futuro*	227
8.3.5.1	Übersetzungsübung 1: Aufgaben	227
8.3.5.2	Übersetzungsübung 1: Lösungen	228
9	**Bedingungssätze**	**229**
9.1	**Reale Bedingungen**	**229**
9.1.1	Reale Bedingungen in der Gegenwartsstufe	229
9.1.2	Reale Bedingungen in der Vergangenheitsstufe	229
9.1.3	Hypothetische Bedingungen	230
9.1.4	Irreale Bedingungen	231
9.1.5	Schema der Zeitenfolge in Bedingungssätzen	231

9.2	**Übungen zu Bedingungssätzen**		232
9.2.1	Einsetzübung 1: Indikativ und *Subjuntivo* im *si*-Satz		232
	9.2.1.1	Einsetzübung 1: Aufgaben	232
	9.2.1.2	Einsetzübung 1: Lösungen	233
9.2.2	Einsetzübung 2: Indikativ und *Subjuntivo* im *si*-Satz		234
	9.2.2.1	Einsetzübung 2: Aufgaben	234
	9.2.2.2	Einsetzübung 2: Lösungen	235
9.2.3	Einsetzübung 3: Indikativ und *Subjuntivo* im *si*-Satz		236
	9.2.3.1	Einsetzübung 3: Aufgaben	236
	9.2.3.2	Einsetzübung 3: Lösungen	237
9.2.4	Einsetzübung 4: Indikativ und *Subjuntivo* im *si*-Satz		238
	9.2.4.1	Einsetzübung 4: Aufgaben	238
	9.2.4.2	Einsetzübung 4: Lösungen	239
10	**Bibliografie**		240
10.1	**Primärliteratur**		240
10.2	**Sekundärliteratur**		240
10.3	**Internetquellen**		241

1 Einleitung

Der vorliegende Band richtet sich in erster Linie an Studierende der Translations-, Sprach- und Kulturwissenschaft im Fach Spanisch. Er wendet sich also an alle Studierenden der spanischen Sprache, vor allem aber an angehende Übersetzerinnen und Übersetzer bzw. Dolmetscherinnen und Dolmetscher. Die Studierenden haben durch den Band die Möglichkeit, sich einen eingehenden Überblick über ausgewählte Tempora und Modi des Spanischen zu verschaffen.

Zum einen bietet der Band den Studierenden die Möglichkeit, die verschiedenen Vergangenheitszeiten im Spanischen kennenzulernen und zu unterscheiden. Zum anderen wird beschrieben, wie und wann die Modi *Indicativo* und *Subjuntivo* (+ *Condicional*) zur Anwendung kommen. Im Unterschied zu herkömmlichen Lern- und Übungsgrammatiken werden in diesem Band auch die verschiedenen Übersetzungsmöglichkeiten der behandelten Tempora und Modi aufgezeigt.

Im Fokus des vorliegenden Bands stehen insbesondere zwei der wichtigsten Besonderheiten der spanischen Sprache: (a) Die Unterscheidung von *PPS (Indefinido)* und *Imperfecto* (samt deren Übersetzung) und (b) die Anwendung des *Subjuntivo* (samt dessen Übersetzung). Hinzu kommen als weitere Themen (c) die indirekte Rede sowie (d) *Condicional* und *Futuro* als Modus.

Die korrekte Verwendung der spanischen Vergangenheitszeiten ist für viele Spanisch lernende Schüler und Studierende eine große Herausforderung. Viele Lehrwerke bieten eine große Bandbreite an Erklärungen, vor allem zu den beiden Vergangenheitszeiten, die den Spanisch Lernenden am meisten Probleme bereiten: *PPS (Indefinido)* und *Imperfecto*.

Wer den Unterschied zwischen *PPS (Indefinido)* und *Imperfecto* wirklich begreifen will, muss zunächst das spanische Temporalsystem verstehen. Da sich aber das deutsche Temporalsystem grundlegend vom spanischen unterscheidet, müssen wir auch in aller Kürze auf das deutsche Temporalsystem eingehen. Dies ist umso mehr geboten, als den meisten deutschen Muttersprachlern der Unterschied zwischen den deutschen Vergangenheitszeiten Präteritum, (Präsens-)Perfekt und Plusquamperfekt in Funktion und Verwendung nicht ganz klar ist.

Der Band gliedert sich in drei Blöcke:

Der erste Block (Kapitel 2 und 3) behandelt die Anwendungs- und Übersetzungsmöglichkeiten der spanischen Vergangenheitszeiten, wobei die Unterschiede zwischen *PPS (Indefinido)* und *Imperfecto* im Vordergrund stehen.

Der zweite Block (Kapitel 4) ist der Zeitenverwendung bei der Umformung von der direkten Rede in die indirekte Rede gewidmet.

Im dritten Block (Kapitel 5 bis 9) geht es zum einen um die Anwendungs- und Übersetzungsmöglichkeiten des spanischen Modus *Subjuntivo* und zum anderen um die Anwendungs- und Übersetzungsmöglichkeiten von *Condicional* und *Futuro,* soweit sie modal (und nicht temporal) verwendet werden. Funktion und Verwendung von *Subjuntivo, Condicional* und *Futuro* werden den deutschen Modi *Indikativ* und *Konjunktiv* gegenübergestellt und erläutert. Unterschiede und Gemeinsamkeiten werden kritisch beleuchtet. Auf den Modus *Imperativo* wird in diesem Band nicht explizit eingegangen, da die Anwendungs- und Übersetzungsmöglichkeiten dieses Modus generell nur geringe Probleme bereiten.

Die herkömmliche Methode, die Unterschiede zwischen den beiden Vergangenheitszeiten *PPS (Indefinido)* und *Imperfecto* zu erklären, ist meist satzorientiert und besteht darin, den Lernenden sogenannte Signalwörter vorzugeben. Mit Hilfe dieser Signalwörter wird dann ein Lückentext ausgefüllt. Der Arbeitsauftrag hierzu lautet fast immer: *Indefinido o Imperfecto – Decide cuál de los dos tiempos de pasado se aplica en cada hueco.*

Auch geben Spanischlehrwerke den Ratschlag, die Entscheidung über *Indefinido* oder *Imperfecto* davon abhängig zu machen, ob eine Handlung oder ein Hintergrundgeschehen verbalisiert wird, eine genaue oder eine ungenaue Zeit in der Vergangenheit genannt wird, ein Märchen oder ein Bericht wiedergegeben wird usw. Mit Sicherheit sind diese Ratschläge nützlich und richtig, aber, um die Anwendung der Vergangenheitszeiten *PPS (Indefinido)* und *Imperfecto* korrekt zu beherrschen, bedarf es mehr als dieser starren Regeln.

Warum? In vielen Fällen hängt die Wahl zwischen *PPS (Indefinido)* und *Imperfecto* nicht von objektiven, kontextfreien Kriterien ab, die sich in einem Satzzusammenhang manifestieren. Ein spanischer Muttersprachler kann in (scheinbar) ein und demselben Satz das eine Mal *PPS (Indefinido)* und das andere Mal *Imperfecto* benutzen und damit etwas völlig Unterschiedliches ausdrücken, je nachdem, welche Erzählperspektive er gewählt hat, welche Logik des Textaufbaus gültig ist und in welchen satzübergreifenden Kontext der Satz eingebettet ist.

Auf diese Dreiheit aus **Erzählperspektive, Logik des Textaufbaus und satzübergreifenden Kontext** und deren Rolle für die Tempuswahl gehen viele Spanisch-Lehrwerke leider nicht genügend ein. Das führt dazu, dass selbst hoch motivierte Spanischstudierende sich nicht völlig im Klaren darüber sind, wann welche Zeit angewendet werden soll. Häufig wurde sogar davon berichtet, nach intensivem Studieren der Vergangenheitszeiten „noch weniger Klarheit zu haben als zuvor".

In der überwiegenden Mehrheit der Fälle ist die Tempuswahl durch diese Dreiheit aus Erzählperspektive, Logik des Textaufbaus und Kontext zu erklären. Nur in ganz wenigen Fällen reicht sie nicht für eine Erklärung der Tempuswahl aus. Dann behilft man sich mit dem Rekurs auf den subjektiven Äußerungswillen des Sprechers, der natürlich nicht objektivierbar oder in Regeln zu fassen ist.

Merke: *Für die Verwendung von* PPS (Indefinido) *und* Imperfecto *in schriftlichen Texten sind neben den grammatikalischen Zeitverhältnissen vor allem drei Faktoren entscheidend:*
  a) die Erzählperspektive
  b) die Logik des Textaufbaus und
  c) der satzübergreifende Kontext.

Im Spanischen erfolgt die Umformung der direkten Rede in die indirekte Rede nach logischen und nachvollziehbaren Regeln, deren Einübung für die meisten Studierenden keinen erhöhten Lernaufwand erfordert. Anders sieht dies jedoch beim *Subjuntivo*, dem dritten großen Thema des vorliegendes Bandes, aus, das auch eines der schwierigsten Kapitel der spanischen Grammatik bildet. Zwar gibt es auch hier für die allermeisten Fälle eindeutige, auf nachvollziehbaren grammatischen Kriterien beruhende Regeln für die Verwendung des *Subjuntivo*, dennoch ist die Bandbreite, wo eine Entscheidung des Sprechers gefordert ist, relativ groß.

Für deutschsprachige Studierende erschweren insbesondere drei Umstände den Umgang mit dem *Subjuntivo*: Erstens ist der *Subjuntivo* in der spanischen Schrift- und Umgangssprache allgegenwärtig und wird viel häufiger verwendet als der Konjunktiv in der deutschen Sprache, wo er in der Umgangssprache (außer bei den Modalverben)

1 Einleitung

nur noch selten zu hören ist. Zweitens gibt es eine ganze Reihe von Verben, Ausdrücken und Konjunktionen, die den *Subjuntivo* obligatorisch nach sich ziehen; sie zu lernen, ist eine Herausforderung, um die niemand herumkommt, der die spanische Sprache beherrschen möchte. Und drittens gibt es Konjunktionen, die sowohl mit dem *Subjuntivo* als auch mit dem Indikativ verbunden werden können. Wann welcher Modus eingesetzt wird, ist nicht beliebig, sondern folgt wieder nachvollziehbaren Regeln, die gelernt und eingeübt sein wollen. Wenn man jedoch die hinter der Verwendung des *Subjuntivo* stehende Logik einmal verstanden hat, erschließt sich das Kapitel *Subjuntivo* fast von selbst und verliert seinen »Schrecken«.

Der Band hat sich in den vergangenen zwölf Jahren im Rahmen verschiedener Lehrveranstaltungen zur spanischen Grammatik im Bachelor-Studiengang „Sprache, Kultur, Translation" am Fachbereich Translations-, Sprach- und Kulturwissenschaft der Johannes Gutenberg-Universität Mainz in Germersheim bewährt und wurde anhand der im Unterricht gewonnenen Erfahrungen sukzessive ergänzt und verbessert. Nach dieser langen Erprobungsphase scheint uns die Zeit nun reif, die Inhalte und Übungen dieses Bandes einem breiteren Kreis von Interessierten zugänglich zu machen.

2 Die Vergangenheitszeiten

2.1 Die Temporalsysteme im Deutschen und Spanischen

In diesem vorbereitenden Kapitel wollen wir uns zunächst einmal vergewissern, was Tempus und Modus eigentlich sind, um uns dann an die Unterschiede zwischen dem deutschen und dem spanischen Temporalsystem heranzuwagen.

In beiden Sprachen verwenden wir für viele Zeiten ähnliche Begriffe wie *Präsens – presente, Perfekt – perfecto, Futur – futuro, Konditional – Condicional* usw. Die annähernde Gleichheit der Wörter, die natürlich von der gemeinsamen lateinischen Wurzel herrührt, suggeriert eine annähernde Gleichheit der Funktionen, die diese Zeiten in den beiden Sprachen jeweils zu erfüllen haben. Gerade dies ist aber ein großer Irrtum. Insbesondere die genannten Zeiten weisen große Abweichungen hinsichtlich ihres funktionalen Gebrauchs auf.

Die Funktionen der einzelnen Zeiten müssen aus dem Zusammenhang des gesamten Temporalsystems einer Sprache hergeleitet werden. Die Ähnlichkeit der Bezeichnungen sollte nicht zu voreiligen – und daher meist: falschen – Schlüssen verleiten.

Wir werden zunächst in diesem Kapitel sämtliche Zeiten der deutschen und der spanischen Sprache aufzählen, um uns dann in den Kapitel 2.2 und 2.3 auf die jeweiligen Vergangenheitszeiten der beiden Sprachen zu konzentrieren.

Zeit ist nicht gleich Zeit. Grundsätzlich ist zwischen der chronologischen Zeit, mit der die Geschehnisse in unserer Welt gemessen werden, und der grammatikalischen Zeit zu unterscheiden (vgl. Benveniste 1966). Die chronologische Zeit ist unidirektional: Der Zeitpfeil verläuft stetig von links nach rechts. Die grammatikalische Zeit ist hingegen bidirektional. Sie nimmt ihren Ursprung in einem gedachten Nullpunkt, von dem aus ein Pfeil nach links in die Vergangenheit und ein anderer Pfeil nach rechts in die Zukunft zeigt (vgl. Bosque/Demonte 1999: 2.2874). Um Missverständnisse zu vermeiden, wollen wir – wie in der Sprachwissenschaft üblich – die grammatikalische Zeit als Tempus bezeichnen.

Die Begriffe Vergangenheit, Gegenwart und Zukunft sind zu stark mit der chronologischen Zeit unserer Alltagswelt identifiziert, so dass es ratsam ist, für die grammatikalische Analyse von Zeitverhältnissen andere Begriffe zu wählen. Handlungen und Ereignisse, die links vom Nullpunkt liegen, werden wir als *retrospektiv* bezeichnen. Dementsprechend gelten Handlungen und Ereignisse, die rechts vom Nullpunkt liegen, als *prospektiv*. Handlungen und Ereignisse, die auf der Nullpunktlinie liegen, heißen *parallel* (vgl. Bosque/Demonte 1999: 2.2874).

Der gedachte Nullpunkt wird auch als *origo* bezeichnet, nach dem lateinischen Wort für Ursprung. Dieser Nullpunkt fällt häufig mit dem Sprechzeitpunkt zusammen, aber eben nicht immer. Der Sprechzeitpunkt ist immer derjenige Zeitpunkt, zu dem eine Äußerung in der realen Welt getätigt wird. Daher spricht man auch vom Äußerungszeitpunkt. Aber wenn wir über Vergangenes, Zukünftiges, Hypothetisches oder Irreales reden, kommt es vor, dass wir unsere Gesprächspartner auffordern, *sich gedanklich in jene Zeit zu versetzen*, über die wir sprechen. Der gedachte Nullpunkt wird dann vom Sprecher in die Vergangenheit oder in die Zukunft (oder in eine andere hypothetische oder irreale Zeit) verlegt. Sobald wir sozusagen aus der realen Welt austeigen und eine fiktive Welt betreten, treten Nullpunkt und Sprechzeitpunkt auseinander.

2.1 Die Temporalsysteme im Deutschen und Spanischen

Obwohl die Bezeichnung *origo* etwas anderes suggerieren mag, ist der Nullpunkt nicht fix, sondern variabel und kann – je nach den Erzählbedürfnissen des Sprechers – in verschiedene zeitliche Kontexte verlegt werden. Deshalb bevorzugen wir für diesen Sachverhalt die Bezeichnung Referenzzeit.

Für die grammatikalische Zeitanalyse unterscheiden wir nach Reichenbach (1947/1966) drei Zeitpunkte, nämlich: (a) den **Sprechzeitpunkt** (auch Äußerungszeitpunkt; *punto del habla*), (b) den **Ereigniszeitpunkt** (*punto del evento*) und (c) den **Referenzzeitpunkt** (*punto de referencia*) (NGLE 2010: 428). Zwei Beispiele mögen diese drei Begriffe veranschaulichen:

2.1.1   *Ich schreibe morgen einen Brief.*

Im Beispielsatz 2.1.1 ist der Zeitpunkt, zu dem der Satz geäußert wird, der Sprechzeitpunkt (bzw. Äußerungszeitpunkt), der mit dem Adverb *morgen* bezeichnete Zeitraum ist der Referenzzeitpunkt und die Zeit, die für das Schreiben des Briefes benötigt wird, ist der Ereigniszeitpunkt.

2.1.2   *La prensa informó el día doce de que el paquete había llegado hacía dos días.*

Im Beispielsatz 2.1.2 geht es um das Zusammenspiel von *PPS (Indefinido)* und *Pluscuamperfecto*. Auch hier ist der Sprechzeitpunkt wieder der Zeitpunkt, zu dem der Satz geäußert wird. Der Referenzzeitpunkt ist aber in die Vergangenheit verlegt. Da wir es mit einem Hauptsatz und einem Nebensatz zu tun haben, gibt es zwei Ereigniszeitpunkte die mit den Verben *informar* und *llegar* angedeutet sind. Entscheidend ist nun, dass das Ereignis im Hauptsatz (*la prensa informó*) hier als Referenzzeitpunkt für das im Nebensatz ausgedrückte Ereignis (*el paquete había llegado*) fungiert. Da das Paket eingetroffen sein muss, bevor die Presse über das Eintreffen berichten kann, ist klar, dass der Ereigniszeitpunkt des Nebensatzereignisses (*el paquete había llegado*) vorzeitig zum Referenzzeitpunkt liegen muss: Zuerst muss das Paket eingetroffen sein, bevor die Presse darüber berichten kann. Da für den Referenzzeitpunkt ein Verb im *PPS (Indefinido)* benutzt wurde, ist es typisch, dass hier die Vorzeitigkeit durch ein Verb im *Pluscuamperfecto* ausgedrückt wird.

Wenn wir Handlungen und Ereignisse in ihrem Vorher, Während und Nachher verorten wollen, tun wir dies am besten nicht durch Verweis auf *einen* bestimmten Zeitpunkt, sondern indem wir stets Sprechzeitpunkt, Referenzzeitpunkt und Ereigniszeitpunkt(e) aufeinander beziehen.

Tempus ist eine grammatikalische Kategorie, mit der es möglich ist, Handlungen und Ereignisse in Bezug zu einem gedachten Nullpunkt zu verorten, der in der Regel mit dem Sprechzeitpunkt zusammenfällt (vgl. NGLE 2010: 426; Bosque/Demonte 1999: 2.2874). In der Grammatik geht es also nicht um eine absolute Zeit (wie etwa in der Physik), sondern um eine relative Zeit, d. h. um Zeitpunkte und Zeiträume, die relativ zu einem vom Sprecher gewählten Zeitpunkt verortet werden. In der Grammatik gibt es deshalb auch keinen absoluten Nullpunkt, in dem „die Zeit beginnt" und auf den alle Handlungen und Äußerungen bezogen werden, sondern stets nur relative Nullpunkte, die stets auf bestimmte, in Frage stehende Sprecheräußerungen bezogen sind.

Bei der Einteilung der Tempora werden in der Sprachwissenschaft grundsätzlich drei Unterscheidungen herangezogen: Erstens wird nach Art der Bildung zwischen einfachen Zeiten (*tiempos simples*) und zusammengesetzten Zeiten (*tiempos compuestos*) unterschieden; zweitens wird nach der Zugehörigkeit zu einem Modus zwischen Indikativzeiten und Konjunktivzeiten (*Subjuntivo*-Zeiten) – sowie dem Imperativ – unterschieden; und drittens wird zwischen Aktiv- und Passivzeiten gemäß dem *genus verbi (voz)* unterschieden. Die Passivzeiten werden im Folgenden nicht systematisch behandelt.

Modus ist eine weitere Kategorie des Verbs, die die Faktizität oder Nicht-Faktizität des Ausgesagten thematisiert. Man unterscheidet im Deutschen und Spanischen drei Modi: Indikativ *(indicativo)*, Konjunktiv *(subjuntivo)* und Imperativ *(imperativo)*. Grundsätzlich gibt der Modus die Einstellung des Sprechers hinsichtlich der Faktizität seiner Äußerung zu erkennen. Die Verwendung eines bestimmten Modus (meist des Konjunktivs bzw. *Subjuntivo*) kann aber auch durch syntaktische Abhängigkeiten, insbesondere in Nebensätzen, erforderlich sein, ohne dass eine bestimmte Sprechereinstellung damit zum Ausdruck kommen soll. Die syntaktische Abhängigkeit ist besonders im Spanischen zu beachten.

El modo pone de manifiesto en la flexión verbal la actitud del hablante hacia la información que se enuncia, pero expresa también la dependencia formal de algunas oraciones subordinadas respecto de las clases de palabras que las selccionan o de los entornos sintácticos en los que aparecen. (NGLE 2010: 7)

Äußerungen im **Indikativ**[1] behaupten die Tatsächlichkeit des Gesagten. Die in der Aussage bezeichneten Sachverhalte werden vom Sprecher als gegeben dargestellt (Bußmann 2008: 282). Daher wird der Indikativ auch als Wirklichkeitsform bezeichnet. Der **Konjunktiv**[2] legt hingegen lediglich die Möglichkeit des Gesagten nahe und wird daher auch Möglichkeitsform genannt. Mit dem Konjunktiv wird oft eine Relativierung des Gesagten oder eine subjektive Stellungnahme des Sprechers zum Ausdruck gebracht (Bußmann 2008: 359). Für Wünsche, Aufforderungen, Befehle usw. wird in der Regel (aber nicht ausschließlich) der **Imperativ** oder die Befehlsform verwendet.

Nach diesen begrifflichen Vorklärungen sind wir gerüstet, uns die Temporalsysteme des Deutschen und Spanischen näher anzusehen.

2.1.1 Das deutsche Temporalsystem

Im Deutschen sind wir gewohnt, drei Zeiträume zu unterscheiden: Vergangenheit, Gegenwart und Zukunft. Diese drei Zeiträume ordnen wir gerne linear auf einem Zeitpfeil an.

Vergangenheit   Gegenwart   Zukunft

-->

Abb. 1: Der Zeitpfeil

Die für das Spanische wichtige Kategorie der Zeitstufe (oder Zeitebene) gibt es im Deutschen nicht (siehe Kap. 2.1.2; vgl. Cartagena/Gauger 1989: 1.370).

Die Duden-Grammatik (Duden 2006: 4.437) zählt nur zwei einfache Zeiten im Indikativ auf. Hinzu kommen die zusammengesetzten Zeiten im Indikativ, nämlich zwei mit *haben*, zwei mit *werden* und zwei mit *haben* und *werden* gebildete Zeiten. Außerdem führt die Duden-Grammatik für den Konjunktiv zwei einfache und zwei mit *haben*

---

[1] Von lat. *modus indicativus* = anzeigender, zur Aussage geeigneter Modus (Bußmann 2008: 282).
[2] Von lat. *modus coniunctivus* = verbindender Modus (Bußmann 2008: 359).

2.1 Die Temporalsysteme im Deutschen und Spanischen

gebildete Zeiten auf. Insgesamt umfasst das deutsche Temporalsystem also zwölf Zeiten (Tempora).

Modus	Das deutsche Temporalsystem (vgl. Duden 2006: 437)		
	Einfache Tempora	Mit *haben* gebildete Tempora	Mit *werden* gebildete Tempora
Indikativ	Präsens (er singt)	Perfekt (er hat gesungen)	Futur I (er wird singen)
	Präteritum (er sang)	Plusquamperfekt (er hatte gesungen)	Konditional I (er würde singen)
		Futur II (er wird gesungen haben)	
		Konditional II (er würde gesungen haben)	
Konjunktiv	Präsens (er singe)	Perfekt (er habe gesungen)	
	Präteritum (er sänge)	Plusquamperfekt (er hätte gesungen)	

Versucht man die wichtigsten Indikativzeiten des Deutschen auf dem Zeitpfeil einzutragen, ergibt sich folgendes Bild:

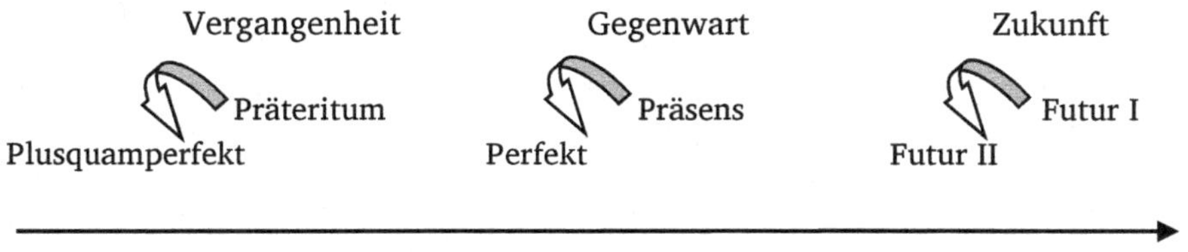

```
        Vergangenheit          Gegenwart              Zukunft
             ↷Präteritum          ↷Präsens              ↷Futur I
   Plusquamperfekt            Perfekt              Futur II
   ──────────────────────────────────────────────────────────►
```

Abb. 2:   Der Zeitpfeil und die deutschen Zeiten

2.1.2   Das spanische Temporalsystem

Das spanische Temporalsystem ist insgesamt viel logischer aufgebaut als das deutsche. Die *Nueva Gramática de la Lengua Española* der Real Academia (NGLE 2010: 428) zählt fünf einfache Zeiten im Indikativ und drei einfache Zeiten im *Subjuntivo* auf. Hinzu kommen ebenfalls fünf zusammengesetzte Indikativzeiten und drei zusammengesetzte *Subjuntivo*-Zeiten. Insgesamt umfasst das spanische Temporalsystem 16 Zeiten oder Tempora.

Im Spanischen unterscheiden wir **zwei Zeitstufen** (oder Zeitebenen), die üblicherweise Gegenwart und Vergangenheit genannt werden. Cartagena/Gauger (1989: 1.342) bezeichnen sie in Anlehnung an Coseriu (1976) wesentlich genauer als aktuelle Zeitebene (»Gegenwart«) und inaktuelle Zeitebene (»Vergangenheit«).

Das spanische Temporalsystem (vgl. NGLE 2010: 428)		
Modus	Einfache Tempora	Zusammengesetzte Tempora
Indikativ	*Presente* (canto)	*Pretérito Perfecto Compuesto* (he cantado)
	Pretérito Perfecto Simple o Indefinido (canté)	*Pretérito Anterior* (hube cantado)
	Imperfecto (cantaba)	*Pluscuamperfecto* (había cantado)
	Futuro Simple (cantaré)	*Futuro Compuesto* (habré cantado)
	Condicional simple (cantaría)	*Condicional Compuesto* (habría cantado)
Subjuntivo	*Presente* (cante)	*Pretérito Perfecto Compuesto* (haya cantado)
	Imperfecto (cantara/cantase)	*Pluscuamperfecto* (hubiera/hubiese cantado)
	Futuro Simple (cantare)	*Futuro Compuesto* (hubiere cantado)

Die **aktuelle Zeitebene** liegt im Augenblick des Sprechens vor. Sie wird mit den folgenden Tempora wiedergegeben: *Presente, PPS (Indefinido)* und *Futuro* (vgl. Cartagena/Gauger 1989: 1.342). Dies bedeutet aber nicht, dass der Sprecher sich mit diesen drei Tempora auf gegenwärtig sich Ereignendes bezieht. Dies ist nur beim *Presente* der Fall.

Das Adjektiv *aktuell* sollten wir so verstehen, dass damit die *Relevanz* für den Sprechzeitpunkt gemeint ist. Mit dem *Pretérito Perfecto Simple*, das *PPS* abgekürzt wird und häufig auch als *Indefinido* bezeichnet wird, werden Fakten berichtet, die zwar vergangen und abgeschlossen, für den Sprecher aber aktuell relevant sind (und deshalb erwähnt werden müssen). Mit dem *Futuro* werden Vorhaben und Absichten, aber auch Vermutungen geäußert, die aktuell relevant sind, auch wenn sie erst zu einem späteren Zeitpunkt verwirklicht werden (Vorhaben, Absichten) oder sich als richtig/falsch herausstellen können (Vermutungen). *Presente, PPS (Indefinido)* und *Futuro* sind die drei Tempora, „die auf die Linie der realen Zeit gebracht werden" können (Cartagena/Gauger 1989: 1.342).

Die **inaktuelle Zeitebene** bezeichnet Handlungen und Ereignisse, die nicht die reale Zeit betreffen, also in der Regel vergangen sind und für den Sprechzeitpunkt keinerlei Relevanz mehr besitzen. Sie bildet in der Regel den Hintergrund für andere Handlungen.

Das Adjektiv *inaktuell* sollten wir so verstehen, dass wir die Ebene der realen Zeit verlassen und uns entweder in die Vergangenheit oder in fiktive Szenarien versetzen. Dies ist typischerweise beim Geschichtenerzählen oder Träumen der Fall. *Imperfecto* und *Condicional* sind die zwei Tempora, „die nicht die Linie der realen Zeit betreffen" (Cartagena/Gauger 1989: 1.342).

2.1 Die Temporalsysteme im Deutschen und Spanischen

Zu den beiden Zeitstufen treten **drei Zeitverhältnisse** hinzu, nämlich Vorzeitigkeit (*anterioridad*), Gleichzeitigkeit (*simultaneidad*) und Nachzeitigkeit (*posterioridad*). Sie geben die Beziehung des sprachlich Dargestellten zum Sprechzeitpunkt an. Cartagena/Gauger (1989: 1.342) verwenden für die drei Zeitverhältnisse die Begriffe *Retrospektivität, Parallelität* und *Prospektivität*. Verknüpft man die beiden Zeitstufen mit den drei Zeitverhältnissen ergeben sich **sechs Zeiträume**. Das Ergebnis lässt sich im folgenden Sechser-Schema darstellen, das eine aus didaktischen Gründen etwas vereinfachte Abwandlung des Schemas von Coseriu (1976: 171) ist:

Vereinfachtes Sechser-Schema			
Zeitverhältnis Zeitstufe	Vorzeitigkeit (vorher)	Gleichzeitigkeit (jetzt)	Nachzeitigkeit (nachher)
Gegenwart	*Perfecto*	*Presente*	*Futuro*
Vergangenheit	*Pluscuamperfecto*	*Imperfecto / Indefinido*	*Condicional*

Aus dem Schema ergibt sich, dass das **Pretérito Perfecto Compuesto** (kurz: *Perfecto*) des Spanischen keine Vergangenheitszeit, sondern eine **Gegenwartszeit** ist. Um genau zu sein, ist es die Zeit der Vorzeitigkeit in der Gegenwartsstufe. Interessant ist in diesem Zusammenhang vielleicht, dass der venezolanisch-chilenische Grammatiker Andrés Bello (1847) das Perfekt als *ante-presente* (»Vorgegenwart«) bezeichnet hat. Dies ist ein deutlicher Hinweis auf den gegenwartsbezogenen Charakter des spanischen Perfekts.

Außerdem ergibt sich daraus, dass das spanische *Futuro* keine Zukunftszeit ist, sondern die Zeit der Nachzeitigkeit in der Gegenwartsstufe. Das *Condicional* ist die Zeit der Nachzeitigkeit in der Vergangenheitsstufe und kann dementsprechend etwas vereinfachend auch als „Futur der Vergangenheit" bezeichnet werden.

Futuro und *Condicional* haben neben der temporalen Funktion, Nachzeitigkeit zu markieren, noch weitere – modale – Aufgaben (siehe Kapitel 8). Der Vollständigkeit halber sei erwähnt, dass die beiden *Subjuntivo*-Zeiten *Futuro Simple (cantare)* und *Futuro Compuesto (hubiere cantado)* in der Gegenwartssprache kaum mehr gebraucht werden (vgl. NGLE 2010: 459f.) und deshalb im Rahmen dieses Bands nicht behandelt werden.

Im vorliegenden Skript arbeiten wir mit zwei verschiedenen Begrifflichkeiten, die der Übersicht halber hier tabellarisch aufgeführt sein sollen. Es ist allerdings anzumerken, dass die Parallelisierung der Begrifflichkeiten nicht bedeuten soll, dass die jeweiligen Begriffe denselben Begriffsumfang (Extension) oder denselben Begriffsinhalt (Intension) haben, *vulgo*: dasselbe bedeuten. Wir haben es eher mit einander überlappenden Begriffen zu tun.

Gegenüberstellung der beiden verwendeten Begrifflichkeiten		
	Klassische Begrifflichkeit	**Begrifflichkeit von Cartagena/Gauger**
Erste Gliederungsebene	Gegenwart Vergangenheit	Aktualität Inaktualität
Zweite Gliederungsebene	Vorzeitigkeit Gleichzeitigkeit Nachzeitigkeit	Retrospektivität Parallelität Prospektivität

Auch wenn es so aussehen mag, als könnten wir die klassischen Begriffe eins zu eins durch die von Cartagena/Gauger vorgeschlagenen Begriffe austauschen, erkennt man spätestens, wenn man die jeweiligen Tempora in das folgende Schema der primären Perspektive einsetzt und mit dem zuvor aufgeführten vereinfachten Sechser-Schema vergleicht, dass sie nicht identisch sind. Es dürfte nicht verwundern, dass sich ausgerechnet an den drei Stellen etwas geändert hat, die von *Pretérito Perfecto Compuesto (Perfecto), PPS (Indefinido)* bzw. *Imperfecto* besetzt werden – also genau den drei Tempora, die uns Spanischlernenden am meisten Kopfzerbrechen bereiten.

Schema der primären Perspektive			
	retrospektiv	parallel	prospektiv
aktuell	*Pretérito Perfecto Simple* (*canté*)	*Presente* (*canto*)	*Futuro* (*cantaré*)
inaktuell	Systematische Leerstelle	*Imperfecto* (*cantaba*)	*Condicional* (*cantaría*)

Das vereinfachte Sechser-Schema ist zu stark vom Deutschen her konstruiert. Aber auch das Schema der primären Perspektive ist noch unterkomplex und muss erweitert werden. Schließlich sind *Perfecto Compuesto* und *Pluscuamperfecto* nicht darin enthalten, vom *Pretérito Anterior* ganz zu schweigen. Wenn man sich noch intensiver mit dem spanischen Temporalsystem auseinandersetzt, erkennt man, dass eine dritte Gliederungsebene erforderlich ist, um das spanische Temporalsystem vollständig beschreiben zu können.

Wir haben das vereinfachte Sechser-Schema erhalten, indem wir in die grundlegende Dichotomie zwischen *Aktualität* und *Inaktualität* eine zusätzliche Perspektive gleichsam hineinkopiert haben, nämlich jene *primäre Perspektive*, die durch die Trichotomie von *Retrospektivität, Parallelität* und *Prospektivität* gebildet wird. Dadurch haben wir sechs Zeiträume erhalten. Wir können die Kopieraktion wiederholen, indem wir dieselbe Trichotomie in jeden einzelnen Zeitraum noch einmal hineinkopieren. Dadurch erhalten wir zusätzlich eine *sekundäre Perspektive* und insgesamt 15 Zeiträume, da die systematische Leerstelle (inaktuell-retrospektiv) auch nach dem Kopieren leer bleibt. Das Ergebnis ist das vollständige Schema der spanischen Tempora auf Seite 20, das wir von Cartagena/Gauger (1989) übernommen haben, aber letztlich auf die Forschungen des großen Sprachwissenschaftlers Eugenio Coseriu (1976) zum romanischen Verbalsystem zurückgeht.

Wie die Abbildungen 3 und 4 auf den Seiten 21 und 22 zeigen, führen Cartagena/Gauger (1989: 1.348) zusätzlich zu den oben genannten einfachen und zusammengesetzten Zeiten noch weitere 5 periphrastische Zeiten an, die nach dem Schema *ir + a + Infinitiv* gebildet werden. Das bekannteste Beispiel ist das sogenannte *Futuro Próximo* (*voy a cantar*). Diese periphrastischen Zeiten beziehen sich stets auf eine Ereigniszeit, die – in der sekundären Perspektive – nachzeitig zum Referenzzeitpunkt liegt.

Um terminologische Missverständnisse zu vermeiden, bevorzugen wir im Rahmen dieses Lehrwerks die Kategorien der *Retrospektivität, Parallelität* und *Prospektivität* nur auf die Tempora der primären Perspektive anzuwenden. Für die Tempora der sekundären Perspektive verwenden wir die Begriffe Vorzeitigkeit, Gleichzeitigkeit und Nachzeitigkeit.

Im Hinblick auf die Textkonstitution und den Schilderungsverlauf von Texten ist bemerkenswert, dass nur die aktuellen Tempora der primären Perspektive die Fähig-

2.1 Die Temporalsysteme im Deutschen und Spanischen

keit besitzen, einen **Referenzzeitpunkt** zu setzen. Die inaktuellen Tempora und die Tempora der sekundären Perspektive können dies nicht. Sie können nur in Abhängigkeit von *PPS (Indefinido)*, *Presente* oder *Futuro* verwendet werden.

Gleichzeitigkeit bedeutet, dass das sprachlich Ausgedrückte gleichzeitig zum Sprechzeitpunkt stattfindet, während Vorzeitigkeit sich darauf bezieht, dass das sprachlich Ausgedrückte *vor* dem Sprechzeitpunkt stattfand, und Nachzeitigkeit, dass es erst *nach* dem Sprechzeitpunkt stattfinden wird (NGLE 2010: 427).

An dieser Stelle sind wohl ein paar grundlegende Worte zum spanischen **Präsens** (*presente*) angebracht, bevor wir uns in den folgenden Kapiteln auf die Vergangenheitszeiten beschränken. Denn das Präsens kann sich im Spanischen – übrigens wie auch im Deutschen – nicht nur auf Gegenwärtiges, sondern auch auf Vergangenes oder Zukünftiges beziehen.

Wenn der Sprecher das Präsens verwendet, dann dehnt er die Gegenwart gleichsam so weit aus, dass Ereigniszeitpunkt, Referenzzeitpunkt und Sprechzeitpunkt im selben Zeitraum liegen. In der Alltagssprache machen wir das ganz automatisch so, fast ohne nachzudenken, wie die beiden folgenden Beispielsätze zeigen:

2.1.3 Mañana voy de vacaciones.

2.1.4 Morgen fahre ich in Urlaub.

Natürlich gehören *mañana* und *morgen* chronologisch gesehen zur Zukunft. Wenn wir diese Zeitadverbien aber in Verbindung mit dem Präsens verwenden, dann suggerieren wir, dass der morgige Tag subjektiv oder »gefühlt« schon für uns Gegenwart geworden ist; zum Beispiel, weil wir uns so sehr auf den Urlaub freuen – und die Freude empfinden wir ja jetzt und nicht erst morgen.

Das Präsens erfüllt im Wesentlichen sieben Funktionen. Dementsprechend unterscheidet man das punktuelle, das kontinuierliche und das generische Präsens (NGLE 2010: 436), die im engeren Sinne präsentische Funktionen erfüllen, von dem historischen, dem retrospektiven, dem prospektiven und dem deontischen Präsens (NGLE 2010: 437), bei denen der Gegenwartszeitraum in die Vergangenheit bzw. Zukunft ausgedehnt wird.

Das **punktuelle Präsens** (*presente puntual*) verortet die Verbhandlung in der Zeit und bringt zum Ausdruck, dass Verbhandlung und Sprechzeitpunkt zusammenfallen.

Das **kontinuierliche Präsens** wird auch als erweitertes Präsens (*presente continuo o extendido*) bezeichnet, da der betrachtete Zeitraum zwar den Sprechzeitpunkt umfasst, aber sich nicht auf diesen beschränkt. Beim kontinuierlichen Präsens geht es also nicht um die exakte Koinzidenz von Sprechzeitpunkt und Referenzzeitpunkt, sondern um eine flexible Erweiterung des Gegenwartszeitraums in beide Richtungen (Vergangenheit und Zukunft): *In diesem Sommer gibt es viele Mücken.*

Mit dem **generischen Präsens** (*presente genérico*) hingegen machen wir allgemeingültige Aussagen, die eben nicht in der Zeit verortet werden (sollen), sondern sozusagen »zeitlos« gültig sind. Das generische Präsens liegt in drei Varianten vor: dem habituellen, dem deskriptiven und dem gnomischen Präsens (*presente habitual, presente descriptivo* und *presente gnómico*).

Mit dem habituellen Präsens werden Gewohnheiten oder wiederkehrende Handlungen und Ereignisse berichtet. Mit dem deskriptiven Präsens werden Beschreibungen gegeben, die der Charakterisierung von Personen, Dingen oder Sachverhalten dienen. Das gnomische Präsens hat einen normativen Wert, da mit ihm auf moralische Normen oder physikalische Gesetze Bezug genommen wird.

Das **historische Präsens** (*presente histórico*) wird in Biografien und historiografischen Beschreibungen, aber auch manchmal in Romanen verwendet, um den Abstand zwischen den Lesern und den berichteten Ereignissen, die teilweise Jahrhunderte zurückliegen können, zu verringern. Im (historischen) Präsens geschilderte Ereignisse lesen sich einfach spannender.

Die hier vereinfachend **retrospektives Präsens** (*presente retrospectivo*) genannte Variante wird im Spanischen auch *presente de pasado inmediato* genannt. Es bezieht sich auf den Zeitraum, der der Gegenwart unmittelbar vorangeht. Die zum Sprechzeitpunkt vorzeitigen Ereignisse werden aber nicht – wie beim *Perfecto Compuesto* – als abgeschlossen dargestellt, sondern so, als vollzögen sie sich »gerade eben«. Dies ist zum Beispiel der Fall, wenn die Mutter den Brief der Tochter liest und der Vater fragt: Was schreibt sie denn? – obwohl er genau weiß, dass der Akt des Schreibens schon längst vorbei ist.

Das **prospektive Präsens** (*presente prospectivo*) bezieht sich auf Handlungen und Ereignisse, die nachzeitig zum Sprechzeitpunkt stattfinden. Dies ist typischerweise dann der Fall, wenn wir über den nächsten Urlaub sprechen: *Wir fahren nächstes Jahr wieder nach Mallorca*. Entscheidend ist die gefühlte Nähe der künftigen Ereignisse für den Sprecher, so dass der Gegenwartszeitraum nach rechts in die Zukunft hinein ausgedehnt wird.

Das **deontische Präsens** (*presente deóntico*) wird statt des Imperativs verwendet, wenn es um ein Sollen geht oder ein Ratschlag erteilt werden soll. Die Aussage *Du schweigst jetzt besser* ist in diesem Sinne keine Beschreibung einer gegenwärtigen Situation, sondern ein Rat, der sich prospektiv auf ein gewünschtes, künftiges Verhalten bezieht. Insofern kann man das deontische Präsens als modale Variante des prospektiven Präsens einstufen.

Die verschiedenen Varianten des spanischen Präsens (vgl. NGLE 2010: 436f.)	
Variante des Präsens	**Beispielsatz**
1. punktuelles Präsens	*El delantero sale al terreno de juego.*
2. kontinuierliches Präsens	*La miseria proviene de estas modas que traen ahora trastornadas a los pueblos.*
3. generisches Präsens	
a. habituelles Präsens	*Normalmente madruga mucho.*
b. deskriptives Präsens	*La ventana da a un patio casi negro.*
c. gnomisches Präsens	*Dos y dos son cuatro.*
4. historisches Präsens	*Colón zarpa de Palos el 3 de agosto de 1492.*
5. retrospektives Präsens	*Mi hija me explica en su carta que acaba de llegar que …*
6. prospektives Präsens	*Mañana voy de vacaciones.*
7. deontisches Präsens	*Tú te callas.*

Von der Besprechung der verschiedenen Varianten des *Presente* sollten wir auf jeden Fall eine entscheidende Idee mitnehmen. Es ist **die Idee, dass der Gegenwartszeitraum** keine feststehende, in Tagen, Stunden oder Minuten ausdrückbare Größe ist, sondern je **nach Bedarf oder Bedürfnis** des Sprechers flexibel in beide Zeitrichtungen

2.1 Die Temporalsysteme im Deutschen und Spanischen

(retrospektiv, prospektiv) **ausgedehnt werden kann**. Diese Idee der **Dehnbarkeit des Gegenwartszeitraums** ist grundlegend, um die Verwendung der spanischen Tempora zu verstehen.

So unglaublich diese Idee einer dehnbaren Gegenwart auch klingen mag, so vertraut ist sie uns: Wenn wir am 26. September 2012 (das war ein Mittwoch) von *dieser* Woche (*esta semana*) sprechen, so gehören zwei Tage bereits der Vergangenheit an und vier Tage liegen noch in der Zukunft. Gedanklich fassen wir aber die beiden vergangenen, den einen gegenwärtigen und die vier kommenden Tage zu einer »virtuellen« oder »gefühlten« Einheit zusammen. Das gleiche gilt *mutandis mutatis*, wenn wir Ausdrücke wie dieser Monat (*este mes*), diesen Sommer (*este verano*), dieses Jahr (*este año*), dieses Jahrzehnt (*esta década*), dieses Jahrhundert (*este siglo*) usw. verwenden.

Anhand des vollständigen Schemas der spanischen Tempora (siehe Grafiken auf den folgenden Seiten) sind vier Punkte festzustellen:
1) Erstens handelt es sich bei den Tempora der primären Perspektive ausschließlich um einfache (nicht-zusammengesetzte) Tempora.
2) Zweitens werden für die sekundäre Perspektive ausschließlich zusammengesetzte Tempora herangezogen.
3) Drittens werden für die Retrospektivität der sekundären Perspektive ausschließlich Tempora verwendet, die mit Verbformen von *haber* + *Partizip* gebildet. Die Verbform von *haber* entspricht dem Grundtempus der jeweiligen primären Perspektive.
4) Viertens werden für die Prospektivität der sekundären Perspektive ausschließlich periphrastische Konstruktionen mir *ir* + *a* + *Infinitiv* verwendet. Die Verbform von *ir* entspricht dem Grundtempus der jeweiligen primären Perspektive.

In der spanischen Grammatik wird häufig zwischen absoluten und relativen Tempora unterschieden (*tiempos absolutos*, *tiempos relativos*), obgleich diese Unterscheidung nicht unumstritten ist (NGLE 2010: 429). Zu den **absoluten Tempora** zählen: *Presente*, *PPS* (*Indefinido*) und *Futuro*, mit denen die Referenzzeitpunkte für die anderen Tempora gesetzt werden. Und zu den **relativen Tempora** gehören: *Pretérito Perfecto Compuesto* (*Perfecto*), *Pluscuamperfecto* und *Futuro Compuesto* (die Vorzeitigkeit zu einem Referenzzeitpunkt ausdrücken), *Imperfecto* (das Gleichzeitigkeit zum Referenzzeitpunkt ausdrückt) sowie *Condicional* und *Condicional Compuesto* (die Nachzeitigkeit zum Referenzzeitpunkt ausdrücken) (NGLE 2010: 429).

Der nachfolgenden Tabelle (siehe nächste Seite) ist zu entnehmen, dass jedes Tempus anhand von vier Kategorien genau beschrieben und so von den anderen Tempora eindeutig abgegrenzt werden kann.

	Aktuelle Zeitebene			Inaktuelle Zeitebene		
primäre Perspektive	retrospektiv (abgeschlossen)	Parallel (unabgeschlossen)	Prospektiv (unabgeschlossen)	Retrospektiv (abgeschlossen)	Parallel (unabgeschlossen)	Prospektiv (unabgeschlossen)
	PPS (Indefinido) canté	Presente canto	Futuro I cantaré	(systematische Leerstelle)	Imperfecto: cantaba	Condicional I: cantaría
sekundäre Perspektive vorzeitig	Pretérito Anterior — hube cantado	Pret. Perf. Compuesto — he cantado	Futuro II — habré cantado		Pluscuamperfecto — había cantado	Condicional II — habría cantado
sekundäre Perspektive gleichzeitig	PPS (Indefinido) — canté	Presente — canto	Futuro I — cantaré		Imperfecto — cantaba	Condicional I — cantaría
sekundäre Perspektive nachzeitig	"Pret. Perf. Perifrástico" — fui a cantar	Futuro próximo — voy a cantar	"Futuro perifrástico" — iré a cantar		"Imperfecto perifrástico" — iba a cantar	"Condicional perifrástico" — iría a cantar

Abb. 3: Vollständiges Schema der spanischen Tempora (nach Siever auf der Grundlage von Cartagena/Gauger 1989: 1.348)

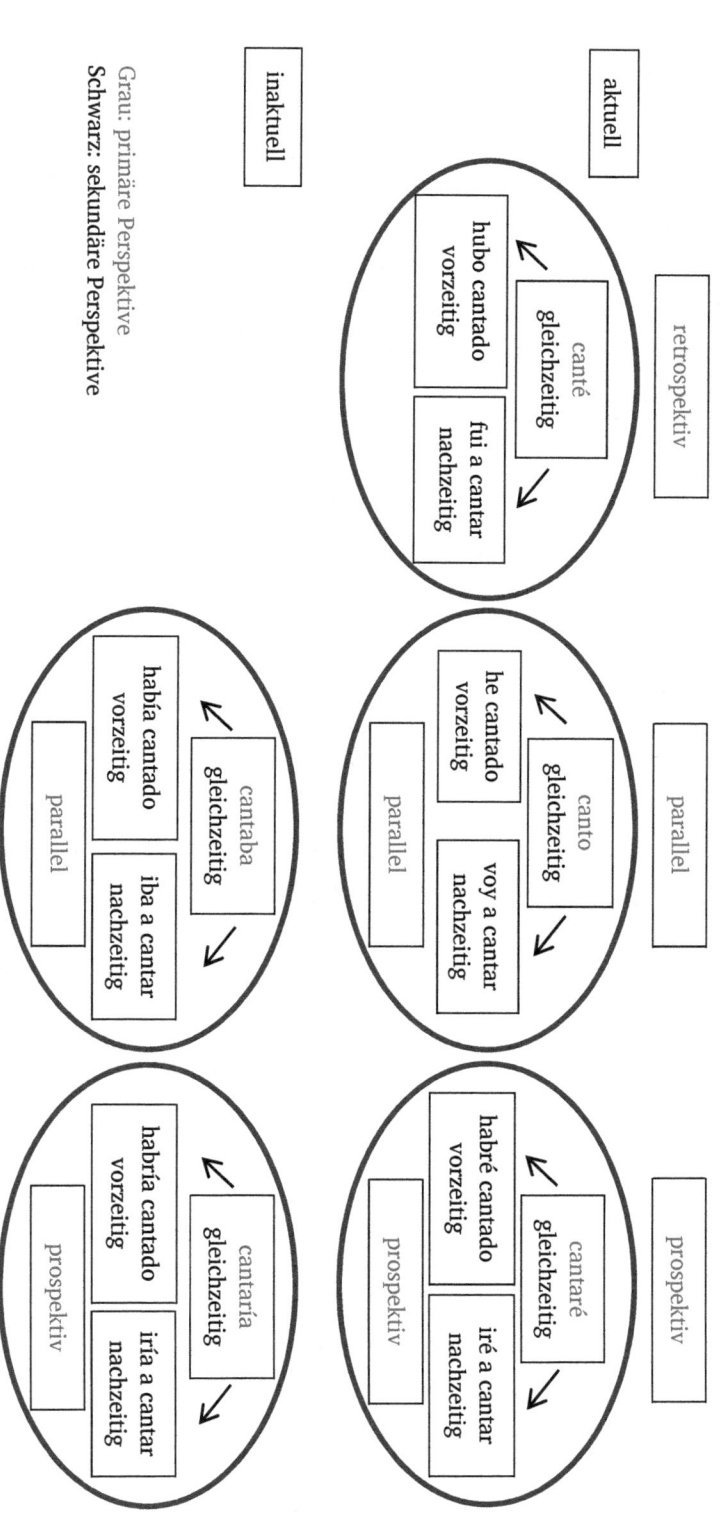

Abb. 4: Die Perspektivität der spanischen Tempora

Die spanischen Tempora und die Kategorien				
Tempus	Kategorien			
Pretérito Perfecto Simple (Indefinido): canté	aktuell	abgeschlossen	retrospektiv	gleichzeitig
Presente: canto	aktuell	unabgeschlossen	parallel	gleichzeitig
Futuro I: cantaré	aktuell	unabgeschlossen	prospektiv	gleichzeitig
Imperfecto: cantaba	inaktuell	unabgeschlossen	parallel	gleichzeitig
Condicional I: cantaría	inaktuell	unabgeschlossen	prospektiv	gleichzeitig
Pretérito Anterior: hube cantado	aktuell	abgeschlossen	retrospektiv	vorzeitig
"Pretérito Perfecto Perifrástico": fui a cantar	aktuell	abgeschlossen	prospektiv	nachzeitig
Pretérito Perfecto Compuesto (Perfecto): he cantado	aktuell	unabgeschlossen	retrospektiv	vorzeitig
Futuro Próximo: voy a cantar	aktuell	unabgeschlossen	prospektiv	nachzeitig
Futuro II: habré cantado	aktuell	unabgeschlossen	prospektiv	vorzeitig
„Futuro Perifrástico": iré a cantar	aktuell	unabgeschlossen	prospektiv	nachzeitig
Pluscuamperfecto: había cantado	inaktuell	unabgeschlossen	retrospektiv	vorzeitig
"Imperfecto Perifrástico": iba a cantar	inaktuell	unabgeschlossen	prospektiv	nachzeitig
Condicional II: habría cantado	inaktuell	unabgeschlossen	retrospektiv	vorzeitig
"Condicional Perifrástico": iría a cantar	inaktuell	unabgeschlossen	prospektiv	nachzeitig

2.1.3 Die Zeitenfolge im Spanischen

Unter dem Begriff Zeitenfolge (*concordancia de tiempos;* lat. *consecutio temporum*) versteht man die „[g]eregelte Abfolge der Tempusstufen in komplexen Sätzen" (Bußmann 2008: 110). Während im Deutschen nur noch in konditionalen Satzgefügen (Hauptsatz plus Bedingungssatz) eine strenge Zeitenfolge herrscht (vgl. Bußmann 2008: 110), ist dies in den romanischen Sprachen, speziell dem Spanischen anders.

Die im Vergleich zum Deutschen relativ strikte Zeitenfolge im Spanischen ist ein wichtiges Phänomen, auf das wir eingehen müssen, bevor wir die Vergangenheitszeiten, die indirekte Rede und die Modi im Spanischen angehen können.

Grundlegend für die Zeitenfolge ist die Unterteilung der spanischen Verben in gegenwartsbezogene und vergangenheitsbezogene Tempora. Die gegenwartsbezogenen Tempora sind: *Presente* (Indikativ und *Subjuntivo*), *Perfecto Compuesto* (Indikativ und *Subjuntivo*), *Futuro* und *Futuro Perfecto*. Die vergangenheitsbezogenen Tempora sind: *Imperfecto* (Indikativ und *Subjuntivo*), *Indefinido* und *Pluscuamperfecto* (Indikativ und *Subjuntivo*). Das *Condicional* nimmt eine Zwitterstellung ein. Er gilt als gegenwartsbezogen, wenn er „zum Ausdruck hypothetischer Sachverhalte hinsichtlich der Gegenwart dient", während er als vergangenheitsbezogen gilt, wenn er „zum Ausdruck von Vermutungen hinsichtlich abgeschlossener Vergangenheit dient" (Vera Morales 2008: 681).

Die Zeitenfolge wird thematisch, sobald wir nicht nur einzelne Hauptsätze bilden, sondern einem Hauptsatz einen oder mehrere Nebensätze hinzufügen. Zum einen stehen Haupt- und Nebensatz in einem *syntaktischen* Abhängigkeitsverhältnis; zum anderen besteht zwischen dem Verb im Hauptsatz (Verb 1, auch absolutes Verb) und dem Verb im Nebensatz (Verb 2, auch abhängiges Verb) ein *zeitliches* Abhängigkeitsverhältnis.

Eine der wesentlichen Funktionen der einfachen Zeiten besteht bekanntlich darin, die Verbhandlung in ein zeitliches Verhältnis zum Sprechzeitpunkt zu bringen. Sobald aber ein Verb in einem Nebensatz verwendet wird, wird diese Grundfunktion unterdrückt oder ausgesetzt (NGLE 2010: 466). Die im Nebensatz zu verwendende Zeit orientiert sich dann nicht am Sprechzeitpunkt, sondern sie orientiert sich an dem im Hauptsatz verwendeten Tempus.

Die **Grundregel der Zeitenfolge** besagt, dass die Tempora in Haupt- und Nebensatz in derselben Zeitstufe liegen müssen. Wenn im Hauptsatz eine Gegenwartszeit steht, kann im Nebensatz keine Vergangenheitszeit stehen, sondern es muss ebenfalls eine Gegenwartszeit verwendet werden. Und ebenso: Wenn im Hauptsatz eine Vergangenheitszeit steht, muss auch im Nebensatz eine Vergangenheitszeit stehen. Die Grundregel kann somit in zwei Fälle unterteilt werden, die wir der Einfachheit halber Grundregel 1 (für die Gegenwartsstufe) und Grundregel 2 (für die Vergangenheitsstufe) nennen wollen.

Grundregel 1:
Einer Zeit der Gegenwartsstufe im Hauptsatz folgt im Nebensatz ebenfalls eine Zeit der Gegenwartsstufe (kurz: Gegenwart + Gegenwart):

    2.1.5a Sabemos que estás aquí.
    2.1.5b Wir wissen, dass du hier bist.
    2.1.6a Pienso que lo sabe.
    2.1.6b Ich denke, er weiß es.

2.1.7a Te he escrito que tus padres vendrán.
2.1.7b Ich habe dir geschrieben, dass deine Eltern kommen werden.

Grundregel 2:
Einer Zeit der Vergangenheitsstufe im Hauptsatz folgt im Nebensatz ebenfalls eine Zeit der Vergangenheitsstufe (kurz: Vergangenheit + Vergangenheit):

2.1.8a Sabíamos que estabas aquí.
2.1.8b Wir wussten, dass du hier warst.
2.1.9a El director comunicó que el proyecto se entregó a tiempo.
2.1.9b Der Direktor teilte mit, dass das Projekt rechtzeitig übergeben wurde.
2.1.10a Quería que tú vinieras también.
2.1.10b Ich wollte, dass du auch kämest.

Natürlich gibt es Ausnahmen von diesen beiden Grundregeln. Die Grundsituation dieser Ausnahmen ist, dass *heute* gesagt wird, was *gestern* geschah bzw. dass *gestern* gesagt wurde, was *heute* oder *morgen* auch noch gilt. Die meisten dieser Ausnahmen sind für die TELC-Niveaus B1 und B2 nicht von Belang und können daher hier vernachlässigt werden. Auch die Ausnahmen liegen in zwei Ausprägungen vor.

Die Ausnahmen betreffen vor allem die Verben des Sagens und Meinens. Es kommt ja durchaus vor, dass jemand *heute* darüber spricht, was *früher* einmal war. Dann haben wir es mit zwei unterschiedlichen zeitlichen Kontexten zu tun: Im Hauptsatz (mit dem Verb des Sagens und Meinens) befinden wir uns in der Gegenwartsstufe und im Nebensatz (mit dem geschilderten Sachverhalt) sind wir in der Vergangenheitsstufe. In diesem Punkt sind sich das Spanische und das Deutsche übrigens sehr ähnlich.

Ausnahme 1:
Einer Zeit der Gegenwartsstufe im Hauptsatz folgt im Nebensatz eine Zeit der Vergangenheitsstufe (kurz: Gegenwart + Vergangenheit).

2.1.11a **Sabes** que lo **había dicho**.
2.1.11b Weißt du, dass er es gesagt hatte.
2.1.12a Te **he escrito** que **había venido**.
2.1.12b Ich habe dir geschrieben, dass sie gekommen war.
2.1.13a No **sé** cómo **vivían** las personas en la época de Carlomagno.
2.1.13b Ich weiß nicht, wie die Menschen in der Zeit Karls des Großen lebten.
2.1.14a **Pienso** que lo **sabía**.
2.1.14b Ich denke, dass sie es wusste.

Als Ausnahme von der Zeitenfolge kommt auch der umgekehrte Fall vor, dass im Hauptsatz das Verb des Sagens und Meinens in einer Vergangenheitsform steht und im Nebensatz eine Zeit der Gegenwartsstufe. Dies ist vor allem bei allgemeinen Aussagen der Fall, wo es um immer noch bestehende Tatsachen geht.

Ausnahme 2:
Einer Zeit der Vergangenheitsstufe im Hauptsatz folgt im Nebensatz eine Zeit der Gegenwartsstufe (kurz: Vergangenheit + Gegenwart).

2.1.15a Me **dijo** ayer que **estudia** Traducción e Interpretación.
2.1.15b Sie **sagte** mir gestern, dass sie Übersetzen und Dolmetschen **studiere**.
2.1.16a Ya **dijo** Aristóteles que el hombre **es** un animal racional.
2.1.16b Schon Aristoteles **sagte**, dass der Mensch ein vernunftbegabtes Tier **sei**.

Wir sagten, dass Hauptsatz und Nebensatz in einem zeitlichen Abhängigkeitsverhältnis zueinander stehen. Dabei kann die im Nebensatz ausgedrückte Verbhandlung entweder vorzeitig, gleichzeitig oder nachzeitig zu der Verbhandlung im Hauptsatz sein.

Die Grundregel müsste folglich im Hinblick auf die Vorzeitigkeit, Gleichzeitigkeit oder Nachzeitigkeit der Nebensatzhandlung hin ergänzt werden (vgl. NGLE 2010: 468ff.). Für unsere Zwecke können wir es an dieser Stelle bei der Grundregel mit ihren beiden Varianten für die Gegenwarts- bzw. Vergangenheitsstufe belassen.

Die Zeitenfolge spielt auch eine große Rolle bei der Umformung der direkten Rede in die indirekte Rede (vgl. Kapitel 4). Sie ist auch in Bezug auf den *Subjuntivo* zu beachten (vgl. Kapitel 7).

2.1.4 Kurze Zusammenfassung

Schon ein oberflächlicher Vergleich des deutschen und des spanischen Temporalsystems zeigt drei wesentliche Unterschiede:

1) Das Zeitverständnis im Deutschen und Spanischen weicht erheblich voneinander ab. Die deutsche Grammatik unterscheidet die drei Zeitstufen Vergangenheit, Gegenwart und Zukunft und ordnet die verschiedenen Tempora auf einem linearen Zeitpfeil an. Die spanische Grammatik teilt hingegen die Zeit zunächst in nur zwei Zeitebenen (Aktualität und Inaktualität) ein, um sie anschließend in jeweils drei Zeitverhältnisse (Retrospektivität, Parallelität und Prospektivität bzw. Vorzeitigkeit, Gleichzeitigkeit und Nachzeitigkeit) zu untergliedern.
2) Die Anzahl der Tempora, insbesondere aber der Vergangenheitszeiten, ist im Deutschen und Spanischen verschieden. Allein schon aus diesem zahlenmäßigen Unterschied kann es hinsichtlich Funktion und Anwendung der verschiedenen (Vergangenheits-)Zeiten im Deutschen und Spanischen keine Eins-zu-eins-Zuordnung geben. Dies hat große Auswirkungen auf die Übersetzung der Vergangenheitszeiten.
3) Da die Kategorie der Zeitebene (Aktualität und Inaktualität) im Deutschen fehlt und das Spanische nicht mit den drei Zeitstufen (Vergangenheit, Gegenwart und Zukunft) arbeitet, kann es beim Übersetzen keine eindeutige Zuordnung von spanischen zu deutschen Zeiten geben.

2.2 Die Vergangenheitszeiten im Deutschen

Um die Anwendung der spanischen Vergangenheitszeiten nachvollziehen zu können, muss zunächst geklärt werden, welche Besonderheiten bezüglich der Vergangenheitszeiten bei der eigenen Muttersprache gelten. Im Deutschen zählen *Präteritum*, *Präsensperfekt* und *Plusquamperfekt* zu den Vergangenheitszeiten, deren Funktion und Anwendung in Bezug auf die deutsche Sprache im Folgenden kurz umrissen werden.

2.2.1 Unterschiede zwischen Präsensperfekt und Präteritum im Deutschen

Den meisten deutschen Muttersprachlern bereitet es große Probleme, die spanischen Vergangenheitszeiten korrekt anzuwenden, weil es erstens im Deutschen eine Vergangenheitszeit weniger gibt als im Spanischen und sich zweitens viele deutsche Muttersprachler der korrekten Anwendung der deutschen Vergangenheitszeiten nicht bewusst sind. So wird in der gesprochenen Sprache das Präteritum kaum noch verwendet (außer bei den Hilfsverben wie *sein* oder *haben* und den Modalverben wie *müssen, können, sollen, dürfen* usw.). Es wird immer mehr durch das Perfekt ersetzt. Dies ist eine Tendenz, die in Süddeutschland noch deutlicher zum Tragen kommt als in Norddeutschland. Viele deutsche Muttersprachler sind sich nicht des Unterschiedes zwischen den beiden Tempora bewusst und können auch in der Schriftsprache nicht korrekt zwischen den beiden Zeiten unterscheiden.

Die Verwendung des deutschen Präsensperfekts impliziert „die Abgeschlossenheit der Verbalhandlung" (Cartagena/Gauger 1989: 1.299). Oftmals ist damit auch ein gewisser Gegenwartsbezug (Nähe zur Sprechsituation) gegeben. Dies zeigt sich besonders an bestimmten Verben, bei denen die Folgen der Verbalhandlungen gleichsam mitgedacht sind:

Gegenwartsbezug des Präsensperfekts	
Verbalhandlung in der Vergangenheit	Folge der Verbalhandlung in der Gegenwart
Gisela ist eingeschlafen.	Sie schläft jetzt.
Ich habe mir einen neuen Hund gekauft.	Ich besitze jetzt einen neuen Hund.
Der Künstler ist angekommen.	Der Künstler ist jetzt da.
Es hat geregnet.	Die Straße ist jetzt nass.

2.2.2 Das Präteritum

Das Präteritum wird auch als erste Vergangenheit bezeichnet. Manche Deutsche, besonders aber Spanischlernende nennen es auch Imperfekt, was aber falsch ist. Das Präteritum ist eine Tempusform des Verbs, die ausdrückt,

> dass ein Sachverhalt vom Standpunkt des Sprechers aus in der Vergangenheit oder in anderer Weise entfernt liegt und in diesem Sinn nicht direkt auf den Sprechzeitpunkt bezogen ist. Mit dem Präteritum versetzt man sich in die erzählte Zeit hinein. Das Präteritum signalisiert Distanz zur Sprechsituation. Es ist das Haupttempus in allen schriftlichen Erzählungen und Berichten, die von einem erdachten oder wirklichen Geschehen handeln. (Duden 2007: 9.734)

Das Präteritum ist in der deutschen Schriftsprache das wichtigste Tempus zur Bezeichnung von Verbalhandlungen in der Vergangenheitsstufe. Dabei bleibt das Präteritum neutral im Hinblick auf die Kategorie der Abgeschlossenheit, d. h. das Präteritum lässt offen, ob die Verbalhandlung als abgeschlossen oder unabgeschlossen zu gelten hat.

Präteritum und Abgeschlossenheit	
Verbalhandlung	Abgeschlossenheit / Unabgeschlossenheit
Jäger töteten das Reh.	Die Aktion des Tötens ist zum Referenzzeitpunkt abgeschlossen.
Die Sonne schien.	Die Aktion des Scheinens ist zum Referenzzeitpunkt nicht abgeschlossen.

2.2 Die Vergangenheitszeiten im Deutschen

Während das deutsche Präteritum sowohl für abgeschlossene als auch für unabgeschlossene Handlungen verwendet werden kann, ist das spanische Imperfekt ausschließlich eine Zeit der Unabgeschlossenheit. Der lateinische Ausdruck *im-perfectum* bedeutet ja gerade *un-vollendet, un-vollkommen, un-abgeschlossen*. Daraus ergibt sich, dass es irreführend ist, das deutsche Präteritum als Imperfekt zu bezeichnen.

Die Tatsache, dass das Präteritum immer mehr zu einem Tempus der geschriebenen Sprache wird, macht es für uns Deutsche schwer, eine Parallele zwischen den deutschen und spanischen Zeitformen zu ziehen. Im Deutschen wird das Präteritum in der gesprochenen Sprache weitestgehend durch das Präsensperfekt ersetzt. Bei der Verwendung von Modal- und Hilfsverben wird allerdings auch in der gesprochenen Sprache das Präteritum vorgezogen, um so komplizierte mehrteilige Prädikate zu vermeiden.

Wir sind uns des Bedeutungsunterschiedes, nämlich **Präteritum = Distanz zur Sprechsituation** und **Präsensperfekt = Nähe zur Sprechsituation**, kaum mehr bewusst. Für den Sprecher scheint im heutigen Deutsch die Faustregel zu gelten: Alle mündlich wiedergegebenen Ereignisse sind im Präsensperfekt zu schildern und (fast) alle schriftlichen Ereignisse im Präteritum bzw. im Plusquamperfekt, sofern kein eindeutiger Gegenwartsbezug vorliegt.

Die Ersetzung des Präteritums durch das Präsensperfekt in der aktuellen deutschen Umgangssprache hängt vor allem damit zusammen, dass zwischen *vergangenen* Handlungen einerseits und *abgeschlossenen* Handlungen andererseits kaum noch ein Unterschied gemacht wird. Gerade im Vergleich mit den spanischen Vergangenheitszeiten wird dieser Unterschied aber von großer Bedeutung werden.

Eine Handlung ist **vergangen**, wenn sie von einer Jetztzeit aus betrachtet in der Zeitstufe der Vergangenheit stattfand. **Abgeschlossen** kann eine Handlung jedoch sowohl in der Gegenwarts- als auch in der Vergangenheitsstufe sein. Es genügt, dass sie vor der jeweils gewählten Referenzzeit stattgefunden hat bzw. beendet wurde.

2.2.3 Das Präsensperfekt

Das Präsensperfekt wird meistens vereinfachend als Perfekt bezeichnet. Andere Bezeichnungen sind vollendete Gegenwart, Vorgegenwart, zweite Vergangenheit.

Das Präsensperfekt ist eine Tempusform des Verbs, welches das Bestehen eines Sachverhalts vom Standpunkt des Sprechers aus sieht. Der in der Vergangenheit begonnene Zustand oder das in der Vergangenheit angefangene Geschehen dauert an oder bleibt von Bedeutung. Das beschriebene Geschehen wird zwar der Vergangenheit zugewiesen, der Gegenwartsbezug bleibt jedoch insofern erhalten, als dass davon ausgegangen wird, dass das Geschehen aufgrund seiner Folgen oder der an ihm beteiligten Aktanten im Sprechzeitpunkt noch von Belang ist. Beim Präsensperfekt dient das Sprecher-Jetzt als Orientierungspunkt: Das Geschehen selbst fällt, wie beim Präteritum, in die Sprechvergangenheit (Duden 2005: 4.513). Unabhängig davon, dass beim Nebeneinander von Perfekt und Präteritum durchaus Bedeutungsunterschiede bestehen, wird in der gesprochenen Sprache vornehmlich das Perfekt verwendet.

In der deutschen Schriftsprache gibt es vor allem drei Verwendungsweisen des Präsensperfekts.

1) In verallgemeinernden Aussagen:
   2.2.1   Ein Unglück ist schnell geschehen.
   2.2.2   Jeder Akademiker hat studiert.

2) In auf künftige Ereignisse beruhenden Aussagen in Kombination mit einem Zeitadverb:

    2.2.3 Morgen hat er sein Werk vollendet. (= Morgen wird er sein Werk vollendet haben.)

3) In auf vergangene Ereignisse beruhenden Aussagen, wenn sie noch einen Bezug zur Gegenwart haben:

    2.2.4 Heute Nacht hat es geschneit.

    2.2.5 Schau, den Kratzer, jemand hat mein Auto beschädigt.

2.2.4 Beispiele zu Präsensperfekt und Präteritum

Die folgenden Beispiele beziehen sich auf die Tempora Präsensperfekt und Präteritum. In der rechten Spalte wird jeweils begründet, warum die jeweilige Zeit benutzt wird. Die Beispiele beziehen sich nur auf die deutsche *Schrift*sprache.

Beispiele zur Verwendung von Präsensperfekt und Präteritum		
Satz	Zeit	Grund
Wo ist Peter? Er musste in die Stadt gehen.	Präteritum	Nur bei einigen wenigen Verben wird das Präteritum oft dem Perfekt vorgezogen, wenn damit sehr komplizierte mehrteilige Prädikate vermieden werden können (*war, hatte, musste, konnte*).
Ich habe gestern mein neues Geschäft eröffnet.	Perfekt	Das in der Vergangenheit begonnene Geschehen bleibt wichtig. Das beschriebene Geschehen wird zwar der Vergangenheit zugewiesen, der Gegenwartsbezug bleibt jedoch insofern erhalten, als die Orientierungszeit mit dem Jetzt identifiziert ist.
Susanne sieht schlecht aus. Sie hat in letzter Zeit schlecht geschlafen.	Perfekt	Die Tatsache des schlechten Schlafens wirkt sich bis jetzt auf Susanne aus (Gegenwartsbezug).
Susanne schlief schlecht.	Präteritum	Der Satz suggeriert einen abgeschlossenen Zeitraum, der nicht in Beziehung zur Gegenwart steht – oder zumindest als nicht zusammenhängend dargestellt wird. Es ist möglich, dass sie mittlerweile wieder gut schlafen kann. Die aktuelle Situation bleibt unthematisch.
Das Formular hat Frau Schulz schon unterschrieben.	Perfekt	Das in der Vergangenheit begonnene Geschehen bleibt von Bedeutung. Der bezeichnete Sachverhalt ist auf den Standpunkt des Sprechers bezogen und für ihn wichtig.
Jeder Akademiker hat studiert.	Perfekt	Das Perfekt wird auch in verallgemeinernden Aussagen verwendet. Das Studium muss abgeschlossen sein, bevor man als Akademiker gilt.

2.2 Die Vergangenheitszeiten im Deutschen

Letzte Woche war er krank.	Präteritum	Er ist in einem abgeschossenen Zeitraum krank gewesen, jetzt ist er gesund (Abgeschlossenheit, kein Bezug zur Gegenwart).
Letzte Woche ist er schon krank gewesen.	Perfekt	Er ist noch immer krank. Der betrachtete Zeitraum beginnt letzte Woche und dauert bis heute an (Gegenwartsbezug).

2.2.5 Zusammenfassung zu Präsensperfekt und Präteritum

Die wichtigsten Merkmale von Präsensperfekt und Präteritum seien in der folgenden Tabelle stichwortartig zusammengefasst:

Zusammenfassung zu Präsensperfekt und Präteritum im Deutschen	
Präsensperfekt	Präteritum
Nähe zur Sprechsituation	Distanz zur Sprechsituation
Abgeschlossenheit	offen in Bezug auf (Un-)Abgeschlossenheit
Gegenwartsbezug	Fehlender Gegenwartsbezug

2.2.6 Übungen zu deutschem Präsensperfekt und Präteritum

Die folgenden drei Übungen sollen dazu dienen, den Blick für die Verwendung von Präsensperfekt und Präteritum in der deutschen Schriftsprache zu schärfen. Art und Grad der für die Verwendung der entsprechenden Zeit ausschlaggebenden Kontextinformationen variieren in den drei Übungen.

2.2.6.1 Aufgaben zu deutschem Präsensperfekt und Präteritum

Entscheiden Sie sich bei den folgenden drei Übungen spontan für das Tempus, das Sie in der Schriftsprache vorziehen würden.

Übung 1

Präsensperfekt	Korrekt?	Präteritum	Korrekt?
Ich habe ein Geschäft eröffnet.		Ich eröffnete ein Geschäft.	
Der Schnellzug ist eingetroffen.		Der Schnellzug traf ein.	
Es hat geschneit.		Es schneite.	
Er hat sein Werk vollendet.		Er vollendete sein Werk.	
Ich habe dir eine Mail geschickt.		Ich schickte dir eine Mail.	
Das Wasser ist gestiegen.		Das Wasser stieg.	
Anne ist krank gewesen.		Anne war krank.	
Ich habe 8 Stunden gearbeitet.		Ich arbeitete 8 Stunden.	
Hans hat ein Bier getrunken.		Hans trank ein Bier.	

Übung 2

Präsensperfekt	Korrekt?	Präteritum	Korrekt?
Ich habe gestern mein neues Geschäft eröffnet.		Ich eröffnete gestern mein neues Geschäft.	
Ich habe 8 Stunden gearbeitet, jetzt bin ich müde.		Ich arbeitete acht Stunden, jetzt bin ich müde.	
Schau mal aus dem Fenster, es hat geschneit.		Schau mal aus dem Fenster, es schneite.	
Jetzt hat er sein Werk vollendet.		Jetzt vollendete er sein Werk.	
Sokrates ist ein großer Philosoph gewesen.		Sokrates war ein großer Philosoph.	
Die Regierung hat neulich die Steuern erhöht.		Die Regierung erhöhte neulich die Steuern.	
Es hat geregnet, schau, eine Pfütze.		Es regnete, schau, eine Pfütze.	

Übung 3

Präsensperfekt	Korrekt?	Präteritum	Korrekt?
Es riecht! Wer hat geraucht?		Es riecht! Wer rauchte?	
Hans hat gerade ein Bier getrunken.		Hans trank gerade ein Bier.	
Anne ist krank gewesen. Aber jetzt ist sie gesund.		Anne war krank, aber jetzt ist sie gesund.	
Jeder Akademiker hat studiert.		Jeder Akademiker studierte.	
Letztes Jahr ist die Tür schlecht aufgegangen.		Letztes Jahr ging die Tür schlecht auf.	
Susi ist letztes Jahr oft müde gewesen.		Susi war letztes Jahr oft müde.	
Oh, die Tür ist aufgegangen!		Oh, die Tür ging auf!	
Es hat seit gestern viel geschneit.		Es schneite seit gestern viel.	
Christa hat letztes Jahr ein Kind bekommen.		Christa bekam letztes Jahr ein Kind.	
Eben ist der Schnellzug eingetroffen.		Eben traf der Schnellzug ein.	

2.2.6.2 Lösungen zu deutschem Präsensperfekt und Präteritum

Übung 1

Da die Sätze in keinem Kontext stehen, sind jeweils beide Varianten grammatisch korrekt.

2.2 Die Vergangenheitszeiten im Deutschen

Übung 2

Präsensperfekt	Korrekt?	Präteritum	Korrekt?
Ich habe gestern mein neues Geschäft eröffnet.	korrekt, Gegenwartsbezug	Ich eröffnete gestern mein neues Geschäft.	korrekt, abgeschlossen
Ich habe 8 Stunden gearbeitet, jetzt bin ich müde.	korrekt, Gegenwartsbezug	Ich arbeitete acht Stunden, jetzt bin ich müde.	inkorrekt
Schau mal aus dem Fenster, es hat geschneit.	korrekt, Gegenwartsbezug	Schau mal aus dem Fenster, es schneite.	inkorrekt
Jetzt hat er sein Werk vollendet.	korrekt, Gegenwartsbezug	Jetzt vollendete er sein Werk.	inkorrekt
Sokrates ist ein großer Philosoph gewesen.	inkorrekt	Sokrates war ein großer Philosoph.	korrekt, abgeschlossen
Die Regierung hat neulich die Steuern erhöht.	korrekt, Gegenwartsbezug	Die Regierung erhöhte neulich die Steuern.	Korrekt, abgeschlossen
Es hat geregnet, schau, eine Pfütze.	korrekt, Gegenwartsbezug	Es regnete, schau, eine Pfütze.	inkorrekt

Übung 3

Präsensperfekt	Korrekt?	Präteritum	Korrekt?
Es riecht! Wer hat geraucht?	korrekt	Es riecht! Wer rauchte?	inkorrekt
Hans hat gerade ein Bier getrunken.	korrekt	Hans trank gerade ein Bier.	inkorrekt
Anne ist krank gewesen. Aber jetzt ist sie gesund.	inkorrekt	Anne war krank, aber jetzt ist sie gesund.	korrekt, abgeschlossen
Jeder Akademiker hat studiert.	korrekt, Allgemeingültigkeit	Jeder Akademiker studierte.	inkorrekt
Letztes Jahr ist die Tür schlecht aufgegangen.	inkorrekt	Letztes Jahr ging die Tür schlecht auf.	korrekt, abgeschlossen
Susi ist letztes Jahr oft müde gewesen.	inkorrekt	Susi war letztes Jahr oft müde.	korrekt, abgeschlossen
Oh, die Tür ist aufgegangen!	korrekt, Gegenwartsbezug	Oh, die Tür ging auf!	inkorrekt
Es hat seit gestern viel geschneit.	korrekt, Gegenwartsbezug	Es schneite seit gestern viel.	inkorrekt
Christa hat letztes Jahr ein Kind bekommen.	inkorrekt	Christa bekam letztes Jahr ein Kind.	korrekt, abgeschlossen
Eben ist der Schnellzug eingetroffen.	korrekt, Gegenwartsbezug	Eben traf der Schnellzug ein.	korrekt, abgeschlossen

2.3 Die spanischen Vergangenheitszeiten

2.3.1 Das *Pretérito Perfecto Compuesto* in Spanischlehrwerken

Das *Pretérito Perfecto Compuesto* (kurz: *Perfecto*) ist eine **Gegenwartszeit** und dürfte streng genommen in einem Kapitel über Vergangenheitszeiten gar nicht besprochen werden. Wir tun es trotzdem, weil viele Spanischlehrwerke das *Pretérito Perfecto Compuesto* als erste Vergangenheitszeit einführen. Damit ist dem Verständnis der spanischen Tempora allerdings ein Bärendienst erwiesen und ein grundsätzliches Hindernis in den Weg gelegt.

Das *Perfecto Compuesto* wird oft bereits in der 5. oder 6. Lektion (TELC-Niveau A1) vor dem *PPS (Indefinido)* und dem *Imperfecto* behandelt, weil es ähnlich wie im Deutschen und Englischen mit *haber* + Partizip gebildet wird. Die Absicht, die dahinter steckt, ist klar: Man kann relativ schnell darüber reden, was »früher« passiert ist. Zudem wird man nicht mit schwierigen und unregelmäßigen Verbformen traktiert.

Die Doppeldeutigkeit von *früher* wird aber nicht thematisiert. Zum einen bedeutet *früher* so viel wie *zuvor*, zum anderen ist es synonym zu *damals*. Das Adverb *zuvor* steht für das Konzept der Vorzeitigkeit, das Adverb *damals* für das Konzept der Vergangenheit. Da das Konzept der Vorzeitigkeit zumeist keine hinlänglich deutliche Erklärung findet, wird den Spanischlernenden letztlich suggeriert, dass sie mit dem *Perfecto Compuesto* Handlungen »in der Vergangenheit« ausdrücken könnten. Dies ist aber leider zu ungenau und damit – falsch.

Mehr noch: Die scheinbar so bequeme Variante, das *Perfecto Compuesto* als Vergangenheitszeit einzuführen, kann sich sogar fatal auf das Erlernen der anderen – richtigen – Vergangenheitszeiten auswirken. Vertraut mit dem *Perfecto Compuesto* ohne sich dessen korrekter Anwendung bewusst zu sein, drückt der Spanischlernende nun auch Zustände in der abgeschlossenen Vergangenheit mit dieser Zeitform aus, was aber im Spanischen grammatisch nicht korrekt ist.

Wird in einer späteren Lektion das *PPS (Indefinido)* eingeführt, muss man sich erstens mit der relativ schwierigen Bildung des *PPS (Indefinido)* bei den regelmäßigen Verben vertraut machen und zweitens die vielen unregelmäßigen Verben lernen. Wird der Unterschied im Gebrauch der beiden Zeiten nicht richtig erklärt, sieht man nun das *PPS (Indefinido)* als eine belastende Zusatzzeit zum *Perfecto Compuesto* an.

Manche Lehrwerke führen hingegen das *PPS (Indefinido)* als erste Vergangenheitszeit ein. Das ist sinnvoll, ähnlich wie im Englischen, wo in fast allen Lehrwerken das *simple past* vor dem *present perfect* eingeführt wird. Man muss zwar das mühevolle Erlernen dieser Formen auf sich nehmen, kann aber mit dieser Vergangenheitszeit die meisten Aktionen in der Vergangenheit erst einmal grammatisch korrekt ausdrücken – erlernt man in einer Sprache die Vergangenheitszeiten doch vor allem deshalb, um anwendungsorientiert zu handeln. Man hat somit eine viel größere Spannbreite des Erzählens, da man ausdrücken kann, was man gestern, am Wochenende, in der letzten Woche, im Urlaub etc. gemacht hat. Das *Perfecto Compuesto* bietet einem lediglich die Möglichkeit über Handlungen zu sprechen, welche noch Relevanz für die Gegenwart haben und somit nicht abgeschlossen sind, wodurch seine Anwendung auf wenige Kontexte eingeschränkt ist.

Lernt man aber in einer späteren Lektion das *Perfecto Compuesto*, sieht man es in diesem Fall als eine Bereicherung an. Man nutzt diese zusammengesetzte Zeit, um wie im Englischen etwas auszudrücken, das noch **nicht abgeschlossen** ist. Man kennt die

2.3 Die spanischen Vergangenheitszeiten

Problemstellung schon aus dem Englischen. Dies kann bei fast allen deutschsprachigen Spanischlernenden vorausgesetzt und nutzbringend angewendet werden. Und man kann, wenn die Unterscheidung im Englischen korrekt gelehrt wurde, mühelos den Transfer leisten und diese Regeln auf das Spanische übertragen.

Selbst wenn man sich nicht völlig über den Gebrauch des *Perfecto Compuesto* im Klaren ist und weiterhin an dessen Stelle das *PPS (Indefinido)* benutzt, macht man doch tendenziell weniger Fehler, als jemand, der erst das *Perfecto Compuesto* und dann das *PPS (Indefinido)* lernt. Denn zum Beispiel wird in den meisten spanischsprachigen Ländern Südamerikas das *PPS (Indefinido)* anstatt des *Perfecto Compuesto* verwendet, wenn es um vorzeitige Handlungen im Gegenwartszeitraum geht.

Die regionalen Varianten im Gebrauch von *PPS (Indefinido)* und *Perfecto Compuesto* werden im Folgenden nicht systematisch erörtert. Es sei nur darauf hingewiesen, dass z. B. in Asturien und in vielen Teilen Lateinamerikas das *Perfecto Compuesto* kaum gebräuchlich ist und das *PPS (Indefinido)* dessen Funktion weitgehend übernimmt.

2.3.2 Das *Perfecto Compuesto*

Das *Perfecto Compuesto* ist eine **Gegenwartszeit** und bezieht sich auf einen noch zum Sprechzeitpunkt relevanten Zustand (als Ergebnis einer Handlung oder eines Ereignisses). Man sollte es eher wie der lateinamerikanische Sprachforscher Andrés Bello als *Antepresente* oder noch besser als **Presente Perfecto** bezeichnen[1]. Das *Perfecto* drückt nämlich aus, dass etwas zu einem Zeitpunkt geschehen ist, den der Sprecher subjektiv als **zum Gegenwartszeitraum zugehörig** empfindet und der vorzeitig zum Sprechzeitpunkt liegt. Darin ähnelt es dem englischen *Present Perfect*. Kurz: Sprechzeitpunkt und Referenzzeitpunkt fallen zusammen, während der Ereigniszeitraum vorzeitig zu beiden ist.

Das *Perfecto Compuesto* ist durch die Kategorien **aktuell, abgeschlossen, parallel und vorzeitig** charakterisiert.

Das *Perfecto Compuesto* zeigt an, dass „eine Handlung oder ein Ereignis in der Vergangenheit in einem gewissen Zusammenhang mit der Gegenwart steht" (de Bruyne 2002: 432). Der Gegenwartsbezug kann tatsächlich gegeben sein oder auch nur subjektiv aus Sicht des Sprechers (»gefühlmäßig«) vorliegen (vgl. de Bruyne 2002: 432).

Im Spanischen wird das *Perfecto Compuesto* meist mit den Signalwörtern *hoy, esta semana, este mes, este año* angegeben, wodurch deutlich gemacht werden soll, dass die Handlung zwar *früher* stattgefunden hat, aber in der Gegenwart noch von Relevanz ist. Sie fand in Bezug auf den Sprechzeitpunkt also *vorzeitig* statt. Insofern ist die ausgedrückte Handlung zwar *abgeschlossen*, aber in ihren Folgen und Wirkungen noch nicht *vergangen*. Dieses Zeitverhältnis bezeichnet man in der Sprachwissenschaft als Vorzeitigkeit. Das *Perfecto Compuesto* ist die **Zeit der Vorzeitigkeit in der Gegenwartsstufe**.

Dies kann man sich im Vergleich zum *PPS (Indefinido)* anhand eines Beispiels klarmachen:

2.3.1   *Mi padre ha muerto hace tres años. (Esbozo 1973: 466)*

2.3.2   *Mi padre murió hace tres años. (Esbozo 1973: 466)*

---

[1] Die NGLE (2010: 438) beginnt den Abschnitt 23.4 über das *Pretérito Perfecto Compuesto* bezeichnenderweise mit dem Hinweis auf Bellos Begriff des *Antepresente*.

Beide Sätze können wir übersetzen mit: *Mein Vater ist vor drei Jahren gestorben*. Damit haben wir aber nur die **Bedeutung**, nicht aber die mitgedachten und mitverstandenen **Konnotationen** übersetzt, die mit der jeweils verwendeten Zeit impliziert sind. Der Unterschied in den Konnotationen lässt sich wie folgt charakterisieren:

1) Das *Perfecto Compuesto* im Satz 2.3.1 drückt aus, dass der Tod des Vaters sich auf den Gemütszustand des Sprechers in der Gegenwart auswirkt, während das *PPS (Indefinido)* in Satz 2.3.2 andeutet, dass der Sprecher den Tod des Vaters bereits verarbeitet hat und aktuell keine Betroffenheit mehr vorliegt.

2) In Satz 2.3.1 ist das Ereignis als *abgeschlossen* (der Vater ist ja tatsächlich gestorben), aber nicht als *vergangen* dargestellt (die Betroffenheit dauert an). Das *PPS (Indefinido)* in Satz 2.3.2 stellt das Ereignis als *abgeschlossen* und *vergangen* dar.

3) Das *Perfecto Compuesto* holt den Tod des Vaters sozusagen in die (gefühlte) Gegenwart hinein und erweitert so den Gegenwartszeitraum auf dem Zeitpfeil nach links. Das *PPS (Indefinido)* fügt auf dem Zeitpfeil eine klare Trennlinie zwischen Gegenwart und Vergangenheit ein.

Wie die Liste der Signalwörter zeigt, ist der Gegenwartszeitraum veränderlich – je nachdem, welche Unterscheidung für den Sprecher wichtig ist. Der Sprecher kann das Heute in Gegensatz zum Gestern setzen; dann gehören alle Handlungen, die gestern stattfanden nicht zum Gegenwartszeitraum und dürfen nicht im *Perfecto Compuesto* ausgedrückt werden. Spricht der Sprecher aber von dieser Woche (*esta semana*) als Zeiteinheit, dann gehört natürlich auch alles, was gestern (*ayer*) passiert ist, zum Gegenwartszeitraum dazu. Der Gegenwartszeitraum kann fast beliebig ausgedehnt werden, auch *este siglo*, *este milenio* usw. sind grundsätzlich denkbar, kommen aber in der sprachlichen Wirklichkeit nur selten vor.

Der wichtige Punkt ist, dass der Gegenwartszeitraum keine absolute Größe ist und sich die Zugehörigkeit einer Handlung zum Gegenwartszeitraum nicht an einem objektiven Kriterium – wie zum Beispiel „ist vergangen" oder „findet im Augenblick statt" – bemisst. Der Gegenwartszeitraum ist eine relative Größe, die vom Sprecher immer wieder entsprechend seiner Kommunikationsabsicht neu festgesetzt wird. Welchen Gegenwartszeitraum der Sprecher jeweils festsetzen möchte, gibt er seinen Gesprächspartnern in der Regel durch die Verwendung temporaler Signalwörter (Zeitadverbien u. a.) bekannt.

2.3.3 Das *PPS (Indefinido)*

Das *Pretérito Perfecto Simple* (PPS) wird auch als *Pretérito Simple* oder *Pasado Simple* bezeichnet. Am häufigsten findet sich jedoch in der einschlägigen Literatur und in den Lehrwerken die Bezeichnung *Indefinido*. Diese Bezeichnung geht auf die Grammatik der Real Academia von 1931 zurück, gilt heute aber bei den meisten Sprachwissenschaftlern als ungenau und veraltet.

Das *PPS (Indefinido)* ist durch die Kategorien **aktuell, abgeschlossen, retrospektiv und gleichzeitig** charakterisiert. Das *PPS (Indefinido)* ist eine Vergangenheitszeit, dessen Gebrauch in Konkurrenz zum *Imperfecto* steht. Das *PPS (Indefinido)* ist – im Gegensatz zum *Imperfecto* – in der Lage eigenständig Referenzzeitpunkte zu setzen.

Während übrigens das *Imperfecto* in einer Indikativform (*cantaba*) und einer *Subjuntivo*-Form (*cantara*) vorkommt, gibt es vom *PPS (Indefinido)* keine *Subjuntivo*-Form.

Das *PPS (Indefinido)* drückt aus, dass eine Handlung in der Vergangenheit stattfand. Die Handlung wird dabei als abgeschlossen vorgestellt. Das heißt, es wird eine Tat-

2.3 Die spanischen Vergangenheitszeiten

sache berichtet, die in keinerlei Zusammenhang mehr mit der Gegenwart steht. Typische Signalwörter für das *PPS (Indefinido)* sind: *ayer, anoche, un día, hace años.*

Das *PPS (Indefinido)* ist grundsätzlich die Zeit der **Abgeschlossenheit** in der Vergangenheit und gilt daher als das **Tempus des Berichts**. Alle anderen Gebrauchsweisen ergeben sich für den Sprachwissenschaftler logisch aus dieser Grundbestimmung. Das *PPS (Indefinido)* wird deshalb auch verwendet, um Handlungen zu bezeichnen, die einmalig oder zu einem bestimmten Zeitpunkt stattfanden oder die punktuell einsetzen. Es ist damit auch die Zeit der **Einmaligkeit** und der **Punktualität**. Zustände können mit dem *PPS (Indefinido)* nicht beschrieben werden.

Darüber hinaus wird das *PPS (Indefinido)* verwendet, um aufeinanderfolgende Handlungen zu charakterisieren: Erst geschah dies, dann geschah das und schließlich geschah jenes. Man spricht in diesem Fall von einer **Handlungskette**. Das *PPS (Indefinido)* tritt zum einen sehr häufig in Verbindung mit genauen Zeitangaben (am 23. Februar 1982; im Jahre 1492 usw.) auf und zum anderen, wenn der Anfang oder das Ende eines Zeitraums bestimmt sind. Auch wenn der Anfang oder das Ende einer Handlung, eines Ereignisses oder eines Zustands berichtet werden soll, geschieht dies im *PPS (Indefinido)*.

Handlungen setzen häufig punktuell ein und sind kurz darauf abgeschlossen. Denken Sie prototypisch an einen Faustschlag, eine Ohrfeige oder einen Zuruf. Deshalb stehen **Handlungen** sehr häufig im *PPS (Indefinido)*. Im Gegensatz dazu dauern Zustände in der Regel eine gewisse Zeit lang an, sind also nicht abgeschlossen und stehen so häufig im *Imperfecto*. Erst wenn ausgesagt werden soll, dass der Zustand vorbei (abgeschlossen) ist, wird das *PPS (Indefinido)* verwendet.

2.3.4 Vergleich von *Perfecto Compuesto* und *PPS (Indefinido)*

Die Unterschiede im Gebrauch von *Perfecto Compuesto* und *PPS (Indefinido)* lassen sich, wie in der folgenden Tabelle dargestellt, zusammenfassen.

Vergleich von *Perfecto Compuesto* und *PPS (Indefinido)*	
Perfecto Compuesto	*PPS (Indefinido)*
Handlung fand (vorzeitig zum Sprechzeitpunkt) im Gegenwartszeitraum statt.	Handlung fand im Vergangenheitszeitraum statt.
Tempus mit Brückenfunktion (vorzeitige Handlung steht im Zusammenhang mit der Gegenwart)	Tempus der Abgeschlossenheit (Handlung ist vorbei, kein Bezug zur Gegenwart)
Typisch für Dialoge	Typisch für Geschichtsbücher, Berichte
Indikatoren: *ahora, hoy, esta mañana, estos días, esta semana, este año, todavía no*	Indikatoren: *ayer, anoche, un día, hace años*
Es war und ist bis gerade eben gewesen. (»*ha sido mi amigo*«)	Es war einmal und ist nicht mehr. (»*fue mi amigo*«)

2.3.5 Das *Imperfecto*

Das *Imperfecto* ist grundsätzlich die Zeit der **Unabgeschlossenheit** in der Vergangenheit und gilt als das **Tempus der Beschreibung**. Er bezeichnet zum einen **Zustände**, solange sie andauern (unabgeschlossen sind), und zum anderen unabgeschlossene, andauernde, sich wiederholende, nicht vollendete **Handlungen**, die sich teilweise auch überlappen können.

Das *Imperfecto* ist durch die Kategorien **inaktuell, unabgeschlossen, parallel und gleichzeitig** charakterisiert.

Aus sprachwissenschaftlicher Sicht ist das *Imperfecto* durch die drei Kategorien (a) indexikale Unbestimmtheit, (b) sprachliche Kontextabhängigkeit und (c) generalisierende Typizität charakterisiert (Becker 2010: 80).

Mit indexikaler Unbestimmtheit ist gemeint, dass bei der Verwendung des *Imperfecto* zum einen kein Referenzzeitpunkt eingeführt wird und zum anderen Anfang und Ende des Ereigniszeitraums unklar bleiben. Sprachliche Kontextabhängigkeit bezieht sich darauf, dass das *Imperfecto* immer eines „expliziten kontextuellen Ankers" bedarf (Becker 2010: 86), damit seine temporale (oder modale) Lesart disambiguiert und in Bezug auf die vorausgesetzte Diskurswelt richtig interpretiert werden kann. Generalisierende Typizität fasst Fälle zusammen, bei denen es um eine gewohnheitsmäßige, gesetzmäßige, allgemeine oder typische Regelhaftigkeit in der Vergangenheit geht.

Bei der temporalen Verwendung des *Imperfecto* unterscheidet man in der Regel drei Lesarten: (a) die habituelle, (b) die progressive und (c) die kontinuative Lesart (Becker 2010: 80). Bei der habituellen Lesart dient das *Imperfecto* dazu, **Gewohnheiten** zum Ausdruck zu bringen. Bei der progressiven Lesart wird ein Ereignis in seinem Verlauf *einmal* fokussiert, während bei der kontinuativen Lesart ein Ereignis *mehrmals* fokussiert wird. Diese beiden letzten Lesarten hängen eng miteinander zusammen, da es jeweils um die **Fokussierung des Ereignisverlaufs** geht. Bei allen drei Lesarten werden Anfang und Ende der Handlung bzw. des Zustands nicht thematisiert.

Beispiele für die drei Lesarten:

Habituell: *Pedro tocaba el piano.*

Progressiv: *Cuando Pedro entró en el bar, Paco tocaba unas canciones flamencas.*

Kontinuativ: *Mientras su mujer preparaba la cena, Pedro tocó guitarra.*

> **Merke:** Typisch für alle drei Lesarten ist, dass mit dem **Imperfecto** *keine Aussagen über Handlungen oder Ereignisse getroffen, sondern Beschreibungen von Situationen oder Personen vorgenommen werden.*

Das *Imperfecto* „ist nicht in der Lage, eine aus mehreren sukzessiven Ereignissen bestehende Erzählfolge weiterzuentwickeln und damit zu einer narrativen Dynamik von Texten beizutragen (Becker 2010: 86). Deshalb benötigt er stets ein Bezugstempus (zumeist: das *Pretérito Perfecto Simple*). Diesen Umstand bezeichnet man auch als mangelnde referentielle Autonomie (vgl. Becker 2010: 92).

Das *Imperfecto* wird immer dann verwendet, wenn weder Anfang noch Ende einer Handlung oder eines Zustands bezeichnet sind oder bezeichnet werden sollen. Häufig steht es in Verbindung mit ungenauen Zeitangaben (»damals«, »entonces«).

Das *Imperfecto* wird häufig zusammen mit dem *PPS (Indefinido)* in ein und derselben Satzaussage verwendet. In diesem Fall steht die **Hintergrundhandlung** im *Imperfecto* und die punktuell einsetzende Haupthandlung steht im *PPS (Indefinido)*. Ein Beispiel hierfür ist der folgende Satz:

Hintergrund: *Ayer, cuando regresaba a casa encontré a mi madre.*

Die eine Handlung des Nach-Hause-Gehens ist noch nicht abgeschlossen und bildet den Hintergrund für die andere Handlung des Mutter-Begegnens. Jemandem zu begegnen,

2.3 Die spanischen Vergangenheitszeiten

ist eine punktuelle Handlung, die mit ihrem Eintritt praktisch schon abgeschlossen ist. Denn wenn man fünf Minuten zusammensteht und sich unterhält, sagt man nicht mehr, dass man sich gerade begegnet, sondern dass man sich begegnet ist. Durch die Verwendung des *Imperfecto* gibt der Sprecher zu verstehen, dass er immer noch auf dem Nachhauseweg ist, also noch nicht zu Hause angekommen ist. Insofern ist diese Handlung unabgeschlossen und dauert noch an.

Das Zusammenspiel von Hintergrundshandlung und punktuell einsetzender Haupthandlung ist sehr häufig und will – besonders von Spanischlernenden – geübt sein.

Das *Imperfecto* wird nicht nur temporal, sondern auch **modal** verwendet. Dies ist z. B. in hypothetischen Bedingungssätzen der Fall, wenn im substandardsprachlichen Spanisch das *Imperfecto de Subjuntivo* durch das *Imperfecto de Indicativo* ersetzt wird. Es gibt sogar Ausnahmefälle, wo zusätzlich auch noch das *Condicional* durch *Imperfecto* ersetzt wird:

Konditional: *Si me lo encontraba* [statt: *encontrara*] *un día cara a cara, le decía* [statt: *diría*] *todo lo que pienso de él.* (Pérez Saldanya 2004: 226)

Das ludische[2] *Imperfecto* ist recht selten und kommt nur bei formelhaften Zuschreibungen im Rahmen von Kinder- und Rollenspielen wie Räuber und Gendarm vor:

Ludisch: *Yo era un pirata y Juan venía y me atacaba.*

Die modalen und ludischen Verwendungsweisen des *Imperfecto* wurden hier nur der Vollständigkeit halber erwähnt, sie werden im Übungsteil keine Rolle spielen.

2.3.6 Vergleich von *Imperfecto* und *PPS (Indefinido)*

Aus der Perspektive der Textkonstitution betrachtet besteht der große Unterschied zwischen *Imperfecto* und *PPS (Indefinido)* vor allem darin, dass das *Imperfecto* keine Referenzzeitpunkte in die Texthandlung einführen und deshalb die Handlungsdynamik nicht vorantreiben kann. Die Funktion – und Stärke – des *PPS (Indefinido)* ist hingegen gerade das **Setzen von Referenzzeitpunkten** und das **Vorantreiben der Handlungsdynamik**. Die Verwendung des *Imperfecto* bleibt stets auf das *PPS (Indefinido)* als Bezugszeit angewiesen. Es kann daher durchaus Texte geben, die ausschließlich im *PPS (Indefinido)* geschrieben sind, aber ausschließlich im *Imperfecto* verfasste Texte kommen in der alltäglichen Sprachpraxis nicht vor.

Eng mit der Fähigkeit, Referenzzeitpunkte zu setzen, ist die Unterscheidung von Aktualität und Inaktualität im Rahmen der primären Perspektive verbunden. Aktualität konnotiert Relevanz, während Inaktualität Irrelevanz und damit Nebensächlichkeit konnotiert.

Das *PPS (Indefinido)* ist das Tempus der **Aktualität** auf der Vergangenheitsebene und damit gleichzeitig **das Tempus des Berichts.** Das bedeutet, dass vergangene Handlungen und Ereignisse durch die Rückschau (retrospektive Betrachtung) hervorgehoben oder in den **Vordergrund** gerückt werden. Diese vergangenen und abgeschlossenen Handlungen und Ereignisse sind immerhin so wichtig, dass von ihnen berichtet wird. Dadurch werden sie aktualisiert und gewinnen als **Fakten** an Relevanz. Die Distanz zur Gegenwart bleibt aber gewahrt. Verben, die Handlungen und Ereignisse konnotieren, stehen bevorzugt im *PPS (Indefinido)*.

Im Gegensatz dazu bleiben die Handlungen und Ereignisse, die im *Imperfecto* geschildert werden, im **Hintergrund** der Texthandlung. Das *Imperfecto* ist damit das

---

[2] Ludisch von lat. *ludus* = Spiel.

Tempus der Inaktualität und das **Tempus der Beschreibung.** Verben, die Handlungen und Ereignisse konnotieren, stehen immer dann im *Imperfecto*, wenn sie zur *Beschreibung* von **Zuständen**, Personen, Dingen oder Sachverhalten verwendet werden, wenn also der Handlungs- bzw. Ereignischarakter gerade nicht gemeint ist. Im *Imperfecto* stehen nebensächliche Informationen, die zum Verständnis der – im *PPS (Indefinido)* stehenden – Handlungen und Ereignisse wichtig sind, aber für die Handlungsdynamik vernachlässigbar sind.

Die Unterschiede im Gebrauch von *Imperfecto* und *PPS (Indefinido)* lassen sich, wie in der folgenden Tabelle dargestellt, zusammenfassen:

Vergleich von *Imperfecto* und *PPS (Indefinido)*	
Imperfecto	*PPS (Indefinido)*
Unabgeschlossenheit	Abgeschlossenheit
Dauer (Zeitraum)	Punktualität (Zeitpunkt)
Wiederholung	Einmaligkeit
Zustände	Handlungen
Gleichzeitig stattfindende Handlungen oder Zustände	Aufeinanderfolgende Handlungen (Handlungskette)
Tempus der Beschreibung (wie war es?)	Tempus des Berichts (was ist geschehen?)
Hintergrundshandlung	Punktuell einsetzende Handlung
Unvollendete Handlung (Vorhaben wurde nicht umgesetzt; *imperfecto de conato*)	Vollendete Handlung (Vorhaben wurde umgesetzt)
Anfang und Ende unbestimmt	Anfang und/oder Ende bestimmt
Ungenaue Zeitangaben („damals")	Genaue Zeitangaben („mit Zahlen")
Teilschau	Gesamtschau
Es war einmal, kann heute aber immer noch sein. (»era mi amigo«)	Es war einmal und ist nicht mehr. (»fue mi amigo«)

In der Regel werden die im *PPS (Indefinido)* stehenden Handlungen und Ereignisse eingebettet in Zustands-, Situations- und Personenbeschreibungen, die im *Imperfecto* stehen.

Steht man vor der Frage, welche der beiden Zeiten im Rahmen eines Textes zu setzen ist, spielt die Erzählperspektive eine entscheidende Rolle. Wir unterscheiden zwischen der **generellen Erzählperspektive**, die die Ebene des Gesamttexts betrifft, und der **spezifischen Erzählperspektive**, die die Ebene eines Absatzes oder einzelner Sätze betrifft.

Der Wechsel der spezifischen Erzählperspektive zwischen zwei Absätzen (oder auch innerhalb eines Absatzes) ist natürlich einer Erzählstrategie des Autors geschuldet, mit der er Referenzpunkte setzen oder eine gewisse Spannung erzeugen will. Der Wechsel der spezifischen Erzählperspektive gehört zur Logik des Textaufbaus.

Merke: *Der Wechsel vom* Imperfecto *zum* PPS (Indefinido) *bei der Verbform entspricht dem Wechsel in der spezifischen Erzählperspektive von der Beschreibung zur Aktion.*

2.3 Die spanischen Vergangenheitszeiten

Bedeutungsunterschiede bei einigen Verben im *Imperfecto* und *PPS (Indefinido)*		
Verb	Bedeutung im *Imperfecto*	Bedeutung im *PPS (Indefinido)*
saber	wissen	erfahren
conocer	kennen	kennenlernen
ver	sehen	erblicken
aburrirse	sich langweilen	es satt haben
ser	sein	sein oder werden
tener	haben	bekommen

Neben den textkonstitutiven Unterschieden zwischen beiden Tempora ist auch zu beachten, dass bestimmte Verben im *PPS (Indefinido)* eine Bedeutungsänderung erfahren. Dies wird bei der Übersetzung ins Deutsche besonders deutlich. Für die Verben *saber* und *conocer* ist dies weithin bekannt, aber es gibt noch weitere Verben, die ihre Bedeutung ändern, sobald sie im *PPS (Indefinido)* verwendet werden. Der Grund für diesen Bedeutungsunterschied liegt im konnotierten Aspekt der Abgeschlossenheit (*PPS/Indefinido*) bzw. Unabgeschlossenheit (*Imperfecto*).

2.3.7 Das *Pluscuamperfecto*

Das *Pretérito Pluscuamperfecto* ist die **Zeit der Vorzeitigkeit in der Vergangenheitsstufe**. Genauer gesagt wird das *Pluscuamperfecto* durch die Kategorien **inaktuell, unabgeschlossen, parallel und vorzeitig** charakterisiert. Es wird mit dem *Imperfecto* von *haber* und dem Partizip gebildet (Bsp.: *había dicho*).

Das *Pluscuamperfecto* drückt grundsätzlich aus, dass eine bestimmte Handlung vorzeitig zu einer anderen Handlung in der Vergangenheit stattgefunden hat. Hierbei ist wichtig, dass es nicht um ein einfaches Vorher-Nachher-Verhältnis geht, denn dann müsste *jede* Handlung, die vor einer anderen stattfand, im *Pluscuamperfecto* stehen. Vielmehr geht es darum, ob die Handlung im Erzählzeitraum stattfand oder bereits vorher abgeschlossen war. Nur Handlungen, Ereignisse oder Zustände, die **vorzeitig zum Erzählzeitraum** stattgefunden haben, stehen im *Pluscuamperfecto*.

Wenn ein Sprecher erzählt, was er gestern erlebt hat, dann ist Gestern sein Erzählzeitraum; und was vor einer Woche geschah, ist in Bezug zum Erzählzeitraum bereits abgeschlossen und dazu vorzeitig. Wenn er erzählt, was ihm letztes Jahr in den Ferien passiert ist, dann sind die Ferien letztes Jahr sein Erzählzeitraum; und was vor zwei Jahren geschah, ist in Bezug zu diesem Erzählzeitraum bereits abgeschlossen und dazu vorzeitig. Alles, was schon vor dem Erzählzeitraum abgeschlossen war, steht im *Pluscuamperfecto*. Es signalisiert also **Distanz zum erzählten Geschehen**. Für das erzählte Geschehen werden die Tempora *PPS (Indefinido)* und *Imperfecto* verwendet (vgl. Vera Morales 2008: 338).

Das *Pluscuamperfecto* kann den *Condicional Compuesto* ersetzen, wenn eine in der Vergangenheit als nachzeitig aufgefasste Handlung (oder ein solches Ereignis) als bereits abgeschlossen vor- oder dargestellt werden soll. Diese Situation bezeichnet man auch als vollendete Zukunft in der Vergangenheit. In diesem Fall wird das *Pluscuamperfecto* mit Konditional II übersetzt, wie das folgende Beispiel zeigt:

2.3.3 *María se imaginó que al día siguiente ya había terminado todo.*

2.3.4 *María stellte sich vor, dass am nächsten Tag alles beendet sein würde.*

2.3.8 Das *Pretérito Anterior*

Das *Pretérito Anterior* wird auch unmittelbare Vorvergangenheit genannt und ist – im Gegensatz zum *Pluscuamperfecto* – die **Zeit der unmittelbaren Vorzeitigkeit in der Vergangenheit** (vgl. Bosque/Demonte 1999: 2.2951). Das *Pretérito Anterior* wird durch die Kategorien **aktuell, abgeschlossen, retrospektiv und (unmittelbar) vorzeitig** charakterisiert. Gebildet wird es mit dem *PPS (Indefinido)* von *haber* und dem Partizip (Bsp.: *hubo dicho*).

Das *Pretérito Anterior* wird heute fast nur noch in der Schriftsprache verwendet (vgl. Vera Morales 2008: 346). Es tritt nur in Nebensätzen und dort ausschließlich in Verbindung mit Konjunktionen wie *cuando, apenas, así que, después de que, en seguida que, no bien, tan pronto como* oder ähnlichen Ausdrücken auf (vgl. Bosque/Demonte 1999: 2.2951).

Da das *Pretérito Anterior* **Vorzeitigkeit** ausdrückt, wird es im Prinzip ähnlich verwendet wie das *Pluscuamperfecto*. Im Unterschied zu diesem bringt das *Pretérito Anterior* jedoch immer zum Ausdruck, dass eine Handlung oder ein Ereignis in der Vergangenheit unmittelbar vor einem anderen stattfand und daher abgeschlossen ist. Die Merkmale der **Unmittelbarkeit** und der **Abgeschlossenheit** unterscheiden also das *Pretérito Anterior* vom *Pluscuamperfecto*.

Das *Pretérito Anterior* (PA) kann in vielen Fällen, in denen es nur unspezifisch darum geht, Vorzeitigkeit anzuzeigen, durch das *Pluscuamperfecto* (PCP) ersetzt werden. Wenn der Aspekt der unmittelbaren Aufeinanderfolge gemeint ist, nicht aber unbedingt Vorzeitigkeit impliziert sein soll, dann kann auch das *PPS (Indefinido)* als Ersatztempus verwendet werden.

Unterschiede bei *PA*, *PCP* und *PPS*		
Tempus	**Beispielsatz**	**Thematisierte Konnotation**
PA	*Luego que hubo amanecido, salí.*	Unmittelbare Vorzeitigkeit thematisch
PCP	*Luego que había amanecido, salí.*	Vorzeitigkeit thematisch
PPS	*Luego que amaneció, salí.*	Aufeinanderfolge thematisch

In allen drei Sätzen wird durch die Verbform mit ausgesagt (konnotiert), dass zwischen dem Ereignis des Tagwerdens (Nebensatz) und der Handlung des Weggehens (Hauptsatz) eine gewisse Zeitspanne verstrichen ist. Diese Zeitspanne ist bei Verwendung des *Pluscuamperfecto* am größten: Es kann schon längere Zeit her sein, dass es hell geworden ist, bevor der Sprecher losging (Vorzeitigkeit wird betont). Bei der Verwendung des *PPS (Indefinido)* wird eine Handlungskette suggeriert, so dass die Zeitspanne am geringsten ist: Gleich als es hell wurde, ging der Sprecher los (Unmittelbarkeit wird betont). Bei der Verwendung des *Pretérito Anterior* werden die beiden Aspekte der Vorzeitigkeit *und* der Unmittelbarkeit gleichermaßen betont: Gleich nachdem es schon hell war, ging der Sprecher los.

Dieser Aspekt der unmittelbaren Vorzeitigkeit wird in dem folgenden, etwas längeren Beispiel besonders deutlich:

> Alba llamó a su casa para avisar que se quedaría junto a sus compañeros hasta la victoria final o la muerte, lo cual le sonó falso una vez que lo **hubo dicho**. *(Bosque/Demonte 1999: 2.2951)*

2.3 Die spanischen Vergangenheitszeiten

Die Worte „Endsieg oder Tod" erschienen Alba nicht irgendwann später falsch, sondern *unmittelbar nachdem* oder *kaum dass* sie sie ausgesprochen hatte.

Für die Übersetzung ins Deutsche verwenden wir in der Regel sowohl für das *Pretérito Anterior* als auch das *Pluscuamperfecto* das deutsche Plusquamperfekt, das durch die Kategorie der Abgeschlossenheit in der Vergangenheit definiert ist. Der Aspekt der Unmittelbarkeit kann in den meisten Fällen bei der Übersetzung unberücksichtigt bleiben. Ist er jedoch wichtig, kann er durch ein entsprechendes Adverb (*unmittelbar, gleich, sofort* usw.) oder durch eine Konjunktion wie *kaum dass* (statt *nachdem*) wiedergegeben werden.

2.3.9 Das *Condicional*

Aus sprachwissenschaftlicher Sicht ist das *Condicional* eine merkwürdige Verbform, die gleichsam eine Zwitterstellung innehat und sowohl als Tempus wie auch als Modus fungieren kann. Die spanischen Grammatiken des 19. Jahrhunderts führten den *Condicional* meistens unter der Rubrik *Subjuntivo* (Bosque/Demonte 1999: 2.2893). Dies hat sich im 20. Jahrhundert geändert. Die Real Academia postulierte für den *Condicional* einen eigenen Modus und nannte diesen *Potencial*. Diese Bezeichnung findet man auch heute noch in einigen Grammatiken und Lehrwerken.

Wer die Bezeichnung *Condicional* verwendet, ordnet die entsprechenden Verbformen dem Modus Indikativ zu, wer die Bezeichnung *Potencial* bevorzugt, betrachtet ihn als eigenständigen Modus.

Das *Condicional* liegt in zwei Ausprägungen als *Condicional Simple* (*cantaría*) und als *Condicional Compuesto* (*habría cantado*) vor. Das *Condicional Compuesto* wird manchmal auch (z. B. vom Esbozo) als *Condicional Perfecto* bezeichnet.

Das *Condicional Simple* ist durch die Kategorien **inaktuell, unabgeschlossen, prospektiv und gleichzeitig** charakterisiert, während für den *Condicional Compuesto* die Kategorien **inaktuell, unabgeschlossen, prospektiv und vorzeitig** gelten.

Das *Condicional Simple* wird in irrealen Bedingungssätzen verwendet und drückt eine prospektive Hypothese aus, deren Erfüllung von bisher nicht erfüllten oder grundsätzlich nicht erfüllbaren Bedingungen abhängig ist (vgl. Vera Morales 2008: 356).

Wird das *Condicional Simple* als Vergangenheitszeit verwendet, spricht man auch gerne von der **Zukunft in der Vergangenheit** (de Bruyne 2002: 437; Vera Morales 2008: 357). Mit dem *Condicional Simple* drückt ein Sprecher aus, dass eine Handlung oder ein Ereignis bezüglich eines aus heutiger Sicht schon vergangenen Zeitpunkts *nachzeitig* geschehen ist (vgl. Vera Morales 2008: 357). Das *Condicional* wird auch im Zusammenhang mit der indirekten Rede als Zukunft in der Vergangenheit verwendet (siehe Kapitel 4).

Die Bezeichnung Zukunft der Vergangenheit bezieht sich darauf, dass das *Condicional* im Rahmen des Vergangenheitszeitraums ähnliche Funktionen übernimmt wie das *Futuro* im Rahmen des Gegenwartszeitraums. Dies wird anhand des folgenden Satzpaares deutlich:

Vergleich von *Futuro* und *Condicional*	
Spanischer Satz	**Deutsche Übersetzung**
No sé si vendrá.	Ich weiß nicht, ob er kommen wird.
No sabía si vendría.	Ich wusste nicht, ob er kommen würde.

Bezieht sich das Wissen (bzw. Nicht-Wissen) auf die Gegenwart, steht die Handlung im *Futuro*, weil das Kommen relativ zum Sprechzeitpunkt gesehen erst nachzeitig stattfindet. Bezieht es sich hingegen auf die Vergangenheit, steht die Handlung im *Condicional*, weil es die Zeit der Nachzeitigkeit in der Vergangenheitsstufe ist.

Im Allgemeinen heißt es, dass im *si*-Satz kein *Condicional* steht. Dies ist richtig, muss aber präzisiert werden: In durch *si* eingeleiteten Bedingungssätzen steht kein *Condicional* (vgl. de Bruyne 2002: 438). Man beachte nämlich, dass im obigen Beispiel das *Condicional* zwar in einem *si*-Satz steht, die Übersetzung von *si* aber nicht *wenn*, sondern *ob* lautet. Es handelt sich also nicht um einen Bedingungssatz. Es ist also um der Klarheit willen fast besser zu sagen, dass im *Wenn*-Satz kein *Condicional* steht, auch wenn man damit deutsche und spanische Bezeichnungen mischt.

Ähnlich wie das *Futuro* wird auch das *Condicional* verwendet, um eine Möglichkeit, Vermutung oder Wahrscheinlichkeit auszudrücken (de Bruyne 2002: 437). Insofern ist das *Condicional* ein **Tempus der Vermutung**, wobei sich die Vermutung in der Regel auf etwas Vergangenes bezieht; sie kann sich aber auch auf die Zukunft beziehen.

In dieser Verwendung als Tempus der Vermutung wird das *Condicional* gelegentlich auch als Modus bezeichnet. Einen modalen Charakter hat das *Condicional* auch, wenn es aus Gründen der Höflichkeit oder Bescheidenheit zur Abschwächung von Wünschen verwendet wird (de Bruyne 2002: 438). Zum *Condicional* als Modus siehe Kapitel 8.

Condicional als Zeit der Vermutung	
Spanischer Satz	**Deutsche Übersetzung**
Tendría entonces 50 años.	Er wird damals fünfzig Jahre alt gewesen sein.
	Er dürfte damals fünfzig Jahre alt gewesen sein.
	Er müsste damals fünfzig Jahre alt gewesen sein.

Das *Condicional Compuesto* wird ebenfalls in irrealen Bedingungssätzen verwendet, drückt aber eine retrospektive Hypothese aus, deren Erfüllung von damals nicht erfüllten oder immer noch nicht erfüllten Bedingungen abhängig war (vgl. Vera Morales 2008: 359).

2.3.10 Die korrekte Verwendung der Vergangenheitszeiten

Die oben aufgeführten Erklärungen bieten zwar eine Orientierung im Irrgarten der spanischen Zeiten und Modi, jedoch reichen sie nicht aus, um die Vergangenheitszeiten *PPS (Indefinido)* und *Imperfecto* in jedem Fall korrekt anzuwenden. Vor allem dann, wenn man die oben genannten Zeiten in einem Lückentext bedeutungsunterscheidend verwenden soll, wird man merken, dass man an seine Grenzen stößt. Daher werden im folgenden Kapitel Wege und Lösungen aufgezeigt, wie man in kontextabhängigen Sätzen die beiden Vergangenheitszeiten richtig verwendet.

Im Vorfeld sei gesagt, dass in kontextlosen Einzelsätzen in der Regel beide Möglichkeiten richtig sein können. Das bedeutet aber nicht, dass beide Zeiten beliebig verwendet werden könnten, sondern dass die Erzählperspektive, der Textaufbau, der Kontext und teilweise auch die subjektive Bewertung des Sprechers von entscheidender Bedeutung sind.

2.3 Die spanischen Vergangenheitszeiten

Merke: *Die Verwendung von PPS (Indefinido) und Imperfecto ist erstens abhängig von der Erzählperspektive, zweitens vom Textaufbau, drittens vom Kontext und viertens in wenigen Fällen von der Sprecherintention.*

An dieser Stelle sollte deutlich gemacht werden, dass die Verwendung einer bestimmten Zeit zwar auf der Sprecherabsicht basiert, dass wir diese aber nicht erraten können. Dieser Hinweis ist essenziell und wird leider nur allzu häufig vernachlässigt. Erzählperspektive, Textaufbau und Kontext sind für uns hingegen aufgrund des Textes erschließbar. Sie können wir für die Wahl der richtigen Zeit heranziehen.

In der folgenden Tabelle sind die wesentlichen Punkte zusammengefasst, die für die korrekte Verwendung der Vergangenheitszeiten zu beachten sind. Die Ausführungen sind nicht als starre Regeln, sondern als Richtlinie zur Orientierung zu verstehen.

	Richtlinien zur korrekten Verwendung der Vergangenheitszeiten	
	Imperfecto	*PPS (Indefinido)*
1	Eine Gewohnheit oder wiederholte Handlung in der Vergangenheit **ohne** genaue Zeitangabe. (*siempre, los veranos pasados, antes, de pequeño, a mediados de, al inicio de*)	Eine Gewohnheit oder wiederholte Handlung in der Vergangenheit **mit** genauer Zeitangabe. (*una vez, el año pasado, en 1999, durante todo el verano, antes de su muerte*)
2	Ein Zustand in der Vergangenheit ohne genaue Zeitangabe: *En el centro había mucho tráfico.*	• Beginn einer Handlung, • Handlung zu einem konkreten Zeitpunkt, • plötzlich einsetzende Handlung, • Ausbleiben einer plötzlich einsetzenden Handlung
3	Ein Vorgang *(eran)*, der noch andauert, während ein neuer *(salí)* einsetzt: *Eran las seis cuando salí.*	Ein Vorgang *(salí)*, der neu einsetzt, während ein anderer *(eran)* noch andauert: *Eran las seis cuando **salí**.*
4	Indirekte Rede: Wenn der Hauptsatz im *PPS, Imperfecto* oder *Plusquamperfecto* steht und in der direkten Rede *Presente* oder *Imperfecto* stand, steht in der indirekten Rede das *Imperfecto*.	Das *PPS* steht nur in der indirekten Rede, wenn es bereits in der direkten Rede verwendet wurde. Eine Umformung aus einer anderen Zeit in das *PPS (Indefinido)* gibt es nicht.
5	Gleichzeitige Handlungen oder Zustände "*Corrían, saltaban, evitaban los lazos ...*"	Handlungskette (aufeinanderfolgende Handlungen), vor allem bei Schilderungen historischer Abläufe.
6		Wenn es in direkter oder indirekter Rede um die Art der Äußerung geht (*dijo* usw.).
7	Zeit der Geschichte bzw. des Märchens (weil meist über eine unbestimmte Zeit in der Vergangenheit berichtet wird.)	Zeit des Berichts (weil meist über einen bestimmten abgeschlossenen Zeitraum in der Vergangenheit berichtet wird.)
8	Bestimmte Verben bedeuten im *Imperfecto* etwas anderes als im *PPS. Yo sabía* = ich wusste *Yo conocía* = ich kannte	Bestimmte Verben bedeuten im *PPS* etwas anderes als im *Imperfecto*. *Supe* = ich erfuhr *Conocí* = ich lernte kennen

2.3.11 Reflexion und Selbsteinschätzung

Was wissen Sie nach dem Lesen von Kapitel 2.3 über die Vergangenheitszeiten? Tragen Sie Ihr Wissen in die folgende Tabelle ein.

Was weiß ich über die Vergangenheitszeiten?	Hat sich mein Wissen nach Bearbeitung des Kapitels bis hierhin als richtig erwiesen?

2.4 Annäherung an die spanischen Vergangenheitszeiten

2.4.1 *Pretérito Perfecto Simple* und *Imperfecto* in einzelnen Sätzen

In diesem Abschnitt geht es um die beiden einfachen Vergangenheitszeiten und ihre Verwendung im Satzzusammenhang. Es folgen einige Beispiele, die die korrekte Anwendung und jeweilige Bedeutung von *PPS (Indefinido)* und *Imperfecto* deutlich machen sollen.

Beispiel 1: Welcher der beiden unten angegebenen Sätze ist korrekt?
2.4.1   *Ayer, cuando regresé a casa encontré a mi madre.*
2.4.2   *Ayer, cuando regresaba a casa encontré a mi madre.*

Antwort: Beide Sätze sind richtig; sie haben aber nicht dieselbe Bedeutung. Dies kann durch eine sogenannte überdeutliche Übersetzung veranschaulicht werden, bei der auch die mitverstandenen Aspekte und Konnotationen versprachlicht werden.

spanischer Satz	überdeutliche Übersetzung
*Ayer, cuando **regresé** a casa encontré a mi madre.*	Als ich gestern zu Hause ankam, traf ich im Haus meine Mutter.
*Ayer, cuando **regresaba** a casa encontré a mi madre.*	Als ich gestern auf dem Nachhauseweg war, traf ich auf der Straße meine Mutter.

Im ersten Satz wird durch das *PPS (Indefinido)* ausgedrückt, dass die erste Handlung (*regresar*) schon abgeschlossen war, bevor die zweite Handlung (*encontrar*) eingesetzt hat. Das *PPS (Indefinido)* wird an dieser Stelle zweimal verwendet, um eine Handlungskette deutlich zu machen. Anstelle des ersten Verbs (*regresé*) im *PPS (Indefinido)* hätte sich der Sprecher auch für das *Pluscuamperfecto* (*había regresado*) entscheiden können. Dies würde aber bedeuten, dass keine Handlungskette vorliegt, sondern dass zwischen dem Nachhausekommen und dem Treffen der Mutter einige Zeit vergangen war; zwischen beiden Ereignissen gäbe es dann keinen unmittelbaren Zusammenhang. Grundsätzlich lässt sich zudem sagen, dass man im Spanischen, immer wenn es möglich ist, eine einfache Zeit einer zusammengesetzten Zeit vorzieht.

Der zweite Satz drückt durch das Verb *regresar* im *Imperfecto* aus, dass die erste Handlung bereits vor der zweiten Handlung eingesetzt hatte und auch nach Einsetzen der zweiten Handlung noch nicht abgeschlossen war; der Sprecher ist also noch nicht zu Hause angekommen. Diese erste Handlung fungiert als Hintergrund für die zweite Handlung, man spricht daher auch von einer **Hintergrundshandlung.**

Der Ort des Zusammentreffens mit der Mutter ist im ersten Satz mit *PPS (Indefinido)* das Haus, im zweiten Satz mit *Imperfecto* ist es die Straße.

Dieses Beispiel zeigt zum einen, **dass der wesentliche Faktor zur Unterscheidung der beiden Zeiten die Abgeschlossenheit bzw. Unabgeschlossenheit ist**. Und zum anderen zeigt es, dass durch das Austauschen der Zeiten beim ersten Verb (im *cuando*-Satz) ein und derselbe Satz eine völlig unterschiedliche Bedeutung erhält. Der Hinweis, dass man in den Satz beide Zeiten einsetzen könne, führt also nicht weiter, weil der damit implizierte Bedeutungsunterschied nicht mitgedacht wird.

Beispiel 2: Welcher der beiden unten angegebenen Sätze ist korrekt?

2.4.3 La semana pasada *iba a la escuela, y cuando **cruzaba** la calle, escuché una voz que me llamaba.*

2.4.4 La semana pasada *iba a la escuela, y cuando **crucé** la calle, escuché una voz que me llamaba.*

Antwort: Beide Sätze sind richtig; sie haben aber nicht dieselbe Bedeutung. Dies kann durch den nicht versprachlichten Kontext verdeutlicht werden.

Spanischer Satz	Nicht versprachlichter Kontext
*La semana pasada iba a la escuela, y cuando **cruzaba** la calle, escuché una voz que me llamaba.*	*No había terminado de cruzar.* (Unabgeschlossenheit des Überquerens)
*La semana pasada iba a la escuela, y cuando **crucé** la calle, escuché una voz que me llamaba.*	*Ya estaba al otro lado de la calle.* (Abgeschlossenheit des Überquerens)

Auch in diesem Beispiel geht es hauptsächlich um das Merkmal der Abgeschlossenheit. Im ersten Satz deutet das *Imperfecto* an, dass das Überqueren der Straße noch nicht abgeschlossen war, als der Sprecher die Stimme hörte, während er im zweiten Satz die andere Straßenseite bereits erreicht hatte. Gerade beim Übersetzen sind die mitgedachten Bedeutungsunterschiede von *PPS (Indefinido)* und *Imperfecto* zu berücksichtigen.

Beispiel 3: Welcher der beiden unten angegebenen Sätze ist korrekt?

2.4.5 *Cuando **volvíamos** a casa encontramos una chica llorando.*

2.4.6 *Cuando **volvimos** a casa encontramos una chica llorando.*

Antwort: Beide Sätze sind richtig; sie haben aber nicht dieselbe Bedeutung. Dies kann ebenfalls durch den nicht versprachlichten Kontext verdeutlicht werden.

Spanischer Satz	Nicht versprachlichter Kontext
*Cuando **volvíamos** a casa encontramos una chica llorando.*	*La chica estaba en la calle.* (Unabgeschlossenheit des Rückkehrens)
*Cuando **volvimos** a casa encontramos una chica llorando.*	*La chica estaba en su casa.* (Abgeschlossenheit des Rückkehrens)

Mit dem *PPS (Indefinido)* wird hier ausgedrückt, dass wir uns schon zu Hause befanden und dort das weinende Mädchen vorfanden; mit dem *Imperfecto* drückt man aus, dass man auf dem Nachhauseweg dem weinenden Mädchen begegnet ist. Bei diesem Beispiel ist die Verwendung beider Zeiten korrekt. Jedoch ist die Bedeutung unterschiedlich, je nachdem, ob man sich für *PPS (Indefinido)* oder *Imperfecto* entscheidet.

Wenn Sie die Übungen im Übungsteil (Kapitel 3) machen und die überdeutlichen Übersetzungen anfertigen, werden Sie merken, welche Umschreibungen und Zusätze jeweils im deutschen Satz notwendig sind, um eine einzige spanische Vergangenheitszeit mit allen Konnotationen korrekt zu übersetzen.

2.4 Annäherung an die spanischen Vergangenheitszeiten

Merke: ***Das PPS (Indefinido) drückt grundsätzlich aus, dass die Handlung bereits abgeschlossen war, während das Imperfecto besagt, dass zwei Handlungen gleichzeitig stattfinden.***

Aus diesem Merksatz ergeben sich drei mögliche Fälle, wie die beiden Zeiten in einem Hauptsatz-Nebensatz-Gefüge (z. B. in *cuando*-Sätzen) miteinander verbunden werden können:

1. Haupt- und Nebensatz stehen beide im *PPS (Indefinido)*: Dies bedeutet, dass die erste Verbhandlung bereits abgeschlossen war, bevor die zweite Verbhandlung einsetzte. Es ergibt sich somit eine Handlungskette.
2. Haupt- und Nebensatz stehen beide im *Imperfecto*: Dies bedeutet, dass die beiden Verbhandlungen gleichzeitig stattfanden oder sich zumindest zeitlich überlappten.
3. Im Hauptsatz steht *PPS (Indefinido)*, während im Nebensatz *Imperfecto* steht (es kann auch umgekehrt sein): Dies bedeutet, dass die Handlung im *Imperfecto* als Hintergrundshandlung oder Hintergrundsbeschreibung aufzufassen ist, die von einer zweiten, plötzlich einsetzenden Handlung (*PPS*) überlagert wird, wobei sich die Hintergrundshandlung fortsetzt.

Kommen wir zu unserem nächsten, etwas anders gelagerten Beispiel.

Beispiel 4: Welche Antwort passt zu der Frage?

2.4.7 *¿Cómo fueron las vacaciones? – *Muy bien, estaba en España para relajar.*

2.4.8 *¿Cómo fueron las vacaciones? – Muy bien, fuimos a Méjico.*

2.4.9 *¿Cómo fueron las vacaciones? – *Muy bien aunque estuve enfermo.*

Mit der Frage *¿Cómo fueron las vacaciones?* möchte der Spanier wissen, wie die Ferien in ihrer Gesamtheit waren. Antwort 2.4.8 ist stimmig, denn sie sagt aus, dass die Ferien dem Sprecher insgesamt gut gefallen haben, weil sie in Mexiko waren. Antwort 2.4.7 ist auf diese Frage nicht korrekt (und deshalb mit Sternchen versehen), weil sie nicht ausdrückt, ob dem Sprecher seine Ferien *in ihrer Gesamtheit* gefallen haben. Der Satz gibt den Grund an (Hintergrundsbeschreibung), warum er in Spanien war: um sich zu entspannen. Umformuliert in „*estuve en España*" wäre die Antwort korrekt, weil durch das *PPS (Indefinido)* wieder die Gesamtheit betrachtet würde (Gesamtschau).

Antwort 2.4.9 ist ebenfalls nicht korrekt (und deshalb mit Sternchen versehen), weil man einen Urlaub eigentlich nicht schön findet, wenn man *die ganze Zeit über* krank war (Gesamtschau). Umformuliert in „*aunque estaba enfermo*" wäre es korrekt, weil hierdurch ausgedrückt würde, dass es dem Sprecher eigentlich gut gefallen hat und ihn selbst die Tatsache, dass er zeitweise krank war, nicht gestört hat (Teilschau).

Durch diese Beispiele wird deutlich, dass das *PPS (Indefinido)* verwendet wird, um einen Zustand in der Vergangenheit in seiner Gesamtheit zu beschreiben. Durch das *PPS (Indefinido)* drückt man auf die Frage *¿Cómo fueron las vacaciones?* (Wie haben dir die Ferien *insgesamt* gefallen?) aus, dass einem die Ferien in ihrer Gesamtheit gefallen haben. Durch das *Imperfecto* wird ausgedrückt, dass einem die Ferien teilweise gefallen haben.

Merke: ***Das PPS (Indefinido) wird zur Gesamtschau verwendet, also um den Zustand während der gesamten Dauer zu beschreiben. Das Imperfecto wird hingegen für die Teilschau verwendet, also um einen Teilaspekt oder einen bestimmten Teilzustand während eines nicht näher definierten Zeitabschnittes zu beschreiben.***

Beispiel 5: Was bedeutet der folgende Satz? Wie würden Sie ihn übersetzen?

2.4.10 Fue lo que fue porque era lo que era.

Offensichtlich kommt man mit einer »wörtlichen« Übersetzung nicht sehr weit – besonders dann nicht, wenn man die spanischen Verbformen *fue* und *era* unterschiedslos mit dem deutschen Präteritum *war* zu übersetzen versucht. Auch der Wechsel von Perfekt (für *fue*) zu Präteritum (für *era*) führt nicht wirklich weiter. Das liegt daran, dass die Verbformen des *PPS (Indefinido)* und *Imperfecto* mehr Informationen enthalten, als wir im Deutschen durch Perfekt oder Präteritum ausdrücken könnten. Aufgrund der Mehrdeutigkeit des spanischen Verbs *ser*, ist es für die Übersetzung hier am besten, mit zwei verschiedenen Verben zu arbeiten.

Spanischer Satz	Sinngemäße Übersetzung	Überdeutliche Übersetzung
Fue lo que fue porque era lo que era.	*Er wurde, was er wurde, weil er war, was er war.*	*Letztendlich wurde er zu dem, was er dann schließlich geworden ist, weil er sein ganzes Leben lang so war, wie er halt war.*

Betrachten wir den ersten Teil des Satzes: **Das *PPS (Indefinido)* wird hier verwendet, um die Gesamtleistung einer Person zu beschreiben** (Gesamtschau). Die genannte Person ist nicht mehr unter den Lebenden, das wird durch das *PPS (Indefinido)* impliziert. Der zweite Teil des Satzes charakterisiert den Menschen, der zu Lebzeiten sich immer wieder unter Beweis gestellt hat. **Das *Imperfecto* wird verwendet, um anzugeben, welchen Charakter jemand in der Vergangenheit immer wieder an den Tag legte** (Teilschau). Dabei ist über die jeweils ausgedrückte Dauer noch nichts ausgesagt. Das *PPS (Indefinido)* verweist dabei auf etwas Umfassendes, während das *Imperfecto* immer nur einen Teil des betreffenden Zeitabschnitts in den Blick nimmt.

Bemerkenswert ist hier übrigens auch die Tatsache, dass das *PPS (Indefinido)* von *ser* hier in der sinngemäßen deutschen Übersetzung eine »Bedeutungsänderung« erfährt und eben nicht mit *sein*, sondern mit *werden* wiedergegeben wird (vgl. Tabelle auf S. 41). Dieses Beispiel soll dafür sensibilisieren, dass man im Spanischen durch die Verwendung einer bestimmten Zeit etwas ausdrücken kann, was im Deutschen nur durch die Verwendung von Konjunktionen, Präpositionen, Zeitadverbien oder eines anderen Verbs (z. B. *werden* statt *sein*) ausgedrückt werden kann.

In der folgenden Tabelle sind zwei Frage-Antwort-Sequenzen aufgeführt, die den Unterschied zwischen Gesamt- und Teilschau noch einmal verdeutlichen sollen.

Frage und Antwort	Übersetzung
¿Quién era Michael Moore?	Wer war Michael Moore? (Im Sinne von: Gib mir mal einen Hinweis, damit ich dem Namen etwas zuordnen kann.)
Era el autor de „Stupid white man".	Er war der Autor von „Stupid white man".
¿Quién fue Winston Churchill?	Wer war Winston Churchill? (Im Sinne von: Ich kenne diese bekannte Persönlichkeit zwar, aber ich weiß nicht, was sie gemacht hat.)
Fue el primer ministro de Gran Britania.	Er war Premierminister von Großbritannien.

Die Frage nach Michael Moore mit dem Verb *ser* im *Imperfecto* zielt lediglich auf eine **Teilschau** der Person und ist in dem Sinne zu verstehen, dass der Fragesteller ein paar Informationen zu der Person haben möchte, um ihn irgendwie einordnen zu können. Mit dem Hinweis auf einen bestimmten Film, weiß man ja eigentlich noch nicht, wer Michael Moore wirklich war; aber man hat eine Information, die es einem ermöglicht am Gespräch weiter teilzunehmen und mitzureden. Da das *Imperfecto* das Tempus der Unabgeschlossenheit ist, ist mit seiner Verwendung in der Regel gleichzeitig angedeutet, dass die betreffende Person noch am Leben ist.

Im Deutschen machen wir das ganz ähnlich und verwenden dann das Präteritum: „Wer war noch mal gleich Mister X?" ist zum Beispiel eine typische Frage, wenn einem auf einer Party eine Person vorgestellt wird und man mit dem Namen nichts anfangen oder verbinden kann.

Die Frage nach Winston Churchill mit dem Verb *ser* im *PPS (Indefinido)* zielt hingegen auf eine **Gesamtschau** der Person und bedeutet: Welche Persönlichkeit war Winston Churchill? Welche wichtigen Fakten muss ich kennen, um die Person als Ganze würdigen zu können? Hinzu kommt, dass mit der Verwendung des *PPS (Indefinido)* in der Regel mitverstanden ist, das es sich um eine bereits verstorbene Person handelt.

Der Unterschied zwischen *era* und *fue* bei Charaktereigenschaften oder anderen einer Person zugeordneten Merkmalen liegt darin, dass *era* dann verwendet wird, wenn man erfragen möchte, wie eine bestimmte, noch lebende Person früher so war oder was sie früher so (z. B. beruflich) gemacht hat. Im Gegensatz dazu wird *fue* verwendet, um zu erfragen, was man über den Charakter, den Beruf, das Leben einer bereits gestorbenen Person insgesamt aussagen kann.

2.4.11a Mi padre (antes) era un gran profesor.

2.4.11b Mein Vater war (früher) ein großartiger Lehrer (jetzt ist er im Ruhestand).

2.4.12a Mi padre fue un gran profesor.

2.4.12b Mein Vater war ein großartiger Lehrer (jetzt ist er tot).

2.4.2 Die Vergangenheitszeiten im Lückentext

Wir haben im vorigen Abschnitt gesehen, dass die Entscheidung, welche Vergangenheitszeit zu wählen ist, nicht eindeutig zu klären ist, wenn wir nur den Satzzusammenhang als Grundlage unserer Entscheidung heranziehen. Deshalb wollen wir im weiteren Verlauf dieses Kapitels unseren Blick vom **satzinternen Kontext** auf den **satzübergreifenden Kontext** und schließlich auf die **Logik des Textaufbaus** erweitern.

Sobald die Logik des Textaufbaus ins Spiel kommt, geht es auch um die **Erzählperspektive**, die der Autor gewählt hat. In Bezug auf unser Thema sind die beiden entscheidenden Erzählperspektiven die des Berichts und die der Geschichte. Beim **Berichtsstil** schildert der Autor in der Jetztzeit aus der Rückschau, welche Handlungen und Ereignisse sich in der Vergangenheit zugetragen haben. Beim **Geschichtsstil** versetzt der Autor den Leser in die Vergangenheit der erzählten Zeit und lässt ihn das Geschehen gleichsam miterleben; daraus ergibt sich die Notwendigkeit zwischen Vordergrund (Handlungen, Ereignisse) und Hintergrund (Beschreibungen, Zustände) zu unterscheiden. Das Tempus für die Vordergrundshandlungen und -ereignisse ist das *PPS (Indefinido),* während das Tempus für die Hintergrundszustände und -beschreibungen das *Imperfecto* ist.

Merke: Bei der Erzählperspektive »Bericht« dominiert das PPS (Indefinido).
Bei der Erzählperspektive »Geschichte« wechseln sich PPS (Indefinido) und Imperfecto *ab, wobei der Handlungsteil im* PPS (Indefinido) *steht und der Beschreibungsteil im* Imperfecto.

Machen Sie sich bei der folgenden Einsetzübung zunächst einmal Gedanken, welche Erzählperspektive (Bericht oder Geschichte) der Autor gewählt haben könnte. Entscheiden Sie auf dieser Grundlage, welche der beiden Vergangenheitszeiten – *PPS (Indefinido)* oder *Imperfecto* – Sie im folgenden Beispieltext jeweils einsetzen würden. Begründen Sie, für welche Erzählperspektive Sie sich entschieden haben. Den Beispieltext *Leyenda de San Jorge* übernehmen wir von Blanca Palacio Alegre (2007: 177).

Einsetzübung

La leyenda de San Jorge

Hace muchos años Barcelona .... (tener) un castillo y un rey. En aquellos años las guerras .... (ser) muy frecuentes, así que el rey .... (hacer) un trato con el dragón de la región: "Yo te doy de comer y tú me defiendes contra mis enemigos". De este modo el rey .... (dejar) de preocuparse por las guerras. Al principio las cosas .... (ir) bien. Sin embargo, al poco tiempo el dragón ya no .... (conformarse) con el trato y .... (pedir) al rey, además de su comida, una doncella cada mes. Cinco años más tarde, solo .... (quedar) una joven: la princesa, hija del rey. Al monarca le .... (dar) mucha pena, pero .... (tener) que entregársela también. Cuando la princesa .... (entrar) en la cueva del dragón, ... (aparecer) Jorge, un valiente soldado. Jorge .... (matar) al dragón, ... (rescatar) a la princesa y le .... (entregar) una rosa roja, surgida de la sangre del dragón.

Bevor wir eine Lösung für die Einsetzübung angeben, wollen wir noch ein Experiment durchführen. Dazu gehen wir in drei Schritten vor. Wir bleiben bei der *Leyenda de San Jorge* und wählen als Ausgangspunkt für die ersten beiden Schritte ausschließlich eine satzinterne Sichtweise. Erzählperspektive, satzübergreifender Kontext und Logik des Textaufbaus bleiben also zunächst einmal unberücksichtigt.

Wir tun einmal so, als wäre es möglich, sämtliche in dem Text vorkommende Verben entweder ausschließlich im *Imperfecto* (Schritt 1) oder ausschließlich im *PPS (Indefinido)* (Schritt 2) zu verwenden – es sei denn, der satzinterne Kontext macht die Verwendung der jeweils anderen Zeit unabdingbar erforderlich. Wie gesagt: Es ist ein Experiment, bei dem die Frage, inwieweit der sich ergebende Text in sich schlüssig konstruiert ist, zunächst einmal bewusst beiseitegelassen wird.

Als Ergebnis des ersten Schrittes erhalten wir eine Fassung, die die *Leyenda de San Jorge* als Geschichte erzählt. Bei dem sich daraus ergebenden Text auf, dass sie an vielen Stellen das *Imperfecto* enthält, an einigen Stellen aber nicht: Hier muss das *PPS (Indefinido)* verwendet werden. Wir konnten also unseren Vorsatz, ausschließlich Verben im *Imperfecto* zu verwenden, aus grammatischen Gründen nicht vollständig umsetzen.

Die erste Ausnahme ist *hizo*. Das *Imperfecto hacía* würde an dieser Stelle bedeuten, dass der König Im Laufe der Zeit immer wieder einen (neuen) Vertrag mit dem Drachen schloss. Das nach dem Doppelpunkt folgende Zitat („*Yo te doy de comer y tú me defiendes contra mis enemigos*"), das den Inhalt des Vertrags wiedergibt, zeigt jedoch

2.4 Annäherung an die spanischen Vergangenheitszeiten

deutlich, dass es sich nur um einen einzigen Vertrag gehandelt haben kann, von dem hier die Rede ist. Deshalb muss hier das *PPS (Indefinido)* als **Tempus der Einmaligkeit** stehen.

Der Beispieltext als Geschichte
La leyenda de San Jorge

Hace muchos años Barcelona **tenía** un castillo y un rey. En aquellos años las Guerras **eran** muy frecuentes, así que el rey **hizo** un trato con el dragón de la región: "Yo te doy de comer y tú me defiendes contra mis enemigos". De este modo el rey **dejaba** de preocuparse por las guerras. Al principio las cosas **iban** bien. Sin embargo, al poco tiempo el dragón ya no **se conformaba** con el trato y **pedía** al rey, además de su comida, una doncella cada mes. Cinco años más tarde, solo **quedaba** una joven: la princesa, hija del rey. Al monarca le **daba** mucha pena, pero **tenía** que entregársela también. Cuando la princesa **entraba** en la cueva del dragón, **apareció** Jorge, un valiente soldado. Jorge **mató** al dragón, **rescató** a la princesa y le **entregó** una rosa roja, surgida de la sangre del dragón.

Im letzten Satz häufen sich die Ausnahmen, denn hier wird *berichtet*, wie San Jorge die Königstochter rettet. Die *Imperfecto*-Stellen davor *beschreiben* die Situation zum Zeitpunkt des Eingreifens von San Jorge. Die Verwendung des *Imperfecto* bei den Verben *aparecer, matar, rescatar* und *entregar* ist nicht möglich. Das *Imperfecto* würde hier bedeuten, dass sich die einzelnen Handlungen (das Erscheinen von Jorge, das Drachentöten, das Retten der Prinzessin und das Übergeben der Rose) zeitlich überschneiden, d. h. zum Beispiel, dass das Drachentöten noch nicht beendet war, als Jorge der Prinzessin die Rose übergab – ein kaum wahrscheinliches Szenario. Jorge müsste dann nämlich während des Kampfes mit dem Drachen in der einen Hand sein Schwert und in der anderen die ganze Zeit über die Rose gehalten haben. Die Rose ist aber erst aus dem Drachenblut erwachsen (*surgida*), Jorge kann sie also nicht schon vorher in der Hand gehabt haben. Der satzinterne Kontext legt also nahe, dass es sich hier um **aufeinanderfolgende, einmalige Handlungen** handeln muss, die das *PPS (Indefinido)* erfordern.

Als Ergebnis des zweiten Schrittes erhalten wir eine Fassung, die die *Leyenda de San Jorge* als Bericht schildert.

Der Beispieltext als Bericht
La leyenda de San Jorge

Hace muchos años Barcelona **tuvo** un castillo y un rey. En aquellos años las guerras **fueron** muy frecuentes, así que el rey **hizo** un trato con el dragón de la región: "Yo te doy de comer y tú me defiendes contra mis enemigos". De este modo el rey **dejó** de preocuparse por las guerras. Al principio las cosas **fueron** bien. Sin embargo, al poco tiempo el dragón ya no **se conformó** con el trato y **pidió** al rey, además de su comida, una doncella cada mes. Cinco años más tarde, solo **quedó** una joven: la princesa, hija del rey. Al monarca le **dio** mucha pena, pero **tuvo** que entregársela también. Cuando la princesa **entró** en la cueva del dragón, **apareció** Jorge, un valiente soldado. Jorge **mató** al dragón, **rescató** a la princesa y le **entregó** una rosa roja, surgida de la sangre del dragón.

Das erstaunliche Ergebnis nach dem zweiten Schritt lautet: Wird die Legende als **Bericht** wiedergegeben, steht an **allen** Stellen das *PPS (Indefinido)*. Das *Imperfecto* kommt in dieser Version als Erzählzeit gar nicht vor. Es sei aber an dieser Stelle gleich erwähnt, dass es kontraintuitiv und sehr gekünstelt wirkt, eine Heldenlegende als Bericht abzufassen. Ein Märchen wie *Hänsel und Gretel* in Beamtendeutsch zu verfassen, ist zwar möglich, aber was dabei herauskommt, ist kein Märchen, sondern die Parodie eines Märchens. So ähnlich ist es hier bei unserem Experiment: Schildern wir die *Leyenda de San Jorge* als Bericht, haben wir gar keine Legende erzählt, sondern eher ein Handlungsprotokoll erstellt. Wir haben also die Textsorte verfehlt.

Merke: *Es gibt Texte, in denen nur das* **PPS (Indefinido)** *vorkommt. Aber es kann keine (vollständigen) Texte geben, in denen ausschließlich das* **Imperfecto** *verwendet wird.*

In der nachfolgenden Tabelle betrachten wir die Sätze jeweils einzeln und aus dem Zusammenhang gerissen (satzinterne Sichtweise). Wir nehmen dabei zunächst einmal weder Rücksicht auf den Kontext noch auf die Logik des Textaufbaus. Die Erläuterungen versuchen lediglich deutlich zu machen, welche Bedeutungen die Sätze annehmen, wenn man einmal das *PPS (Indefinido)* und einmal das *Imperfecto* verwendet.

Die mit Sternchen (*) versehenen Verbformen sind in diesem Satzzusammenhang nicht verwendbar, also falsch. Die fett gedruckten Verbformen in der Tabelle sind bei einer satzinternen Sichtweise grammatisch korrekt. Dies bedeutet aber nicht, dass sie auch im Sinne eines logischen Textaufbaus angemessen sind. Sobald man den Schritt vom Satz zum Text macht, geht es nicht mehr nur um **grammatische Korrektheit**, sondern auch um **stilistische Angemessenheit**, um die es im dritten Schritt gehen wird. Zur stilistischen Angemessenheit zählen auch die Konventionen für bestimmte Textsorten (z. B. Briefe) und Textgenre (z. B. Märchen). Es ist zum Beispiel im Deutschen grammatisch korrekt zu formulieren: *Es ist einmal gewesen.* Aber der typische Märchenanfang lautet: *Es war einmal.*

Mit *Imperfecto* / Mit *PPS (Indef.)*	Erläuterung und überdeutliche Übersetzung
tenía	Zum damaligen Zeitpunkt gab es einen König und ein Schloss. Ob das heute auch noch so ist, bleibt offen.
tuvo	Das Schloss existiert nicht mehr. In Barcelona gibt es keine Könige mehr.
eran	Hintergrundsbeschreibung, Rahmenhandlung. Die Kriege bilden den Hintergrund dafür, dass der König einen Pakt schließt.
fueron	Bericht aus der distanzierten Rückschau. Die Kriege sind inzwischen vorbei.
*hacía	*Durante* (statt *así que*) + *Imperfecto* würde hier ausdrücken, dass während der Zeit der Kriege der König ständig immer neue Verträge mit dem Drachen schloss.
hizo	Ein Vorgang, der neu einsetzt, während ein anderer noch andauert. Die Kriege bilden den Hintergrund dafür, dass der König genau einen Pakt schließt.
dejaba	Ab diesem Zeitpunkt wurden die Sorgen des Königs *allmählich* weniger.

2.4 Annäherung an die spanischen Vergangenheitszeiten

dejó	Punktueller Handlungseinsatz: Ab einem konkreten Zeitpunkt hörte der König *schlagartig* auf, sich Sorgen zu machen.
iban	Teil der Hintergrundshandlung. Während der gesamten Anfangszeit verlief alles gut.
fueron	Punktueller Handlungseinsatz. Nur während der konkret beschränkten Anfangszeit (die schon vorbei ist) war alles gut.
se conformaba	Allmählich begann sich der Drache nicht mehr mit dem zufriedenzugeben, was ihm gegeben wurde.
se conformó	Punktueller Handlungseinsatz. Von einem Tag auf den anderen gab sich der Drache nicht mehr zufrieden.
pedía	Wiederholt bat der Drache um eine Jungfrau pro Monat.
pidió	Einmalig forderte der Drache eine Jungfrau pro Monat.
quedaba	In dieser Zeitspanne gab es nur noch eine junge Frau.
quedó	Nur in diesem Moment gab es eine junge Frau.
daba	Es tat dem König die ganze Zeit über weh, die junge Frau aushändigen zu müssen.
dio	In einem bestimmten Moment verspürte der König den Schmerz.
tenía que	Die Frau musste in dieser Zeitspanne irgendwann übergeben werden.
tuvo que	Zu einem konkreten Zeitpunkt musste die Frau übergeben werden.
entraba	Als Hintergrundshandlung zum Erscheinen von Jorge: Auf ihrem Weg in die Höhle hinein (sie war noch nicht ganz über die Schwelle hinweg).
entró	Die fünf folgenden Verben werden als Handlungskette dargestellt. In dem Moment, als sie den Fuß in die Höhle setzte…
*aparecía	Die vier folgenden Verben werden als sich zeitlich überlappende Handlungen dargestellt, was logisch schwer vorstellbar ist. Er erschien…
apareció	Die vier folgenden Verben werden als Handlungskette dargestellt. … erschien Jorge…
*mataba	… und tötete gleichzeitig den Drachen …
mató	… dann tötete er den Drachen, …
*rescataba	… und rettete gleichzeitig die Prinzessin …
rescató	… dann rettete er die Prinzessin, …
*entregaba	… und händigte gleichzeitig ihr eine Rose aus.
entregó	… und danach gab er ihr eine Rose.

Im nun folgenden dritten Schritt stellen wir die *Leyenda de San Jorge* so vor, wie es die Logik des Textaufbaus dieser »Legende vom heiligen Georg« unter Berücksichtigung des Gesamtkontextes nahelegt. Eine Legende ist kein Bericht, sondern wird im Geschichtsstil erzählt. Wir haben den Text fünf Muttersprachlern vorgelegt, die an universitären Einrichtungen Spanischunterricht geben. Sie kamen unabhängig voneinander übereinstimmend zu der folgenden Musterlösung. Die eingesetzten Verbformen sind in dem Sinne als Lösung zu verstehen, als sie für Muttersprachler am wahrscheinlichsten oder logischsten sind. Sie entsprechen am ehesten den Erwartungen, die man an den logischen Aufbau einer Heiligenlegende hat.

> **Musterlösung**
> **La leyenda de San Jorge**
> Hace muchos años Barcelona **tenía** un castillo y un rey. En aquellos años las Guerras **eran** muy frecuentes, así que el rey **hizo** un trato con el dragón de la región: "Yo te doy de comer y tú me defiendes contra mis enemigos". De este modo el rey **dejó** de preocuparse por las guerras. Al principio las cosas **iban** bien. Sin embargo, al poco tiempo el dragón ya no **se conformó** con el trato y **pidió** al rey, además de su comida, una doncella cada mes. Cinco años más tarde, solo **quedaba** una joven: la princesa, hija del rey. Al monarca le **dio** mucha pena, pero **tuvo** que entregársela también. Cuando la princesa **entró** en la cueva del dragón, **apareció** Jorge, un valiente soldado. Jorge **mató** al dragón, **rescató** a la princesa y le **entregó** una rosa roja, surgida de la sangre del dragón.

Zunächst einmal ist zu erkennen, dass die Musterlösung eher der Legende als Geschichte entspricht und viel weniger dem Berichtsstil. Im Vergleich zum »Geschichtsstil« von Schritt 1 stehen allerdings fünf Verben in einem anderen Tempus (sie sind grau unterlegt), nämlich dem *PPS (Indefinido)*. Die Verwendung des *PPS (Indefinido)* folgt der Logik des Textaufbaus, die eng mit der Absicht verbunden ist, eine gute Geschichte zu erzählen.

Berücksichtigt man nur den satzinternen Kontext, dann sind zwar beide Vergangenheitszeiten möglich, aber noch keine gute Geschichte erzählt – oder besser: noch keine Geschichte *gut* erzählt. Sobald man also eine Geschichte gut erzählen will, die nicht nur so dahinplätschert, sondern Spannungsbögen enthält und den Leser in seinen Bann zieht, dann ist das *PPS (Indefinido)* das Tempus der Wahl, um die entscheidenden Handlungen wiederzugeben (und zeitliche Referenzpunkte zu setzen!), während das *Imperfecto* lediglich dazu dient, die zum Verständnis notwendigen Hintergrundinformationen und Situationsbeschreibungen zu liefern.

Die folgende Tabelle enthält kurze Erläuterungen, warum die Muttersprachler sich in der Musterlösung für das entsprechende Tempus entschieden haben.

Erläuterungen zur Musterlösung von „La leyenda de San Jorge"	
Verbform	Erläuterung
tenía	Hintergrund. Schloss und König gab es auch über das Ende der erzählten Geschichte hinaus.
eran	Hintergrund. Die vielen Kriege bilden den Hintergrund dafür, dass der König einen Pakt mit dem Drachen schließen will.
hizo	Einmalige Handlung: König und Drache schließen genau einen Pakt.
dejó	Der Abschluss des Paktes ist der Anfangspunkt, ab dem sich der König keine Sorgen machen muss.
iban	Hintergrund. Anfangs lief es gut, aber dann...
se conformó	... war der Drache plötzlich nicht mehr zufrieden. Punktuell einsetzende Handlung.
pidió	... und der Drache wollte mehr. *Se conformó* und *pidió* bilden eine Handlungskette.
quedaba	Das Übrigbleiben der Prinzessin ist noch nicht abgeschlossen, sonst könnte der König sie nicht dem Drachen übergeben.
dio	Bei der Übergabe tat es dem König wirklich leid (kein Hintergrund).

2.4 Annäherung an die spanischen Vergangenheitszeiten

tuvo que	Der König war nicht nur verpflichtet (*tenía que*), sie zu übergeben, sondern hat dies auch tatsächlich getan (*tuvo que*).
entró	Handlungskette: Erst betrat sie die Höhle, ...
apareció	Handlungskette: ... dann tauchte San Jorge auf, ...
mató	Handlungskette: ... dann tötete er den Drachen ...
rescató	Handlungskette: ... dann rettete er die Prinzessin ...
entregó	Handlungskette: ... dann gab er ihr eine Rose.

An zwei Stellen mag man zum *Imperfecto* neigen, nämlich *daba* statt *dio* und *entraba* statt *entró* zu setzen. Unsere Muttersprachler haben sich in beiden Fällen gegen das *Imperfecto* entschieden. Setzt man das *Imperfecto daba*, würde das bedeuten, dass es sich um einen länger andauernden Schmerz handelt, der den König eine gewisse Zeit lang begleitet hat. Das ist zwar möglich, aber die Dramatik der Handlung – der König übergibt dem Drachen seine Tochter – lässt es logischer erscheinen, dass es dem König im Augenblick der Übergabe einen Stich ins Herz versetzt hat (einmalige Handlung) und der Schmerz für alle sichtbar wurde. Durch die Verwendung des *PPS (Indefinido)* gewinnt die Aussage an Dramatik.

Beim Betreten der Höhle wäre es ebenfalls denkbar (satzinterne Sichtweise), das *Imperfecto entraba* zu setzen. Dann würde man zum einen das Betreten der Höhle als Hintergrundshandlung zum Erscheinen des Helden sehen und zum anderen wäre mitverstanden, dass die Prinzessin die Höhle noch nicht ganz betreten hatte, sich also noch nicht ganz in der Höhle befand, als San Jorge erschien. Auch hier suggeriert die Logik des Textaufbaus – es soll ja eine dramatische Geschichte erzählt werden! –, dass die Rettung erst im letzten Augenblick kommt. Auch hier erhöht die Verwendung des *PPS (Indefinido)* die Dramatik im Sinne der Textlogik.

Dieses Experiment verfolgte ein zweifaches Ziel: Zum einen sollte es darauf aufmerksam machen, dass an vielen Stellen zwar beide Zeiten verwendet werden *können*, wenn man nur den satzinternen Kontext berücksichtigt, um grammatisch korrekte Sätze zu bilden, sich aber die Bedeutung der Sätze je nach verwendeter Zeit ändert. Zum anderen sollte es zeigen, dass man für eine fundierte Entscheidung, welche Zeit zu *bevorzugen* ist, notwendig auch den satzübergreifenden **Gesamtkontext** des Textes, die **Erzählperspektive** und die **Logik des Textaufbaus** hinzunehmen muss. Auch wenn der Satzkontext die Verwendung beider Zeiten möglich macht, heißt das noch nicht automatisch, dass die Verwendung beider Zeiten gleich gut ist (von den damit verbundenen Bedeutungsunterschieden mal ganz abgesehen). Zu der grammatischen Korrektheit tritt stets auch die **stilistische Angemessenheit**, die primär von der jeweiligen Textsorte (z. B. Zeitungsartikel, Sachtext, Märchen, Roman usw.) abhängt.

> **Merke:** *Der Berichtstil (z. B. in Zeitungsartikeln, Sachtexten) verlangt das* PPS (Indefinido). *Ein Wechsel zwischen* PPS (Indefinido) *und* Imperfecto *ist selten.*
> *Der Geschichtsstil (z. B. in Märchen, Romanen) verlangt dann das* Imperfecto, *wenn Hintergrundshandlungen oder Zustände beschrieben werden. Im Falle von punktuellen Handlungen oder Handlungsketten wird auch im Geschichtsstil das* PPS (Indefinido) *verwendet.*

Der Unterschied zwischen einem Bericht und einer Geschichte ist, dass man in einem Bericht dem Leser Fakten vorlegt, die sich aus der Rückschau ergeben. Der Leser bleibt also gedanklich in der Gegenwart und schaut von der Gegenwart aus in die Vergangenheit. Bei einer Geschichte hingegen wird der Leser in das erzählte Geschehen hineinversetzt. Der Leser verlässt also gedanklich die Gegenwart und findet sich gleichsam in der Vergangenheit wieder. Ein Bericht handelt eher von Geschehnissen, die kurz und knapp geschildert werden; er hat informativen Charakter. Eine Geschichte muss die Geschehnisse in Hintergrundshandlungen einbetten, nur so ist es möglich, den Leser in die Geschichte hineinzuführen.

Während man im Spanischen bei einem Bericht das *PPS (Indefinido)* verwendet und bei einer Geschichte das Wechselspiel von *Imperfecto* und *PPS (Indefinido)* bevorzugt, verwendet das Deutsche sowohl bei einem Bericht als auch bei einer Geschichte das Präteritum. Im Deutschen liegt der Unterschied zwischen Berichtsstil und Geschichtsstil nicht in den Tempora, sondern in der Verwendung bestimmter Satzstrukturen.

Es sei nochmal mit aller Deutlichkeit darauf hingewiesen, dass es sich bei der *Legende als Geschichte* und der *Legende als Bericht* nicht um empfehlenswerte Lösungsvorschläge (wie bei der Musterlösung) handelt, sondern um das Ergebnis eines grammatikalischen Experiments. Weder die *Legende als Geschichte* noch die *Legende als Bericht* erfüllen die wesentlichen Bedingungen der stilistischen Angemessenheit, die aus einer Ansammlung von Sätzen einen akzeptablen Text macht. Es wurde zwar jeweils eine bestimmte Erzählperspektive (Geschichtsstil vs. Berichtsstil) durchgehalten, aber beide »Lösungen« weisen (a) Verstöße gegen die Logik des Textaufbaus, (b) Verstöße gegen die Kohärenz des satzübergreifenden Kontexts und (c) Verstöße gegen die Konventionen der Textsorte *Legende* auf. Nur bei der Musterlösung treten keine dieser Verstöße auf.

In der folgenden Zusammenstellung finden Sie die Legende in den drei Varianten des Experiments, denen eine überdeutliche Übersetzung beigestellt ist, die die Konnotationen der verwendeten Tempora veranschaulichen soll.

Die drei Fassungen der *Leyenda de San Jorge*	Die überdeutlichen Übersetzungen der *Leyenda de San Jorge*
Die Legende als Geschichte	**Die Legende als Geschichte**
Hace muchos años Barcelona **tenía** un castillo y un rey. En aquellos años las Guerras **eran** muy frecuentes, así que el rey **hizo** un trato con el dragón de la región: "Yo te doy de comer y tú me defiendes contra mis enemigos". De este modo el rey **dejaba** de preocuparse por las guerras. Al principio las cosas **iban** bien. Sin embargo, al poco tiempo el dragón ya no **se conformaba** con el trato y **pedía** al rey, además de su comida, una doncella cada mes. Cinco años más tarde, solo **quedaba** una joven: la princesa, hija del rey. Al monarca le **daba** mucha pena, pero **tenía** que entregársela también. Cuando la princesa **entraba** en la cueva del dragón, **apareció** Jorge, un valiente soldado. Jorge **mató**	Vor vielen Jahren gab es in Barcelona eine Burg und einen König. In jener Zeit waren Kriege sehr verbreitet, so dass der König mit dem Drachen in dieser Gegend tatsächlich einen Pakt schloss. So ließen die Sorgen des Königs um die Kriege allmählich nach. Anfangs liefen die Dinge gut. Dennoch war der Drache nach kurzer Zeit irgendwie nicht mehr so richtig mit dem Pakt zufrieden und bat den König immer wieder neben dem Essen noch um eine Jungfrau jeden Monat. Fünf Jahre später blieb nur noch ein Mädchen übrig, die man übergeben konnte: die Prinzessin, die Tochter des Königs. Dem Monarchen tat es sehr leid, aber er musste auch sie übergeben. Als die Prinzessin dabei war, die Höhle des Drachen zu betreten, erschien plötzlich Jorge, ein mutiger Soldat. Jorge tötete

2.4 Annäherung an die spanischen Vergangenheitszeiten

al dragón, **rescató** a la princesa y le **entregó** una rosa roja, surgida de la sangre del dragón.	erst den Drachen, dann rettete er die Prinzessin und übergab ihr eine rote Rose, die aus dem Blut des Drachen erwuchs.
Die Legende als Bericht Hace muchos años Barcelona **tuvo** un castillo y un rey. En aquellos años las guerras **fueron** muy frecuentes, así que el rey **hizo** un trato con el dragón de la región: "Yo te doy de comer y tú me defiendes contra mis enemigos". De este modo el rey **dejó** de preocuparse por las guerras. Al principio las cosas **fueron** bien. Sin embargo, al poco tiempo el dragón ya no **se conformó** con el trato y **pidió** al rey, además de su comida, una doncella cada mes. Cinco años más tarde, solo **quedó** una joven: la princesa, hija del rey. Al monarca le **dio** mucha pena, pero **tuvo** que entregársela también. Cuando la princesa **entró** en la cueva del dragón, **apareció** Jorge, un valiente soldado. Jorge **mató** al dragón, **rescató** a la princesa y le **entregó** una rosa roja, surgida de la sangre del dragón.	**Die Legende als Bericht** Vor vielen Jahren hatte es in Barcelona noch eine Burg und einen König gegeben. In jener Zeit waren anders als heute Kriege sehr verbreitet, so dass der König mit dem Drachen in dieser Gegend tatsächlich einen Pakt schloss. So brauchte der König sich nicht mehr um Kriege zu kümmern. Nur anfangs liefen die Dinge gut. Dennoch gab sich der Drache nach kurzer Zeit mit dem Pakt nicht mehr zufrieden und erbat sich vom König neben dem Essen noch jeden Monat eine Jungfrau. Fünf Jahre später war dann das letzte Mädchen übrig, die man übergeben hat: die Prinzessin, die Tochter des Königs. Den Monarchen schmerzte es sehr, aber er musste auch sie übergeben. Als die Prinzessin schon in der Höhle des Drachen war, erschien plötzlich Jorge, ein mutiger Soldat. Jorge tötete erst den Drachen, dann rettete er die Prinzessin und übergab ihr schließlich eine rote Rose, die aus dem Blut des Drachen erwuchs.
Musterlösung Hace muchos años Barcelona **tenía** un castillo y un rey. En aquellos años las Guerras **eran** muy frecuentes, así que el rey **hizo** un trato con el dragón de la región: "Yo te doy de comer y tú me defiendes contra mis enemigos". De este modo el rey **dejó** de preocuparse por las guerras. Al principio las cosas **iban** bien. Sin embargo, al poco tiempo el dragón ya no **se conformó** con el trato y **pidió** al rey, además de su comida, una doncella cada mes. Cinco años más tarde, solo **quedaba** una joven: la princesa, hija del rey. Al monarca le **dio** mucha pena, pero **tuvo** que entregársela también. Cuando la princesa **entró** en la cueva del dragón, **apareció** Jorge, un valiente soldado. Jorge **mató** al dragón, **rescató** a la princesa y le **entregó** una rosa roja, surgida de la sangre del dragón.	**Musterlösung** Vor vielen Jahren gab es in Barcelona eine Burg und einen König. In jener Zeit kam es häufig zu Kriegen, so dass der König mit dem Drachen in dieser Gegend einen Pakt schloss: „Ich gebe dir zu essen und du verteidigst mich gegen meine Feinde." So brauchte der König sich nicht mehr um die Kriege zu kümmern. Anfangs liefen die Dinge gut. Dennoch gab sich der Drache nach kurzer Zeit mit dem Pakt nicht mehr zufrieden und erbat sich vom König neben dem Essen noch jeden Monat eine Jungfrau. Fünf Jahre später blieb nur noch ein Mädchen übrig: die Prinzessin, die Tochter des Königs. Den Monarchen schmerzte es sehr, aber er musste auch sie übergeben. Als die Prinzessin die Höhle des Drachen betrat, erschien Jorge, ein mutiger Soldat. Jorge tötete den Drachen, rettete die Prinzessin und übergab ihr eine rote Rose, die aus dem Blut des Drachen erwuchs.

Im Folgenden wollen wir uns anhand ausgesuchter Texte ansehen, welche Vergangenheitszeiten teils unbekannte Autorinnen und Autoren, teils renommierte spanischsprachige Schriftsteller und Schriftstellerinnen gewählt haben. Die Besprechung der verwendeten Vergangenheitszeiten wird insbesondere das Wechselspiel zwischen *PPS (Indefinido)* und *Imperfecto* verdeutlichen. Aber auch das Zusammenspiel von *Presente* und *Perfecto Compuesto* einerseits sowie *Pluscuamperfecto* und *Pretérito Anterior* andererseits mit den beiden einfachen Vergangenheitszeiten wird beleuchtet.

Aus Platzgründen können wir nicht die vollständigen Texte hier vorstellen, sondern müssen uns auf ausgesuchte Textausschnitte beschränken.

2.4.3   Text 1: *PPS (Indefinido)* in wissenschaftlichen Berichten

Den ersten Text, den wir uns näher anschauen wollen, ist dem Buch *El español, lengua de América* von Irma Chumaceiro und Alexandra Álvarez (2004: 31) entnommen, und zwar dem zweiten, mit *Los orígenes* überschriebenen Kapitel. Es handelt sich um einen sprachwissenschaftlichen Text, der in dem ausgewählten Kapitel über die Ursprünge der spanischen Sprache auf dem amerikanischen Kontinent informiert. Der Text ist also in der historischen Rückschau (retrospektiv) geschrieben.

Zur Erzählperspektive und Logik des Textaufbaus ist zu sagen, dass der Leser nicht in die Vergangenheit versetzt werden soll; vielmehr soll er bewusst in der Gegenwart bleiben und von dieser Warte aus die vergangenen Handlungen und Ereignisse zur Kenntnis nehmen. Der informative Charakter des Inhalts korreliert mit einem ausgeprägten Berichtsstil.

	Irma Chumaceiro und Alexandra Álvarez: Los orígenes
1	... En este contexto de expansión y de conquista, la reina de Castilla, Isabel
2	II., **financió** la expedición del genovés Cristóbal Colón en busca de nuevas
3	rutas marítimas y comerciales hacia el Oriente. Como **es sabido**, en su primer
4	viaje Colón **llegó** a la isla de Guanahaní en las Bahamas, el 12 de octubre de
5	1492, seguidamente **descubrió** y **se asentó** en la Española, actual República
6	Dominicana.
7	A raíz de estos primeros descubrimientos, España y Portugal **se disputaron** el
8	gobierno de las tierras americanas descubiertas y por descubrir. Dicha
9	contienda **se resolvió** por la vía diplomática, el Tratado de Tordesillas, en
10	1494, **traza** una línea divisoria a 370 leguas al oeste de las islas de Azores y
11	Cabo Verde, entonces **se atribuye** a España el territorio situado el oeste de
12	dicha línea.

Was als erstes auffällt, ist das völlige Fehlen jeglicher Verbform im *Imperfecto*. Der gesamte Textausschnitt kommt mit dem *PPS (Indefinido)* und dem *Presente* aus. Als zweites fällt auf, dass auch kein *Perfecto Compuesto* verwendet wird. Der Grund ist klar: Es geht nicht um vorzeitige Handlungen und Ereignisse im Gegenwartszeitraum, sondern um Handlungen und Ereignisse, die in der Vergangenheit bereits abgeschlossen wurden.

Die sechs Verben im *PPS (Indefinido)* berichten, aus heutiger Sicht, was rückblickend damals geschehen ist. Es wird ein Bericht gegeben. Durch die Verwendung des *PPS (Indefinido)* ist implizit mitverstanden, dass es sich (1) bei den einzelnen Verbhandlungen um einmalige Ereignisse handelt und sie (2) bereits abgeschlossen sind.

Die Königin finanzierte (Z.2: *financió*) einmalig diese Expedition, eine weitere Finanzierung gab es nicht. Am 12. Oktober 1492 landete Kolumbus nur einmal – nicht mehrmals – auf der Insel Guanahaní und danach nicht mehr (Z.4: *llegó*). Danach entdeckte er die Insel Hispaniola: Wie oft kann ein und derselbe Mensch ein und dieselbe Insel entdecken? Wir glauben, es versteht sich von selbst, dass ein Satz wie *Kolumbus entdeckte insgesamt dreimal die Insel Hispaniola* als nicht korrekt anzusehen ist, weil das Verb entdecken (Z.5: *descubrió*) eben im Spanischen und im Deutschen eine einmalige Aktion bezeichnet.

Kolumbus gründete daraufhin eine Niederlassung (Z.5: *se asentó*), auch dies nur einmal. Auch hier bietet sich dieselbe Frage an: Wie oft kann man ein und dieselbe Niederlassung gründen? Mit der einmaligen Gründung der Niederlassung ist zugleich gesagt, dass die Gründung (erfolgreich) abgeschlossen wurde. Spanien und Portugal stritten (Z.7: *se disputaron*) sich um die Herrschaft in der Neuen Welt. Aus heutiger Sicht ist der Streit abgeschlossen, er fand seine Lösung (Z.9: *se resolvió*) sogar schon – wie der Text erwähnt (satzinterne Sichtweise) – in dem in Rede stehenden Vergangenheitszeitraum durch den Vertrag von Tordesillas, in dem die Einflusssphären aufgeteilt wurden.

Es kommen insgesamt drei Verben im *Presente* vor. Das erste Verb (Z.3: *es sabido*) ist formal eine Passivform und funktional gesehen Bestandteil der Leserführung des Autors; es beinhaltet einen Kommentar, mit dem der Autor sich implizit an den Leser wendet: *Es ist bekannt* oder *wie man weiß*, hat Kolumbus zuerst die Insel Guanahaní entdeckt. Mit dem Prädikat *es sabido* bezieht sich der Autor nicht auf ein abgeschlossenes vergangenes Ereignis, sondern stellt gegenüber dem Leser fest, dass er davon ausgeht, dass die folgenden Informationen für den Leser nicht neu sein dürften. Verwendete man an dieser Stelle das *PPS (Indefinido) fue sabido*, würde dies bedeuten, dass es früher mal bekannt war, dann in Vergessenheit geraten und heute daher nicht mehr bekannt ist.

Die Bestimmungen des Vertrags von Tordesillas werden als historische Fakten nicht im *PPS (Indefinido)* berichtet, sondern durch die Verwendung des historischen Präsens (*presente histórico*) wiedergegeben (Z.10: *traza*; Z.11: *se atribuye*). Da die Inhalte des Vertrags beschrieben werden, könnte man diese Verwendung auch als deskriptives Präsens (*presente descriptivo*) einstufen.

2.4.4 Text 2: *PPS (Indefinido)* in fachlichen Berichten

Der zweite Text, mit dem wir uns auseinandersetzen wollen, stammt von der spanischen Zentralbank. Es handelt sich um den jährlich erscheinenden Bericht zur finanziellen Stabilität (vgl. www.bde.es). Der ausgewählte Textausschnitt aus dem Bericht vom April 2012 umfasst die Überschrift und die Absätze 1 und 2 des ersten Kapitels (IQ 2.1: 15).

	Banco de España: INFORME DE ESTABILIDAD FINANCIERA – 04/2012
1	1 RIESGOS MACROECONÓMICOS Y MERCADOS FINANCIEROS
2	Durante la segunda parte del pasado año, la evolución financiera inter-
3	nacional **continuó** estando condicionada por las tensiones en los mercados
4	financieros europeos, que **se intensificaron** a partir del verano de 2011 y
5	**adquirieron** un carácter sistémico. Estas perturbaciones **se transmitieron** a
6	otras áreas por dos vías: por un lado, a través de una huida hacia la calidad,

7	que **se reflejó** en la apreciación del dólar y en el descenso de la rentabilidad
8	de la deuda pública americana, británica y alemana; y, por otro lado,
9	mediante un aumento de la incertidumbre sobre las entidades financieras
10	expuestas a la zona del euro, que **llevaron** a incrementos en las primas de
11	riesgo y descensos en las cotizaciones bursátiles.
12	Entre diciembre y marzo, las tensiones en los mercados financieros europeos
13	**tendieron** a moderarse, evolución a la que **contribuyeron** las medidas
14	desplegadas en distintos ámbitos durante los últimos meses. Así, en la Cumbre
15	del Consejo de Jefes de Estado y de Gobierno del 9 de diciembre **se sentaron**
16	las bases de un nuevo pacto de disciplina y estabilidad fiscal y **se aprobó** el
17	marco legal que **regirá** el funcionamiento del Mecanismo Europeo de
18	Estabilidad. Además, varios países **adoptaron** medidas en el terreno fiscal, de
19	las políticas estructurales y financiero. En España **se ha aprobado** una
20	reforma del mercado de trabajo y una profundización del proceso de
21	saneamiento, recapitalización y reestructuración del sistema financiero, junto
22	con otras reformas estructurales. Por su parte, en sus reuniones de noviembre
23	y diciembre, el Banco Central Europeo **redujo** los tipos de interés oficiales del
24	1,5 % al 1 %, al tiempo que **adoptó** medidas temporales adicionales de
25	carácter no convencional, entre las que **se incluye** la acción coordinada con
26	otros bancos centrales para proporcionar liquidez en divisas, la reducción del
27	coeficiente de reservas del 2 % al 1 % y, fundamentalmente, la provisión de
28	liquidez a tres años con adjudicación plena en sendas subastas realizadas en
29	diciembre y febrero por un montante cercano al billón de euros, cuyos efectos
30	sobre las tensiones **fueron** significativos. Estas nuevas subastas **vinieron**,
31	además, acompañadas de una ampliación de los activos admitidos como
32	garantía.

Was auch bei diesem zweiten Text als erstes auffällt, ist das völlige Fehlen jeglicher Verbform im *Imperfecto*. Von den insgesamt 18 Verben stehen 15 im *PPS (Indefinido)*, die übrigen drei verteilen sich auf *Presente* (Z.25: *se incluye*), *Perfecto Compuesto* (Z.19: *se ha aprobado*) und *Futuro* (Z.17: *regirá*). Da das *PPS (Indefinido)* das Tempus des Berichts ist, sollte dieser Befund nicht überraschen.

Besprechen wir kurz die Verben in den drei Gegenwartszeiten. Das *Futuro* wird hier (Z.17: *regirá*) verwendet, weil der Europäische Stabilitätsmechanismus (ESM) im April 2012 noch nicht eingerichtet war und somit alles, was sich auf ihn bezieht, in einem prospektiven Tempus (primäre Perspektive) auszudrücken ist. Das *Perfecto Compuesto* (Z.19: *se ha aprobado*) steht hier, weil die Arbeitsmarktreform in Spanien zwar vorzeitig zum Sprechzeitpunkt eingeführt wurde, sie aber zum Sprechzeitpunkt immer noch gültig ist (Gegenwartsbezug). Das *PPS (Indefinido)* würde an dieser Stelle konnotieren, dass eine Arbeitsmarktreform zwar eingeführt wurde, inzwischen aber überholt, ungültig oder abgeschafft wurde. Das *Presente* in Zeile 25 (*se incluye*) kann im Sinne eines *Presente de Pasado inmediato* interpretiert werden. Der Prozess des »Inkludierens« ist zwar abgeschlossen, aber das Maßnahmenbündel besteht noch in der Gegenwart. Hier wäre auch ein *Perfecto Compuesto* denkbar gewesen, das die Vorzeitigkeit des »Inkludierens« anzeigen würde, mit dem *Presente* wird aber das gegenwärtige Bestehen des Maßnahmenbündels betont.

2.4 Annäherung an die spanischen Vergangenheitszeiten

Ergänzend können wir hinzufügen, dass die Verfasser des Berichts auf den insgesamt 54 Seiten nur 15 Mal auf Verben im *Imperfecto* zurückgreifen – auch dies ein deutlicher Hinweis auf die untergeordnete Rolle, die das *Imperfecto* in Berichten spielt.

Die Verwendung der Formen im *PPS (Indefinido)* erklärt sich aus den grundlegenden Merkmalen des Berichts, nämlich Abgeschlossenheit, Retrospektivität und Aktualität. Auf unser Beispiel bezogen heißt dies: Der Bericht der Zentralbank fasst resümierend die **Fakten** des vergangenen Jahres im thematischen Hinblick auf die finanzielle Stabilität Spaniens zusammen. Der Blick ist eindeutig **retrospektiv**. Auch wenn der Bericht vergangene und abgeschlossene Handlungen und Ereignisse zusammenfasst, sind diese insofern **aktuell**, als sie als Grundlage für gegenwärtige und zukünftige Entscheidungen dienen. Man kann auch sagen, die Aktualität besteht darin, dass der Leser gedanklich gerade *nicht* in die Vergangenheit versetzt werden soll.

Die Verwendung des *Imperfecto* statt des *PPS (Indefinido)* würde sofort die Reaktion heraufbeschwören: „Warum erzählst du mir diese ollen Kamellen? Ist davon noch irgendetwas relevant? Das hat doch mit der Wirklichkeit unserer Gegenwart nichts mehr zu tun." Mit der Verwendung des *PPS (Indefinido)* übernimmt der Verfasser sozusagen die Verantwortung dafür, dass etwas Relevantes berichtet wird.

Merke: *In Texten oder Textabschnitten, bei denen ständig zwischen Gegenwartsperspektive und Vergangenheitsperspektive gewechselt wird, kommen vor allem* Presente, Perfecto Compuesto *und* PPS (Indefinido) *als Zeiten vor. Das liegt daran, dass in der Rückschau über die Vergangenheit als abgeschlossener Zeitraum berichtet wird und die zeitliche Kluft zur Vergangenheit nicht durch ein Hineinversetzen ausgesetzt werden soll.*

2.4.5 Text 4: *Imperfecto* und *PPS (Indefinido)* im Zusammenspiel

Wir haben bereits an mehreren Stellen betont, dass das *PPS (Indefinido)* das Tempus des Berichts ist. Dies schließt seine Verwendung in der schönen Literatur nicht aus. Wenn in der schönen Literatur Geschichten erzählt werden, dann sind diese Geschichten in der Regel eine Mischung aus beschreibenden und berichtenden Passagen.

Die berichtenden Passagen schildern, was geschehen ist, und die beschreibenden Passagen fügen der Schilderung dieser Aktionen mehr oder weniger wichtige oder nur der Ausschmückung dienende Hintergrundsbeschreibungen hinzu. Für die Logik des Textaufbaus übernimmt das *PPS (Indefinido)* die Funktion, Referenzpunkte zu setzen, an die das *Imperfecto* andocken kann.

Merke: *Der stete Wechsel zwischen Beschreibung* (Imperfecto) *und Bericht* (PPS/Indefinido) *ist konstitutiv für den Geschichtsstil.*
Die Beschreibung sorgt für die notwendigen Hintergrundinformationen, damit der Leser die im Vordergrund stehenden Handlungen besser verstehen kann.

Im Folgenden wollen wir einen Ausschnitt aus dem Roman *Cádiz* des spanischen Autors Benito Pérez Galdós aus dem Jahr 1878 besprechen. Eine E-Book-Version ist 2007 im Rahmen des Gutenberg-Projekts erschienen und steht zum kostenlosen Download bereit (http://www.gutenberg.org). Bei dem ausgewählten Ausschnitt handelt es sich um den Anfang des Romans (Pérez Galdós 2007: 3).

	Benito Pérez Galdós: *Cádiz*
1	En una mañana del mes de Febrero de 1810 **tuve que salir** de la Isla, donde
2	**estaba** de guarnición, para ir a Cádiz, obedeciendo a un aviso tan discreto
3	como breve que cierta dama **tuvo** la bondad de enviarme. El día **era** hermoso,
4	claro y alegre cual de Andalucía, y **recorrí** con otros compañeros, que hacia el
5	mismo punto si no con igual objeto **caminaban**, el largo istmo que **sirve** para
6	que el continente no tenga la desdicha de estar separado de Cádiz;
7	**examinamos** al paso las obras admirables de Torregorda, la Cortadura y
8	Puntales, **charlamos** con los frailes y personas graves que **trabajaban** en las
9	fortificaciones; **disputamos** sobre si **se percibían** claramente o no las
10	posiciones de los franceses al otro lado de la bahía; **echamos** unas cañas en el
11	figón de Poenco, junto a la Puerta de Tierra, y finalmente, **nos separamos** en
12	la plaza de San Juan de Dios, para marchar cada cual a su destino. ...

Der Roman *Cádiz* spielt in der Zeit, als Spanien zu Beginn des 19. Jahrhunderts von napoleonischen Truppen besetzt war und sich die Spanier gegen die französische Fremdherrschaft auflehnten. Erzählt werden die Ereignisse in der Rückschau und zwar als Fakten nach dem Muster: Dies ist geschehen und das ist geschehen und jenes ist auch noch geschehen. Daher finden wir in diesem Abschnitt vor allem Verben im *PPS (Indefinido)*.

Der Abschnitt beginnt mit einer genauen Zeitangabe (Februar 1810), die als Indikator für die Verwendung des *PPS (Indefinido)* dient. Dass der exakte Tag nicht benannt ist, macht die Zeitangabe nicht ungenau. Zudem ist das Verlassenmüssen der Insel in Verbindung mit der genauen Zeitangabe als einmalige Handlung zu werten, deren Vollzug durch das *PPS (Indefinido)* mit ausgesagt ist. Es folgt ein beschreibender Relativsatz im *Imperfecto*. Danach folgt ein weiterer Relativsatz (Z.3: *tuvo*), diesmal im *PPS (Indefinido)*. Eine Dame hat dem Erzähler die Güte erwiesen, ihm eine Nachricht zu geben. Das Güte-Erweisen ist durch das *PPS (Indefinido)* nicht als Charaktereigenschaft (*gütig sein*), sondern als einmalige Aktion gekennzeichnet und mit der Übergabe der Nachricht vorbei und damit abgeschlossen.

Der schöne Tag (Z.3) bildet den Hintergrund für die einmalige Handlung des *recorrer* (Z.4). Da der Isthmus auch heute noch (zum Zeitpunkt des Erzählens) Cádiz mit dem Festland verbindet, steht das Verb im *Presente* (Z.5: *sirve*). Das *PPS (Indefinido)* würde andeuten, dass es den Isthmus heute nicht mehr gäbe, während das *Imperfecto* das weitere Schicksal des Isthmus offen ließe.

Es folgt eine Handlungskette (Z.6-12), die aus den Verben *examinamos, charlamos, disputamos, echamos* und *nos separamos* besteht. Mit den Gefährten untersucht der Erzähler bestimmte Bauwerke, plaudert mit Mönchen und gewichtigen Personen, streitet über die Sichtbarkeit der französischen Stellungen am anderen Ufer der Bucht, kippt sich ein paar Biere hinter die Binde und trennt sich schließlich von ihnen auf der *Plaza de San Juan de Dios*. Die Handlungskette steht im *PPS (Indefinido)*, weil berichtet wird, welche einmaligen Aktionen auf dem Weg von Cádiz zum Festland stattgefunden haben.

Die Verben im *Imperfecto* stehen jeweils in den beschreibenden Passagen, die sich zum einen in Hauptsätzen finden, wie z. B. als das Wetter beschrieben wird (Z.3: *El día era hermoso*). Vor allem stehen aber **die Beschreibungen in Relativsätzen**:

Z. 1:   ... *la Isla, donde **estaba** de guarnición, ...*

2.4 Annäherung an die spanischen Vergangenheitszeiten

Z. 4f.: ... *compañeros, que...* **caminaban** ...
Z. 7f.: ... *con los frailes y personas graves que* **trabajaban** *en las fortificaciones* ...

Eine typische Funktion von Relativsätzen besteht darin, das Bezugswort (hier: *isla, compañeros, frailes y personas*) durch weitere Angaben näher zu beschreiben. Daher stehen die beschreibenden Relativsätze in der Regel im *Imperfecto*; aber nicht alle Relativsätze sind beschreibend, wie das Beispiel aus Zeile 3 (*tuvo la bondad*) zeigt.

Merke: ***Beschreibende Relativsätze stehen in der Regel im Imperfecto.***
In Ausnahmefällen werden Personen durch abgeschlossene Handlungen charakterisiert, dann wird auch in Relativsätzen das PPS (Indefinido) verwendet.

In Zeile 8 kommt ein *Imperfecto* in einem *si*-Satz vor (*si se percibían*). Der Erzähler und seine Gefährten streiten darüber, *ob* die Stellungen der Franzosen zu sehen sind. Die Sichtbarkeit der Stellungen kann keine einmalige Handlung sein, sondern es muss sich um die Beschreibung einer Situation handeln, deshalb kann hier kein *PPS (Indefinido)*, sondern muss *Imperfecto* gesetzt werden. Zudem wirkt das *Imperfecto* hier als Signal, dass die Konjunktion *si* hier nicht mit *wenn*, sondern mit *ob* zu übersetzen ist.

2.4.6 Text 5: *Imperfecto* und *PPS (Indefinido)* im Zusammenspiel

Mit dem folgenden Textausschnitt beginnt der berühmte Roman *Abel Sánchez* des spanischen Schriftstellers und Philosophen Miguel der Unamuno aus dem Jahr 1917, in dem es um eine lebenslange Männerfreundschaft geht. Eine E-Book-Version ist 2007 im Rahmen des Gutenberg-Projekts (http://www.gutenberg.org) erschienen und steht zum kostenlosen Download bereit.

	Miguel de Unamuno: Abel Sánchez (1)
1	No **recordaban** Abel Sánchez y Joaquín Monegro desde cuándo **se conocían**.
2	**Eran** conocidos desde antes de la niñez, desde su primera infancia, pues sus
3	dos sendas nodrizas **se juntaban** y los **juntaban** cuando aún ellos no **sabían**
4	hablar. **Aprendió** cada uno de ellos a conocerse conociendo al otro. Y así
5	**vivieron** y **se hicieron** juntos amigos desde nacimiento, casi más bien
6	hermanos de crianza.
7	En sus paseos, en sus juegos, en sus otras amistades comunes **parecía** dominar
8	e iniciarlo todo Joaquín, el más voluntarioso; pero **era** Abel quien, pareciendo
9	ceder, **hacía** la suya siempre. Y **es** que le **importaba** más no obedecer que
10	mandar. Casi nunca **reñían**. ¡Por mí, como tú quieras! ..., le **decía** Abel a
11	Joaquín, y éste **se exasperaba** a las veces porque con aquel "¡como tú
12	quieras!..." **esquivaba** las disputas.

Bei dem Textausschnitt handelt es sich eindeutig um den Beginn einer **Geschichte**. Wir haben es mit einem literarischen Text zu tun, der eine Beziehung zweier Männer zueinander seit ihrer Kindheit beschreibt. Der Autor möchte den Leser mit dieser Geschichte von der Aktualität in die Zeitebene der **Inaktualität** (bzw. Vergangenheit) versetzen. Es geht eindeutig nicht um einen Bericht über vergangene Ereignisse, die in der Rückschau (retrospektiv) für den Sprechzeitpunkt in der Gegenwart – z. B. als Fakten – von Relevanz sind, sondern um die **Beschreibung** einer Männerfreundschaft.

Der erste Satz enthält keine genaue Zeitangabe und beschreibt als Einstieg den Zustand, dass beide sich nicht daran erinnern konnten, seit wann sie sich kannten, und steht folgerichtig im *Imperfecto*. Der zweite Satz führt die Beschreibung im *Imperfecto* fort und bestätigt noch einmal, dass sie sich bereits seit ihrer frühesten Kindheit bekannt waren; denn ihre beiden jeweiligen Ammen – *nodriza* ist hier das Substantiv und *sendo/a* das vorangestellte (!) Adjektiv – taten sich zusammen und haben die beiden Kinder zusammengebracht, als diese noch nicht sprechen konnten. (Das reflexiv gebrauchte Verb *juntarse* kann übrigens auch *zusammenziehen* bzw. *zusammen wohnen* bedeuten.) Dieser zweite Satz gibt eine Erklärung für den ersten Satz: Säuglinge können sich nicht bewusst kennenlernen und daher auch nicht an ein Kennenlernen erinnern.

Im dritten Satz (Z.4: *aprendió*) erfolgt ein Tempuswechsel zum *PPS (Indefinido)*. Jeder der beiden hat sich selbst gleichsam im Spiegel des anderen kennengelernt, ist in dem Maße zu Bewusstsein gelangt, wie er sich mit dem jeweils anderen auseinandergesetzt und ihn dadurch kennengelernt hat. Es wird also ein Fazit über einen abgeschlossenen Vorgang berichtet; und abgeschlossene Handlungen (Vorgänge) stehen im *PPS (Indefinido)*. Das Fazit wird im folgenden vierten Satz fortgeführt: So lebten sie und wurden Freunde, weil sie gleichsam gemeinsam gestillt wurden und zusammen aufwuchsen. Das Verb *vivieron* bezieht sich hier auf das bis dahin bereits gelebte Leben und muss daher im *PPS (Indefinido)* stehen. Es bezieht sich nicht darauf, dass die beiden zum Zeitpunkt, der erzählt wird, am Leben waren (dann stünde *Imperfecto*). Auch die Aussage *se hicieron amigos* steht im *PPS (Indefinido)*, weil der Vorgang des Freundewerdens bereits abgeschlossen ist. Stünde die Aussage im *Imperfecto*, würden wir quasi erzählerisch miterleben, wie sie dabei waren, Freunde zu werden.

Der zweite Absatz (Z.7-12) setzt die Beschreibung fort, indem die charakterlichen Unterschiede hervorgehoben werden. Charakterbeschreibungen stehen im *Imperfecto*. Der willensstärkere Joaquín schien alles zu dominieren und anzuzetteln. Obwohl Abel immer nachzugeben schien, war er es, der immer sein Ding machte (Z.9: *hacía la suya*), wobei es ihm stets wichtiger war, nicht zu gehorchen als zu befehlen. Sie stritten fast nie. Immer wenn Abel zu Joaquín sagte: „Wie du willst", dann regte sich Joaquín auf, weil Abel damit dem Streit stets auswich. Wie gesagt, geht es hier nicht um die berichtende Wiedergabe, was Abel einmal gesagt oder getan (und wie Joaquín darauf reagiert) hat, sondern darum, eine Beschreibung längerfristiger Charaktereigenschaften zu geben. Deshalb steht auch das Verb *decía* im *Imperfecto* (Z.10). Während *dijo* eine einmalige Aussage konnotiert, bedeutet *decía*, dass es sich bei der Äußerung um eine immer wieder geäußerte Floskel handelt.

Merkwürdig unmotiviert taucht inmitten der Beschreibung plötzlich das Präsens auf (Z.9: *es*). Das Verb gehört hier zu der grammatischen Konstruktion *es que*, die als Einheit zu sehen ist und die Angabe eines Grundes einleitet. Man kann sie mit *nämlich* übersetzen. Der Grund ergibt sich jedoch nicht aus den erzählten Umständen, sondern gibt die Sicht des Autors kund. Es handelt sich um einen metakommunikativen Kommentar des Autors. Und da der Autor in der Jetztzeit lebt und *jetzt* dieser Auffassung ist, ist das Präsens das Tempus der Wahl für metakommunikative Kommentare.

In diesem Textausschnitt spielen *Imperfecto* und *PPS (Indefinido)* zusammen, aber nicht derart, dass auf eine Hintergrundshandlung im *Imperfecto* eine Vordergrundshandlung im *PPS (Indefinido)* folgt. Vielmehr wird hier die Beschreibung der beiden Freunde (im *Imperfecto*) unterbrochen von einer Passage, die ein Fazit über das bishe-

2.4 Annäherung an die spanischen Vergangenheitszeiten 67

rige Leben zieht, die dann im *PPS (Indefinido)* steht. Dieser Wechsel ist als Wechsel der Perspektive – weg vom Erzählmodus und hin zum Berichtmodus – zu kennzeichnen.

Merke: *Aussagen, die der Leserführung dienen, und leserorientierte metakommunikative Kommentare des Autors/Erzählers stehen in der Regel im Presente. Textorientierte metakommunikative Kommentare, die Zusatzinformationen zum besseren Verständnis der erzählten Geschichte liefern, können auch in Vergangenheitszeiten vorkommen.*

2.4.7 Text 6: *Imperfecto* und *PPS (Indefinido)* im Zusammenspiel

Die Roman *Abel Sánchez* von Miguel der Unamuno aus dem vorhergehenden Abschnitt wird mit dem nachfolgenden Textausschnitt fortgeführt. Es handelt sich um den vierten erzählenden Absatz. Die Beziehung zwischen Abel und Joaquín wird weiter dargestellt.

	Miguel de Unamuno: Abel Sánchez (2)
1	Durante los estudios del bachillerato, que **siguieron** juntos, Joaquín **era** el
2	empollón, el que **iba** a la caza de los premios, el primero en las aulas, y el
3	primero Abel fuera de ellas, en el patio del Instituto, en la calle, en el campo,
4	en los novillos, entre los compañeros. Abel **era** el que **hacía** reír con sus
5	gracias, y, sobre todo, **obtenía** triunfos de aplauso por las caricaturas que de
6	los catedráticos **hacía**. "Joaquín **es** mucho más aplicado, pero Abel **es** más
7	listo... si **se pusiera** a estudiar..." Y este juicio común de los compañeros,
8	sabido por Joaquín, no **hacía** sino envenenarle el corazón. **Llegó** a sentir la
9	tentación de descuidar el estudio y tratar de vencer al otro en el otro campo;
10	pero diciéndose: "¡Bah! , qué **saben** ellos..." **siguió** fiel a su propio natural.
11	Además, por más que **procuraba** aventajar al otro en ingenio y donosura no
12	lo **conseguía**. Sus chistes no **eran** reídos, y **pasaba** por ser fundamentalmente
13	serio. "Tú **eres** fúnebre –**solía** decirle Federico Cuadrado– tus chistes **son**
14	chistes de duelo."
15	**Concluyeron** ambos el bachillerato. Abel **se dedicó** a ser artista, siguiendo el
16	estudio de la pintura, y Joaquín **se matriculó** en la Facultad de Medicina.
17	**Veíanse** con frecuencia y **hablaba** cada uno al otro de los progresos que en
18	sus respectivos estudios **hacían**, empeñándose Joaquín en probarle a Abel que
19	la Medicina **era** también un arte, y hasta un arte bello, en que **cabía**
20	inspiración poética. Otras veces, en cambio, **daba** en menospreciar las bellas
21	artes, enervadoras del espíritu, exaltando la ciencia, que **es** la que **eleva**,
22	**fortifica** y **ensancha** el espíritu con la verdad.

Wir können davon ausgehen, dass die Erzählperspektive der Beschreibung beibehalten wird, müssen aber darauf gefasst sein, dass der Autor auf abgeschlossene Lebensabschnitte zu sprechen kommt, die – weil sie bezogen auf die erzählte Zeit bereits abgeschlossen waren – nicht im *Imperfecto*, sondern im *PPS (Indefinido)* stehen. Genau dies ist im ersten Satz, genauer gesagt: im davon abhängigen Relativsatz (Z.1: *que siguieron juntos*) der Fall: Die Schulzeit (*estudios* bezeichnet hier kein Studium!) haben beide zusammen verbracht und mit der Reifeprüfung abgeschlossen. Diese Information ist in die allgemeine Beschreibung der Charaktere eingestreut, um die es im ersten Satz eigentlich geht.

Im ersten Satz wird Joaquín als Streber beschrieben, der auf die Jagd nach Preisen ging, während Abel den Schulclown spielte und seine Schulkameraden mit Lehrerparodien zum Lachen brachte.

Der dritte Satz steht in direkter Rede, was durch die Anführungszeichen markiert ist. Hier finden wir zweimal das Präsens und einmal – quasi als Stoßseufzer – den Wunsch: „wenn er sich doch nur ans Lernen machte". Das Präsens taucht dann später noch dreimal in direkter Rede auf (Z.10: *saben*; Z.13: *eres*; Z.13: *son*), was zu erwarten und daher hier nicht weiter kommentiert zu werden braucht.

Der folgende Satz ist für die Logik und den Spannungsbogen des Romans von entscheidender Bedeutung. Hier wird das Neidmotiv zum ersten Mal erwähnt. Die im dritten Satz geäußerte Meinung machte nichts anderes (Z.8f.: *no hacía sino*), als Joaquín allmählich das Herz zu vergiften. Das *Imperfecto* erfüllt hier zwei Funktionen: Zum einen deutet er an, dass der Neid nicht plötzlich kam, sondern sich allmählich einschlich, zum anderen steht er dafür, dass der Neid im erzählten Zeitraum noch nicht verflogen war. Hätte der Autor hier das *PPS (Indefinido)* gesetzt: *no hizo sino envenenarle el corazón*, dann wäre missverstanden, dass zu einem bestimmten Zeitpunkt in der Vergangenheit Joaquín neidisch war, er aber inzwischen keinen Neid mehr verspürt.

Der fünfte Satz setzt mit einem Tempuswechsel ein. Mit *Llegó a sentir* (Z.8) und *siguió* (Z.10) stehen hier zwei Verben im *PPS (Indefinido)*. Es wird hier berichtet, dass der Neid Joaquín bis zu einem bestimmten Punkt führte, ab dem er der Versuchung erlag, die Schule zu vernachlässigen und den Freund auf einem anderen Gebiet zu besiegen. Es ist also von einem punktuellen Ereignis die Rede, das den Anfang von etwas anderem (nämlich der Vernachlässigung und dem Siegeswunsch) markiert. Hinzu kommt, dass wir es bei *llegar a sentir* mit einer Verbalperiphrase zu tun haben, die einen terminativen und resultativen Charakter hat (vgl. Siever 2013: 70). Sie hebt also das Ende einer Handlung (des Hinkommens, zu etwas Gelangens: *llegar*) hervor und gleichzeitig den Beginn von etwas Neuem, in diesem Fall des Gefühls (*sentir*) der Versuchung. Mit *llegó a sentir* ist also gemeint, dass Joaquín *schließlich (doch) der Versuchung erlag*.

Auch das zweite Verb in diesem Satz – *siguió* (Z.10) – steht im *PPS (Indefinido)*. Joaquín folgte treu seinem eigenen Naturell. Stünde diese Aussage im *Imperfecto*, wäre es als allgemeine Charakterbeschreibung zu verstehen: In allem, was er Tat, folgte er treu seinem Naturell. Durch die Verwendung des *PPS (Indefinido)* wird jedoch klar, dass sich die Treue zum eigenen Naturell nur auf dieses eine punktuelle Ereignis bezieht: In diesem einen Punkt blieb er seinem Naturell treu (ob er ihm auch in anderen Punkten treu blieb, steht hier nicht zur Debatte).

Im nächsten Satz setzt sich die Beschreibung fort. Je mehr Joaquín versuchte (Z.11: *procuraba*), seinen Freund an Erfindungsgabe und Esprit zu übertreffen, um so weniger erreichte (Z.12: *conseguía*) er sein Ziel. Hier werden die über einen längeren Zeitraum andauernden Bemühungen von Joaquín zu einer dichten Beschreibung zusammengefasst, während im ersten Teil des nächsten Satzes ein konkretes Beispiel genannt wird: Seine Witze wurden nicht belacht oder – idiomatischer – über seine Witze lachte keiner, weil er als furchtbar ernst galt. Er war halt ein finsterer Typ, pflegte ein gewisser Federico Cuadrado ihm zu sagen. In der abschließenden Aussage hat *duelo* übrigens die Bedeutung von Trauer, Trauerfeier oder Trauerzug; es geht hier also darum, wie schlecht oder traurig Joaquíns Witze sind, und nicht um Duell-Witze (Z. 14: *chistes de*

2.4 Annäherung an die spanischen Vergangenheitszeiten

duelo), obschon diese spezifische Wortwahl mit ihrer potentiellen Doppeldeutigkeit einen gewissen Sprachwitz des Autors verraten mag.

Die Lebensgeschichte der beiden Freunde wird nun im folgenden Abschnitt weitergesponnen. Zunächst wird aber nochmal auf die Schulzeit eingegangen und festgestellt: Beide haben die Reifeprüfung abgelegt (Z.15: *concluyeron*). Die Schulzeit wird damit im Rahmen der erzählten Zeit als beendet eingestuft. Was passierte danach? Der eine widmete sich der Aufgabe, Künstler zu werden, der andere nahm ein Medizinstudium auf. Wir haben es hier mit einer kleinen – und verzweigten – Handlungskette zu tun: Erst schlossen sie die Schule ab, dann wurde der eine Künstler (Zweig 1) und der andere wurde Arzt (Zweig 2).

Wir können also festhalten, dass es zwei Arten von Handlungsketten gibt. Bei der **einfachen Handlungskette** bleibt das Subjekt der einzelnen, aufeinanderfolgenden Handlungen dasselbe (erst machte er das, dann machte er das usw.). Bei **verzweigten Handlungsketten** wechselt das Subjekt. Meistens gibt es zwei Handlungszweige (es können aber auch mehrere sein), die sich nach einer gemeinsamen Ursprungshandlung ergeben (hier: der Abschluss der Schulzeit). Auch verzweigte Handlungsketten geben eine Antwort auf die Grundfrage: „Und was geschah dann?"

Merke: *Man unterscheidet einfache Handlungsketten von verzweigten Handlungsketten. Beide antworten auf die (wiederholte) Grundfrage: „Und was geschah dann?"*

In den beiden ersten Sätzen dieses Abschnitts steht das *Pasado Simple (Indefinido)*. Wir können seine Verwendung zum einen mit dem Argument Handlungskette erklären; zum anderen können wir es aber auch als Setzen eines neuen Referenzpunkts für die Geschichte interpretieren. Nach so einem neu gesetzten Referenzpunkt ist in der Regel eine weitere Beschreibung zu erwarten. Der Referenzpunkt beantwortet die Frage: Was geschah? Die Antwort: Die Schule war vorbei, das Studium begann. Danach wird implizit die Frage beantwortet: Wie sah das Studium aus? Wie war das Verhältnis der beiden Freunde während der Sudienzeit?

Und tatsächlich folgen dem Referenzpunkt in diesem Abschnitt nur noch Verben im *Imperfecto* (Z.17-20), die der Beschreibung des Verhältnisses der beiden Freunde dienen. Die beiden Freunde sahen sich häufig während der Studienzeit und erzählten sich gegenseitig von ihren Fortschritten, wobei Joaquín Abel manchmal davon zu überzeugen versuchte, dass auch die Medizin als Kunst – als eine der schönen Künste – zu werten sei, da auch sie eine gewisse poetische Inspiration einschließt (Z.18: *cabía*). Manchmal äußerte sich Joaquín aber auch verächtlich über die schönen Künste und lobte die Wissenschaft. In diesem Zusammenhang tauchen vier Verben im Präsens (Z.21f: *es, eleva, fortifica, ensancha*) auf. Sie werden im Rahmen einer allgemeingültigen Aussage über die Wissenschaft verwendet. Da solche Aussagen zeitlos gültig sind, werden sie nicht mit einem Vergangenheitstempus verbunden, sondern stehen auch in Vergangenheitskontexten im Präsens. Es ist nunmal die Wissenschaft, die den Geist mit der Wahrheit erhebt, stärkt und erweitert.

Merke: *Mit dem* Pasado Simple (Indefinido) *werden Referenzpunkte gesetzt, die die Erzählung vorantreiben. Danach folgen in der Regel Beschreibungen im* Imperfecto.

2.4.8 Text 7: *PPS (Indefinido)* in Erzähltexten

Im Folgenden wollen wir einen weiteren Ausschnitt aus dem Roman *Abel Sánchez* von Miguel der Unamuno besprechen. Der ausgewählte Ausschnitt ist zugleich der letzte Absatz des dritten Kapitels des Romans und steht mit den beiden ersten Textausschnitten somit in keinem unmittelbaren Zusammenhang.

	Miguel de Unamuno: Abel Sánchez (3)
1	"**Pasé** una noche horrible –**dejó** escrito en su Confesión Joaquín–,
2	volviéndome a un lado y otro de la cama, mordiendo a ratos la almohada,
3	levantándome a beber agua del jarro del lavabo. **Tuve** fiebre. A ratos me
4	**amodorraba** en sueños acerbos. **Pensaba** matarles y **urdía** mentalmente,
5	como si **se tratase** de un drama o de una novela que **iba componiendo**, los
6	detalles de mi sangrienta venganza, y **tramaba** diálogos con ellos. **Parecíame**
7	que Helena **había querido** afrentarme y nada más, que **había enamorado** a
8	Abel por menosprecio a mí, pero que no **podía**, montón de carne al espejo,
9	querer a nadie. Y la **deseaba** más que nunca y con más furia que nunca. En
10	alguna de las interminables modorras de aquella noche **me soñé** poseyéndola
11	y junto al cuerpo frío e inerte de Abel. **Fue** una tempestad de malos deseos, de
12	cóleras, de apetitos sucios, de rabia. Con el día y el cansancio de tanto sufrir
13	**volvióme** la reflexión, **comprendí** que no **tenía** derecho alguno a Helena,
14	pero **empecé** a odiar a Abel con toda mi alma y a proponerme a la vez ocultar
15	ese odio, abonarlo, criarlo, cuidarlo en lo recóndito de las entrañas de mi
16	alma. ¿Odio? Aún no **quería** darle su nombre, ni **quería** reconocer que **nací**,
17	predestinado, con su masa y con su semilla. Aquella noche **nací** al infierno de
18	mi vida."

Dieser Abschnitt, der als direkte Rede wiedergegeben ist, setzt damit ein, dass ein neuer Referenzpunkt gesetzt wird. Es geht um Joaquíns schriftlich festgehaltene Bekenntnisse. In ersten Satz stellt er fest, dass er – zu einem bestimmten, hier nicht genannten Zeitpunkt – eine schreckliche Nacht verbrachte. Da es sich bei dieser Nacht um ein einmaliges Ereignis handelte, findet sich die Aussage im *PPS (Indefinido)*. Dieses Bekenntnis schrieb er nieder (Z.1: *dejó escrito*), und zwar nur einmal (und nicht mehrmals oder immer wieder); daher muss auch dieses Verb hier im *PPS (Indefinido)* stehen. Die dabei verwendete Verbalperiphrase *dejar + Partizip* hat terminativen Charakter und hebt das Nachstadium einer Handlung (hier: das Niedergeschriebensein) hervor (Siever 2013: 97).

Das nächste Verb (Z.3: *tuve*) steht im *PPS (Indefinido)*, weil der Autor ausdrücken möchte, dass er im Zuge dieser schrecklichen Nacht Fieber *bekam*, und nicht, dass er schon die ganze Zeit über Fiever *hatte*.[3]

Im folgenden Satz beschreibt der Autor, wie er die Nacht verbrachte. Die dazu verwendeten Verben stehen erwartungsgemäß im *Imperfecto*. Zuweilen schlief er (Z.4: *amodorraba*) mit grausamen Träumen ein. Die adverbielle Bestimmung *a ratos* wirkt hier als Signal, dass keine einmalige, sondern eine mehrmalige Handlung beschrieben

---

[3] Vgl. die Tabelle der Verben mit unterschiedlicher Bedeutung im *Imperfecto* und *PPS (Indefinido)* auf S. 41.

2.4 Annäherung an die spanischen Vergangenheitszeiten

wird. Er dachte daran jemanden (Z.4: *les*) zu töten (es bleibt zunächst unklar, wen er meint) und malte sich vor seinem geistigen Auge die Einzelheiten seiner blutigen Rache aus (Z.4: *urdía*), also ob es sich um ein Drama oder einen Roman handelte, das bzw. den er gerade dabei war zu verfassen. Die Konjunktion *como si* erfordert in der Regel das *Imperfecto de Subjuntivo*.[4]

Während er sich also seine Rache ausmalte, ersann er sich (Z.6: *tramaba*) Dialoge mit ihnen (Z.6: *con ellos*). Der weitere Kontext des Abschnitts macht klar, dass es sich bei „ihnen" um seinen Freund Abel und die im nächsten Satz erwähnte Helena handelt, um die beide eine gewisse Zeitlang buhlten. Diese beiden sind natürlich auch mit dem Pronomen *les* aus Zeile 4 gemeint.

Die Beschreibung geht im nächsten Satz mit drei Verben im *Imperfecto* und zwei Verben im *Pluscuamperfecto* weiter. Es schien ihm, Joaquín, dass Helena, die sich in Abel verliebt hatte (Z.7: *había enamorado*) und ihn nur hatte beleidigen wollen (Z.7: *había querido afrentarme*), eigentlich niemanden lieben konnte (Z.8f.: *no podía querer a nadie*). Joaquíns Eifersucht zeigt sich deutlich in der Apposition (Z.8: *montón de carne al espejo*), mit der er Helena als ein Häufchen Fleisch im Spiegel charakterisiert, also als einen leblosen, ferngesteuerten Körper, so wie ein Spiegelbild leblos ist und sich nicht selbst bewegen kann. Die beiden Handlungen im *Pluscuamperfecto* (das Verlieben und das Beleidigen) haben sich vorzeitig zu der hier beschriebenen Nacht ereignet. Die Verwendung des *Pasado Anterior* kam für den Autor hier nicht in Frage, da es sich nicht um eine unmittelbare Vorzeitigkeit handelt, sondern um Handlungen, die mehrere Wochen oder Monate zurücklagen.

Der nächste Satz steht wieder im *Imperfecto*, da er Joaquíns Gefühlszustand beschreibt: Er wollte Helena für sich haben (Z.9: *deseaba*), und zwar nicht nur in dieser besagten Nacht, sondern die ganze Zeit über.

Die darauf folgende Passage ist überwiegend im *PPS (Indefinido)* formuliert. Eingeleitet wird sie durch eine adverbiale Bestimmung der Zeit, die in der Regel eine Signalwirkung für die Verwendung der Vergangenheitszeiten haben. Hier verweist sie auf die *modorras* jener Nacht, also auf den Wechsel von schläfrig sein, eindösen, träumen, halbwach sein und erneutem Eindösen. Während einer dieser *modorra*-Phasen hat er sich erträumt (Z.10: *me soñé*), dass er mit Helena den Beischlaf vollzöge (Z.10: *poseyéndola*), während Abels kalte und reglose Leiche neben ihnen läge. Dieser einmalige Traum kam einem Sturm von bösen Begierden, Wutanfällen, schmutzigen Gelüsten und Raserei gleich.

Joaquín berichtet hier von einem einmaligen Traum, den er zu einem bestimmten Zeitpunkt hatte, daher stehen die Verben im *PPS (Indefinido)*. Was geschah nach dem Traum? Als es wieder tagte und er vom vielen Leiden müde war, kam er wieder zur Besinnung (Z.13: *volvióme la reflexión*) und er begriff (Z.13: *comprendí*), dass er kein Recht auf Helena hatte (Z.13: *tenía*). Aber ab diesem Moment fing er an (Z14.: *empecé*), Abel zu hassen und diesen Hass in seinem Innersten zu verbergen und zu pflegen.

Der eingeschobene Nebensatz (*que no tenía derecho alguno a Helena*) erfordert ein Verb im *Imperfecto*, da es sich um eine Wiedergabe von Joaquíns Gedanken, also eine bestimmte Form der indirekten Rede handelt. Das Kein-Recht-auf-Helena-Haben galt vor jener Nacht und ist mit jener Nacht auch nicht zuende, vielmehr gilt es zeitlich unbegrenzt. Mit dem *PPS (Indefinido)* kann ein solcher Gedankeninhalt nicht formuliert werden.

---

[4] Vgl. das Kapitel 5.3.1 zu Konjunktionen mit *Subjuntivo* und das dort Ausgeführte.

Der darauf folgende, vorletzte Satz beschreibt wieder (deshalb *Imperfecto*), dass Joaquín diesem Zustand weder den Namen „Hass" geben noch ein anderes Faktum anerkennen wollte (Z.16: *quería darle; quería reconocer*). Welches Faktum? Dass er mit dem Keim des Hasses bereits geboren wurde (Z.16: *nací*). Das Faktum des Geborenwerdens ist ein einmaliges, punktuelles Ereignis, das deshalb im *PPS (Indefinido)* steht.

Der letzte Satz (Z.17f.: *Aquella noche nací al infierno de mi vida.*) zieht dann das Fazit zu dem Bericht über jene schreckliche Nacht, nämlich dass er in jener Nacht in die Hölle seines Lebens hineingeboren wurde. Mit der genauen Zeitangabe *aquella noche* ist der Beginn einer Verbhandlung markiert, so dass hier nur das *PPS (Indefinido)* als Tempus zur Verfügung steht.

Diese Passage beginnt und endet im *PPS (Indefinido)*, weil sie einen Bericht über einen bestimmten Zeitabschnitt gibt. Lediglich die beschreibenden Passagen, die teilweise auch über den betreffenden Zeitabschnitt hinausweisen, stehen im *Imperfecto* bzw. *Pluscuamperfecto*.

3 Übungen zu den Vergangenheitszeiten

3.1 Satzorientierte Übungen zu den Vergangenheitszeiten

3.1.1 Übung 1: einfache Sätze

Übersetzen Sie die folgenden Beispielsätze mit einer möglichst einfachen und idiomatischen Formulierung ins Deutsche. In der Spalte „Grund/Kontext" geben Sie zum einen den Grund mit Hilfe der **Kategorien (a) Abgeschlossenheit/Unabgeschlossenheit, (b) Gesamtschau/Teilschau** bzw. **(c) Handlung/Hintergrund** an, so dass daraus deutlich wird, weshalb das entsprechende Tempus jeweils verwendet wurde; zum anderen geben Sie dort den Kontext an, der durch die Verwendung des jeweiligen Tempus mitgemeint ist.

Sie werden sehen, dass oftmals die einfachen Übersetzungen – wie bei den Sätzen 1 und 2 – übereinstimmen oder nur minimal variieren, während Grund und mitgedachter Kontext stark voneinander abweichen. Das liegt daran, dass in den einfachen Übersetzungen die mitverstandenen Konnotationen, die das jeweilige Tempus transportiert, unberücksichtigt bleiben.

3.1.1.1 Übung 1: Aufgaben

Nr.	Spanischer Satz	Einfache Übersetzung	Grund/Kontext
1	Fue un gran pintor.	Er war ein großartiger Maler.	Abgeschlossenheit: Der Maler ist tot (bezogen auf Sprechzeitpunkt). Gesamtschau: Rückblick auf sein Leben.
2	Era un gran pintor.	Er war ein großartiger Maler.	Unabgeschlossenheit: Der Maler lebt noch (bezogen auf die erzählte Zeit). Teilschau: Bewertung seiner Bedeutung für die Kunst.
3	Ayer, cuando regresé a casa encontré a mi madre.		
4	Ayer, cuando regresaba a casa encontré a mi madre.		
5	Cuando bajaba las escaleras oí sonar el teléfono.		
6	Cuando bajó las escaleras oí sonar el teléfono.		
7	La obra estaba bien.		
8	La obra estuvo bien.		

| 9 | Estaba nerviosa. | | |
| 10 | Estuvo nerviosa. | | |

3.1.1.2 Übung 1: Lösungen

Nr.	Spanischer Satz	Übersetzung	Grund/Kontext
1	Fue un gran pintor.	Er war ein großartiger Maler.	Abgeschlossenheit: Der Maler ist tot (bezogen auf Sprechzeitpunkt). Gesamtschau: Rückblick auf sein Leben.
2	Era un gran pintor.	Er war ein großartiger Maler.	Unabgeschlossenheit: Der Maler lebt noch (bezogen auf die erzählte Zeit). Teilschau: Bewertung seiner Bedeutung für die Kunst.
3	Ayer, cuando regresé a casa encontré a mi madre.	Als ich gestern nach Hause kam, traf ich dort meine Mutter an.	Abgeschlossenheit: Er ist schon zu Hause. Gesamtschau: Der gesamte Nachhauseweg ist im Blick. Zwei aufeinanderfolgende Handlungen.
4	Ayer, cuando regresaba a casa encontré a mi madre.	Auf dem Heimweg gestern traf ich meine Mutter.	Unabgeschlossenheit: Er ist auf dem Nachhauseweg. Teilschau: Nur der zurückgelegte Teil des Wegs wird thematisiert. Hintergrund und Handlung.
5	Cuando bajaba las escaleras oí sonar el teléfono.	Als ich die Treppe herunterging, hörte ich das Telefon, wie es klingelte.	Unabgeschlossenheit: Sprecher ist noch auf der Treppe. Teilschau: Nur ein Teil des Hinuntergehens wird thematisiert. Hintergrund plus Handlung.
6	Cuando bajé las escaleras oí sonar el teléfono.	Nachdem ich die Treppe heruntergegangen war, hörte ich das Klingeln des Telefons.	Abgeschlossenheit: Sprecher ist unten angekommen. Gesamtschau: Das Hinuntergegangensein ist im Blick. Zwei aufeinanderfolgende Handlungen.
7	La obra[1] estaba bien.	Die Aufführung war gut.	Teilschau: Nur bestimmte Aspekte der Aufführung sind im Blick.
8	La obra estuvo bien.	Die Aufführung war gut.	Gesamtschau: Die gesamte Aufführung ist im Blick.
9	Estaba nerviosa.	Sie war nervös.	Unabgeschlossenheit: Nervosität hält im Erzählzeitraum an. Teilschau: Ihre Nervosität ist nur im gewählten Zeitausschnitt erwähnenswert.
10	Estuvo nerviosa.	Sie war nervös.	Abgeschlossenheit: Nervosität ist im Erzählzeitraum schon vorbei. Gesamtschau: Der ganze Zeitraum wird thematisiert; Rückblickend war sie ein nervöser Charakter.

---

[1] Das Wort *obra* hat verschiedene Bedeutungen (u. a. *Werk*), für das Beispiel haben wir die Bedeutung *Theateraufführung* herausgegriffen.

3.1 Satzorientierte Übungen zu den Vergangenheitszeiten

3.1.2 Übung 2: einfache Sätze

Übersetzen Sie die folgenden Beispielsätze mit einer möglichst einfachen und idiomatischen Formulierung ins Deutsche. In der Spalte „Grund/Kontext" geben Sie zum einen den Grund mit Hilfe der **Kategorien (a) Abgeschlossenheit/Unabgeschlossenheit, (b) Gesamtschau/Teilschau** bzw. **(c) Handlung/Hintergrund** an, so dass daraus deutlich wird, weshalb das entsprechende Tempus jeweils verwendet wurde; zum anderen geben Sie dort den Kontext an, der durch die Verwendung des jeweiligen Tempus mitgemeint ist.

Sie werden sehen, dass oftmals die einfachen Übersetzungen – wie bei den Sätzen 1 und 2 – übereinstimmen oder nur minimal variieren, während Grund und mitgedachter Kontext stark voneinander abweichen. Das liegt daran, dass in den einfachen Übersetzungen die mitverstandenen Konnotationen, die das jeweilige Tempus transportiert, unberücksichtigt bleiben.

3.1.2.1 Übung 2: Aufgaben

Nr.	Spanischer Satz	Übersetzung	Grund/Kontext
1	Me parecía difícil el examen.		
2	Me pareció difícil el examen.		
3	Pasé bien las vacaciones.		
4	Pasaba bien las vacaciones.		
5	Durante toda la fiesta estuvo borracha.		
6	Durante la fiesta estaba borracha.		
7	El año pasado, estaba enferma.		
8	Estuvo enfermo durante el año pasado.		
9	Durante la obra estábamos hablando un rato.		
10	Estuvimos hablando durante toda la obra.		

3.1.2.2 Übung 2: Lösungen

Nr.	Spanischer Satz	Übersetzung	Grund/Kontext
1	Me parecía difícil el examen.	Die Prüfung erschien mir schwierig.	Unabgeschlossenheit: Bewertung aus damaliger Sicht. Teilschau: Nur Teilaspekte der Prüfung werden bewertet.
2	Me pareció difícil el examen.	Die Prüfung erschien mir schwierig.	Abgeschlossenheit: Bewertung in der Rückschau. Gesamtschau: Die gesamte Prüfung wird bewertet.
3	Pasaba bien las vacaciones.	Ich hatte schöne Ferien.	Teilschau: Nur Teilaspekte der Ferien werden bewertet. Unabgeschlossenheit: Hintergrund für punktuelle Handlung (im möglichen Folgesatz).
4	Pasé bien las vacaciones.	Ich hatte schöne Ferien.	Abgeschlossenheit: Bewertung in der Rückschau. Gesamtschau: Die gesamten Ferien werden bewertet.
5	Durante la fiesta estaba borracha.	Während der Fete war er betrunken.	Teilschau: Nur ein Zeitausschnitt während der Feier wird beleuchtet (zu Beginn der Feier war er noch nicht betrunken). Unabgeschlossenheit: Hintergrund für punktuelle Handlung (im möglichen Folgesatz).
6	Durante toda la fiesta estuvo borracha.	Während der gesamten Fete war er betrunken.	Abgeschlossenheit: Bewertung in der Rückschau. Gesamtschau: Der gesamte Zeitraum der Feier wird beleuchtet.
7	El año pasado, estaba enferma.	Im letzten Jahr war sie krank.	Teilschau: Im letzten Jahr gab es Zeiten, wo sie krank war. Unabgeschlossenheit: Hintergrund für punktuelle Handlung (im möglichen Folgesatz).
8	Estuvo enfermo durante el año pasado.	Während des gesamten letzten Jahres war sie krank.	Abgeschlossenheit: Aussage in der Rückschau. Gesamtschau: Sie war das ganze letzte Jahr krank.
9	Durante la obra estábamos hablando un rato.	Während der Aufführung unterhielten wir uns einen Moment lang.	Teilschau: Nur ein Zeitausschnitt während der Aufführung wird thematisiert. Unabgeschlossenheit: Hintergrund für punktuelle Handlung (im möglichen Folgesatz).
10	Estuvimos hablando durante toda la obra.	Wir unterhielten uns während der gesamten Aufführung.	Gesamtschau: Die gesamte Aufführung ist im Blick.

3.1 Satzorientierte Übungen zu den Vergangenheitszeiten

3.1.3 Übersetzungsübung 3: einfache Sätze

Übersetzen Sie die folgenden Beispielsätze mit einer möglichst einfachen und idiomatischen Formulierung ins Deutsche. In der Spalte „Grund/Kontext" geben Sie zum einen den Grund mit Hilfe der **Kategorien (a) Abgeschlossenheit/Unabgeschlossenheit, (b) Gesamtschau/Teilschau bzw. (c) Handlung/Hintergrund** an, so dass daraus deutlich wird, weshalb das entsprechende Tempus jeweils verwendet wurde; zum anderen geben Sie dort den Kontext an, der durch die Verwendung des jeweiligen Tempus mitgemeint ist.

Sie werden sehen, dass oftmals die einfachen Übersetzungen – wie bei den Sätzen 1 und 2 – übereinstimmen oder nur minimal variieren, während Grund und mitgedachter Kontext stark voneinander abweichen. Das liegt daran, dass in den einfachen Übersetzungen die mitverstandenen Konnotationen, die das jeweilige Tempus transportiert, unberücksichtigt bleiben.

3.1.3.1 Übung 3: Aufgaben

Nr.	Spanischer Satz	Übersetzung	Grund/Kontext
1	Estuvo llorando durante toda la obra.		
2	Estaba llorando durante la obra.		
3	Estuvimos hablando un rato.		
4	Estábamos hablando un rato...		
5	¿Qué hiciste ayer por la noche? - Estuve viendo una película.		
6	Estaba viendo una película cuando él me llamó.		
7	Era guapo hasta que se casó.		
8	Fue guapo toda su vida.		
9	¿Qué tal ayer? – Fue un día increíble.		
10	¿Qué tal ayer? – Era un día increíble.		

3.1.3.2 Übung 3: Lösungen

Nr.	Spanischer Satz	Übersetzung	Grund/Kontext
1	Estuvo llorando durante toda la obra.	Er weinte während der gesamten Aufführung.	Abgeschlossenheit: Aussage in der Rückschau. Gesamtschau: Die gesamte Aufführung ist im Blick.
2	Estaba llorando durante la obra.	Er weinte während der Aufführung.	Teilschau: Nur ein Zeitausschnitt der Aufführung wird thematisiert. Unabgeschlossenheit: Hintergrund für punktuelle Handlung (im möglichen Folgesatz).
3	Estuvimos hablando un rato.	Wir redeten eine Zeitlang.	Abgeschlossenheit: Aussage in der Rückschau. Gesamtschau: Die gesamte Handlung ist im Blick.
4	Estábamos hablando un rato.	Wir redeten eine Zeitlang.	Teilschau: Nur ein Zeitausschnitt ist im Blick. Unabgeschlossenheit: Hintergrund für punktuelle Handlung (im möglichen Folgesatz).
5	¿Qué hiciste ayer por la noche? – Estuve viendo una película.	Was hast du gestern Abend gemacht? – Ich habe einen Film geschaut.	Abgeschlossenheit: Aussage in der Rückschau. Gesamtschau: Der gesamte gestrige Abend ist im Blick.
6	Estaba viendo una película cuando él me llamó.	Ich schaute gerade einen Film, als er mich anrief.	Unabgeschlossenheit: Der Sprecher schaute noch den Film; Hintergrund zur punktuellen Handlung des Anrufens. Teilschau: Nur ein Teil des Abends wird thematisiert.
7	Era guapo hasta que se casó.	Sie war hübsch bis zu dem Zeitpunkt, als sie heiratete.	Unabgeschlossenheit: Aussage bildet den Hintergrund zur punktuellen Handlung des Heiratens. Nur der Zeitraum bis zur Vermählung ist im Blick.
8	Fue guapo toda su vida.	Sie war ihr ganzes Leben lang hübsch.	Abgeschlossenheit: Aussage in der Rückschau; die Person lebt nicht mehr. Gesamtschau: Rückblick auf ihr gesamtes Leben.
9	¿Qué tal ayer? – Fue un día increíble.	Wie war es gestern? Es war ein unglaublicher Tag!	Abgeschlossenheit: Aussage in der Rückschau. Gesamtschau: Der gesamte gestrige Tag ist im Blick.
10	¿Qué tal ayer? – Era un día increíble.	Wie war es gestern? Es war ein unglaublicher Tag!	Teilschau: Bestimmte Aspekte des gestrigen Tages waren toll. Unabgeschlossenheit: Hintergrund für punktuelle Handlung (im möglichen Folgesatz).

3.2 Textorientierte Übungen zu den Vergangenheitszeiten

Die textorientierten Übungen zu den Vergangenheitszeiten sind einfacher zu meistern als die satzorientierten Übungen, da hier mehr Kontext zur Verfügung steht, der disambiguierend wirkt. Neben dem Kontext sind es aber auch die Erzählperspektive und die Logik des Textaufbaus, die deutlich hervortreten und die Wahl des Tempus beeinflussen.

Bitte machen Sie sich im Vorfeld klar, welche Erzählperspektive der Autor gewählt haben könnte. Begründen Sie, für welche Erzählperspektive (Bericht oder Geschichte) Sie sich entschieden haben. Zeigen Sie auf, inwieweit man den Text in die jeweils andere Perspektive umändern könnte und welche Änderungen am Kontext dann vorgenommen werden müssten.

Setzen Sie in den folgenden Übungen die aufgrund der gewählten Erzählperspektive jeweils passende Zeit ein.

Für die Wahl des jeweils richtigen Tempus ist es hilfreich, sich die folgenden drei Kategorien zu vergegenwärtigen:
1. die **Erzählperspektive,**
2. die **Logik des Textaufbaus** und
3. die **Kontextinformationen.**

Dazu sollte man den jeweiligen Textausschnitt zuerst lesen und sich dann das Geschilderte plastisch vor Augen führen, bevor man als dritten Schritt mit dem Einsetzen der Verbformen beginnt.

Beachten Sie dabei: Es geht nicht darum, irgendeine Zeit einzusetzen, die eventuell auch möglich sein könnte, sondern diejenige, die von spanischen Muttersprachlern aufgrund von Erzählperspektive, Textaufbau und Kontext bevorzugt verwendet werden würde.

3.2.1 Pedro y Carmen

3.2.1.1 Pedro y Carmen: Lückentext

Gewählte Erzählperspektive: ☐ Geschichte
                               ☐ Bericht

Una mañana .... (salir) Pedro de su casa en la calle Mondragón. .... (hacer) un día espléndido. El cielo .... (estar) completamente azul y no .... (haber) ni una nube. Como .... (ser) primavera, las hojas de los árboles .... (estar) verdes. Pedro .... (entrar) en una de las agencia de viajes cerca de la Puerta del Sol y .... (recoger) dos billetes para Costa Rica que .... (reservar) una semana antes: uno para él y uno para Carmen, su novia.
.... (salir) de la agencia de viajes con los billetes en el bolsillo y .... (ir) en metro a la Calle Aragón. Allí .... (estar) Carmen. .... (estar) esperándolo, con las maletas. Una vez salido del metro, él la .... (ver) a ella y ella lo .... (ver) a él. .... (estar) uno frente al otro. Entro ellos .... (estar) la calle, ancha y llena de coches. La luz del semáforo .... (estar) roja. Pero el amor es el amor y Pedro .... (correr) hacia su novia... .... (pasar) un taxi y ... paf! El coche lo .... (atropellar).
Pedro .... (despertarse) en el hospital. .... (decir) como en las novelas románticas: „dónde .... (estar)?" y .... (ver) a su novia y a la enfermera y .... (comprender) que .... (estar) en un hospital. .... (tener) la cabeza vendada y no .... (oír) nada. No .... (poderse) mover. Le .... (doler) la cabeza y también le .... (doler) las piernas. Su novia .... (meter) los billetes en el bolso. No .... (decir) nada porque .... (saber) que Pedro no la .... (poder) oir. Pedro .... (pasar) sus vacaciones en el hospital y su novia .... (quedarse) en la ciudad.

3.2 Textorientierte Übungen zu den Vergangenheitszeiten

3.2.1.2 Pedro y Carmen: Lösungen

Una mañana **salió** Pedro de su casa en la calle Mondragón. **Hacía** un día espléndido. El cielo **estaba** completamente azul y no **había** ni una nube. Como **era** primavera, las hojas de los árboles **estaban** verdes. Pedro **entró** en una de las agencia de viajes cerca de la Puerta del Sol y **recogió** dos billetes para Costa Rica que **había reservado** una semana antes: uno para él y uno para Carmen, su novia.
Salió de la agencia de viajes con los billetes en el bolsillo y **fue** en metro a la Calle Aragón. Allí **estaba** Carmen. **Estaba** esperándolo, con las maletas. Una vez salido del metro, él la **vio** (**veía**) a ella y ella lo **vio** (**veía**) a él. **Estaban** uno frente al otro. Entro ellos **estaba** la calle, ancha y llena de coches. La luz del semáforo **estaba** roja. Pero el amor es el amor y Pedro **corrió** hacia su novia... **pasó** un taxi y ...paf! El coche lo **atropelló**.
Pedro **se despertó** en el hospital. **Dijo** como en las novelas románticas: „dónde estoy?" y **vio** a su novia y a la enfermera y **comprendió** que **estaba** en un hospital. **Tenía** la cabeza vendada y no **oía** nada. No **se podía** mover. Le **dolía** la cabeza y también le **dolían** las piernas. Su novia **metió** los billetes en el bolso. No **dijo** (**decía**) nada porque **sabía** que Pedro no la **podía** oír. Pedro **pasó** (**pasaba**) sus vacaciones en el hospital y su novia **se quedó** (**se quedaba**) en la ciudad.

3.2.1.3 Pedro y Carmen: Anmerkungen zu den Lösungen

a) Die Erzählperspektive im vorliegenden Textausschnitt ist die einer Geschichte.
b) Es gibt viel Hintergrundsbeschreibung, die Lesenden werden in die Geschichte hineinversetzt. Dieser belletristische Text soll unterhalten.
c) Die Geschichte ist nur sehr schwer in einen Bericht umzuformen, weil sehr viele Beschreibungen enthalten sind, um die Handlungen der Akteure verständlich zu machen.

Im Kontext möglich?	Verbform	Grund bzw. Versprachlichung des Gemeinten
nur *PPS (Indefinido)*	*salía	Es fehlt die Vordergrundshandlung, zu der *salía* den Hintergrund bilden könnte.
	Mientras salía vi un pajaro.	Während er aus seinem Haus ging, sah er einen Vogel.
	salió	Abgeschlossenheit: Er zog die Tür zu und ging.
Nur *Imperfecto*	hacía	Hintergrundsbeschreibung, Unabgeschlossenheit: Der Tag ist innerhalb der erzählten Geschichte noch nicht vorüber.
	hizo Ayer hizo un día espléndido.	Nur möglich, wenn der Tag in der Rückschau als abgeschlossenen Ereignis dargestellt wird.
Nur *Imperfecto*	estaba	Hintergrundsbeschreibung
	*estuvo Ayer el cielo estuvo azul.	Nur möglich, wenn der Himmel am nächsten Tag nicht mehr blau war, das Blausein also selbst in der Rückschau auf gestern zum Ereignis wird.

Nur *Imperfecto*	**había, era, estaban**	Hintergrund, Unabgeschlossenheit
	*hubo, fue, estuvo	Nur möglich, wenn abgeschlossene Ereignisse in der Rückschau geschildert werden.
Nur *PPS (Indefinido)*	*entraba, recogía *Mientras entraba recogía los billetes*	Nur möglich, wenn es um unabgeschlossene Hintergrundsbeschreibungen ginge: Beim Eintreten nahm er die Tickets entgegen, also in der Nähe der Tür; sehr unwahrscheinlich.
	entró, recogió	Handlungskette, einmalige, abgeschlossene Handlungen: Erst trat er ein, dann holte er die Tickets.
Nur *PPS (Indefinido)*	*salía, iba	Nur möglich, wenn es hier zur Hintergrundsbeschreibung auch eine Vordergrundshandlung gäbe, die fehlt aber.
	salió, fue	Handlungskette, einmalige, abgeschlossene Handlungen.
Nur *Imperfecto*	**estaba**	Hintergrundsbeschreibung: Ein Vorgang (Dasein) dauert noch an, während ein neuer (das Anblicken) einsetzt.
	*estuvo *A las seis Carmen estuvo en su puesto.*	Nur dann möglich, wenn es die Haupthandlung wäre, dann meist mit konkreter Zeitangabe.
Nur *Imperfecto*	**estaba esperándolo**	Ein länger andauernder Vorgang (Verlaufsform!), bildet den Hintergrund für einen neuen (das Anblicken).
	*estuvo esperándolo	Nur dann möglich, wenn das Warten als abgeschlossene Haupthandlung berichtet würde.
Beides möglich, bevorzugt aber *PPS (Indefinido)*	**veía, veía**	Teil der Hintergrundshandlung; wäre aber langweiliger Stil; keine Dramatik: Sie sahen sich (längere Zeit) an.
	vio, vio	Plötzlich einsetzende Handlung; *PPS* erhöht die Handlungsdramatik: Sie erblickten sich – und was ist die Folge?
Nur *Imperfecto*	**estaban**	Hintergrundsbeschreibung
	*estuvieron *Sólo en un momento estuvieron uno frente al otro, después se fueron.*	Einen kurzen Augenblick lang standen sie sich gegenüber, dann verschwanden sie. Widerspräche der Logik des Textaufbaus: Sie sind ja noch da.
Nur *Imperfecto*	**estaba**	Hintergrundsbeschreibung, Zustand
	*estuvo *Ayer el semáforo estuvo rojo casi todo el día.*	Nur dann möglich, wenn der Vorgang in der Rückschau als abgeschlossenes Ereignis berichtet wird.

3.2 Textorientierte Übungen zu den Vergangenheitszeiten

Nur *PPS (Indefinido)*	*corría, pasaba, atropellaba *Mientras corría pasó un taxi y lo atropelló.*	Das Imperfecto widerspräche der Logik des Textaufbaus. Der Hintergrund wurde bereits in den letzten drei Sätzen beschrieben, jetzt kommt die Haupthandlung: der Unfall.
	corrió, pasó, atropelló	Handlungskette, abgeschlossene Handlungen: Erst rennt er los, danach kommt ein Taxi und fährt ihn an.
Nur *PPS (Indefinido)*	*se despertaba *Poco a poco se despertaba cuando de repente escuchó una voz.*	Nur möglich, wenn das Aufwachen als Hintergrundsbeschreibung dient; aber dann: Hintergrund wofür?
	se despertó	Einmalige, abgeschlossene Handlung
Nur *PPS (Indefinido)*	*decía *„¿Dónde estoy?" decía repetidas veces.*	Wiederholte Handlung, unwahrscheinlich, da er nicht verwirrt ist. *„Wo bin ich?", fragte er immer wieder.*
	dijo	Einmalige, abgeschlossene Handlung: Er fragt nur einmal, wo er ist.
Nur *PPS (Indefinido)*	*veía, *comprendía *Mientras veía comprendía donde estaba.*	Nur möglich, wenn die Vorgänge als Hintergrund beschrieben werden; aber dann: für welches Ereignis? *Während er sich umschaut, ahnte er allmählich, wo er sich befand.*
	vio, comprendió	Handlungskette, abgeschlossene Handlungen: Er sah und dann verstand er.
Nur *Imperfecto*	**estaba, tenía, oía**	Hintergrundsbeschreibungen
	*estuvo, tuvo, oyó	Nur dann möglich, wenn die Vorgänge in der Rückschau als abgeschlossene Ereignisse geschildert würden. Das Im Krankenhaus-Sein, das den Kopf-Verbunden-Haben und das Nicht-Hören dauern an, sind unabgeschlossen.
Nur *Imperfecto*	**podía, dolía, dolían**	Länger andauernde (unabgeschlossene) Zustände ohne genaue Zeitangabe.
	*pudo, *dolió, *dolieron	Nur dann möglich, wenn die Vorgänge in der Rückschau als abgeschlossene Ereignisse geschildert würden.
Nur *PPS (Indefinido)*	*metía	Nur möglich, wenn es die Hintergrundsbeschreibung wäre zum Nichtsagen, das widerspräche aber der Logik des Textaufbaus.
	metió	Einmalige, abgeschlossene Handlung

Beides möglich, bevorzugt aber *PPS* (*Indefinido*)	no decía nada	Während sie die Tickets einsteckte, sagte sie nichts. Das wäre langweiliger Stil.
	no dijo nada	Entspricht besser der Logik des Textaufbaus: Da sie ja verstanden hat, dass er nichts hören kann, bleibt sie stumm. Das Ausbleiben einer Handlung als Fazit.
Nur *Imperfecto*	**sabía**	Ein unabgeschlossener Zustand in der Vergangenheit ohne genaue Zeitangabe
	*supo	Andere Bedeutung bei *saber* (erfahren). Sie wusste es aber schon, bevor sie nichts sagte. Das *PPS* widerspräche hier der Textlogik.
Nur *Imperfecto*	**podía**	Ein unabgeschlossener Zustand in der Vergangenheit ohne genaue Zeitangabe
	*pudo *En un momento concreto Pedro no pudo oir.*	Nur dann möglich, wenn das Nichthören als abgeschlossenes Ereignis geschildert würde: Er konnte also kurze Zeit später wieder hören, davon wird aber nichts erzählt.
Beides möglich, bevorzugt aber *PPS* (*Indefinido*)	pasaba, se quedaba	Als Zustandsbeschreibungen grammatisch möglich, aber stilistisch unlogisch: Mit *Imperfecto* gäbe es am Ende keinen Höhepunkt, sondern nur ein langweiliges »Ausplätschern«.
	pasó, se quedó	Einmalige, abgeschlossene Handlungen; Fazit: Er verbrachte die ganzen Ferien im Hospital. Das *PPS* erhöht die Handlungsdramatik: Höhepunkt zum Schluss.

3.2 Textorientierte Übungen zu den Vergangenheitszeiten

3.2.2 Gabriela

3.2.2.1 Gabriela: Lückentext

Gewählte Erzählperspektive: ☐ Geschichte
                                                                    ☐ Bericht

---

Los padres .... (dormir). Gabriela .... (dormir) también. El adobe de la casa .... (estar) un poco más cocido después del calor del día. Antonio .... (empujar) la puerta que ninguna noche se .... (cerrar) y .... (salir) al camino. La luna .... (estar) sobre su cabeza, exactamente en el lugar en que había zumbado el avión aquella mañana, negro y brillante como una mosca de alas metálicas. El final del camino .... (ser) una masa oscura y Antonio .... (sentir) miedo. .... (Mirar) atrás a la casa protectora y humilde, agazapada entre el cielo y la tierra, la .... (mirar) con amor y .... (querer) volver atrás, pero algo, la garganta reseca, la piel polvorienta y sudada de todo un día de fuego, el recuerdo de la tierra húmeda del paseo, le .... (hacer) seguir.

Cuando .... (llegar) al pie de la tapia .... (detenerse). Los perros no .... (ladrar) y Antonio .... (caminar) bordeando la finca, en busca de la puertecilla trasera. Una vez frente a ella, la luna le .... (hacer) ver hasta qué punto .... (ser) difícil todo. La tapia .... (ser) de ladrillo, y de vez en cuando .... (quedar) algún saliente, algún agujero en el que .... (apoyar) el pie. Pero la tapia .... (ser) alta y .... (existir) el peligro de resbalar y darse un buen golpe. Antonio .... (volver) a sentir miedo y .... (pensar) que .... (ser) mejor no venir.

3.2.2.2 Gabriela: Lösungen

> Los padres **dormían**. Gabriela **dormía** también. El adobe de la casa **estaba** un poco más cocido después del calor del día. Antonio **empujó** la puerta que ninguna noche se **cerraba** y **salió** al camino. La luna **estaba** sobre su cabeza, exactamente en el lugar en que **había zumbado** el avión aquella mañana, negro y brillante como una mosca de alas metálicas. El final del camino **era** una masa oscura y Antonio **sintió (sentía)** miedo. **Miró** atrás a la casa protectora y humilde, agazapada entre el cielo y la tierra, la **miró** con amor y **quiso** volver atrás, pero algo, la garganta reseca, la piel polvorienta y sudada de todo un día de fuego, el recuerdo de la tierra húmeda del paseo, le **hizo** seguir.
> Cuando **llegó** al pie de la tapia **se detuvo**. Los perros no **ladraron (ladraban)** y Antonio **caminó** bordeando la finca, en busca de la puertecilla trasera. Una vez frente a ella, la luna le **hizo** ver hasta qué punto **era** difícil todo. La tapia **era** de ladrillo, y de vez en cuando **quedaba** algún saliente, algún agujero en el que **apoyaba (apoyó)** el pie. Pero la tapia **era** alta y **existía** el peligro de resbalar y darse un buen golpe. Antonio **volvió** a sentir miedo y **pensó** que **era** mejor no venir.

3.2.2.3 Gabriela: Anmerkungen zu den Lösungen

a) Die Erzählperspektive im vorliegenden Textausschnitt ist die einer Geschichte.
b) Es gibt viel Hintergrundsbeschreibung, die Lesenden werden in die Geschichte hineinversetzt. Dieser belletristische Text soll unterhalten.
c) Die Geschichte ist nur sehr schwer in einen Bericht umzuformen, weil sehr viele Beschreibungen enthalten sind und der Gemütszustand der Hauptfigur geschildert wird, was in einem Bericht nicht der Fall wäre. In einem Bericht würde man viel weniger beschreiben, etwa wie folgt:

Mientras los padres dormían Antonio empujó la puerta y salió al camino. (…) quisó volver atrás pero por la sed siguió caminando. Cuando llegó al pie de la tapia se detuvo. Antonio volvió a sentir miedo y pensó que era mejor no venir.

Im Kontext möglich?	Verbform	Grund bzw. Versprachlichung des Gemeinten
Nur *Imperfecto*	dormían	Hintergrund: Die Eltern schliefen.
	durmieron Ayer los padres y Gabriela durmieron en vez de celebrar una fiesta.	Nur möglich, wenn der Vorgang als abgeschlossenes Ereignis geschildert würde, meist im Gegensatz zu anderen Alternativen. *Gestern schliefen Gabriela und ihre Eltern anstatt eine Party zu feiern.*
Nur *Imperfecto*	dormía	Hintergrundsbeschreibung: Gabriela schlief.
	*durmió	Nur möglich, wenn der Vorgang als abgeschlossenes Ereignis geschildert würde, meist im Gegensatz zu anderen Alterna-

3.2 Textorientierte Übungen zu den Vergangenheitszeiten

		Ayer ella durmió todo el día en vez de levantarse temprano.	tiven. *Gestern schlief Gabriela den ganzen Tag, anstatt früh aufzustehen.*
Nur *Imperfecto*	**estaba**		Beschreibung, unabgeschlossener Zustand: Der Ziegelstein war über den Zeitpunkt der Erwähnung hinaus heiß.
	*estuvo		Abgeschlossener Zustand zu einem bestimmten Moment: Der Ziegelstein war zum Zeitpunkt der Erwähnung nicht mehr heiß, aber davor.
		Ayer estuvo cocida.	*Gestern war der Ziegelstein heiß.*
Nur *PPS (Indefinido)*	**empujaba*		Nur als Hintergrundsbeschreibung möglich; dann aber: zu welcher Haupthandlung?
	empujó		Handlung beginnt: Er drückte die Tür auf.
Nur *Imperfecto*	**cerraba**		Teil einer Beschreibung in einem Relativsatz, unabgeschlossener Zustand: die Tür, die sie niemals abschlossen.
	*cerró *En toda su vida mi difunto hermano nunca cerró la puerta.*		Nur möglich, wenn der Vorgang als abgeschlossenes Ereignis in der Rückschau geschildert würde.
Nur *PPS (Indefinido)*	**salía*		Nur als Hintergrundsbeschreibung möglich; dann aber: zu welcher Haupthandlung?
	salió		Teil der Handlungskette: Erst drückte er die Tür auf, dann ging er hinaus.
Nur *Imperfecto*	**estaba**		Hintergrund: Es war Vollmond.
	*estuvo *Ayer la luna estuvo llena.*		Nur möglich, wenn der Vorgang als abgeschlossenes Ereignis in der Rückschau geschildert würde: *Gestern war Vollmond.*
Nur *Imperfecto*	**era**		Hintergrundsbeschreibung
	*fue *Fue una masa oscura.*		Nur möglich, wenn der Vorgang als abgeschlossenes Ereignis in der Rückschau geschildert würde.
Beides möglich, bevorzugt aber *PPS (Indefinido)*	**sentía**		Als Teil der Beschreibung: Er *hatte* Angst.
	sintió		Als einsetzende Handlung, die die Dramatik betont: Plötzlich *bekam* er Angst. Entspricht eher der Logik des Textaufbaus.
Nur *PPS (Indefinido)*	**miraba* **miraba*		Nur möglich bei überlappenden Handlungen; welche sollten das aber sein?
	miró **miró**		Haupthandlungen, Handlungskette: Erst bekam er Angst, dann schaute er zurück, dann schaute er das Haus an.

Beides möglich, bevorzugt aber PPS (Indefinido)	quería	Als Beschreibung seines Gemütszustandes: Dabei wollte er die ganze Zeit umkehren. Passt nicht so gut in die Logik des Textaufbaus.
	quiso	Als Bericht über einen Entschluss, den er fasste: Plötzlich wollte er umkehren. Passt besser in die Logik des Textaufbaus.
Nur PPS (Indefinido)	*hacía	Nur als Hintergrundsbeschreibung möglich; dann aber: zu welcher Haupthandlung?
	hizo	Plötzlich einsetzende Handlung, Teil der Handlungskette: Nach all den ängstlichen Gedanken dachte er wieder an seine trockene Kehle, was ihn weitergehen ließ.
Nur PPS (Indefinido)	*llegaba *detenía	Keine Hintergrundsbeschreibungen; nur möglich, wenn sich beide Handlungen überlappen würden.
	llegó detuvo	Handlungskette, einmalige, abgeschlossene Handlung: Erst kam er an, dann blieb er stehen.
Beides möglich, bevorzugt aber PPS	ladraban	Als Teil der Hintergrundshandlung: Währenddessen schlugen die Hunde nicht an. Passt nicht so gut in die Logik des Textaufbaus.
	ladraron	Als Teil der Handlungskette: Erst blieb er stehen, dann schlugen die Hunde nicht an, dann ging er weiter. Passt besser in die Logik des Textaufbaus: Erst als klar war, dass die Hunde nicht mit Bellen auf ihn reagierten, konnte er weitergehen.
Nur PPS (Indefinido)	*caminaba	Nur möglich, wenn zwei sich überlappende Handlungen vorlägen.
	caminó	Als Teil der Handlungskette: Erst blieb er stehen, dann schlugen die Hunde nicht an, dann ging er weiter.
Nur PPS (Indefinido)	*hacía	Passt wegen *una vez* nicht in die Logik des Textaufbaus.
	hizo	Einmalige, abgeschlossene Handlung wegen *una vez*.
Nur Imperfecto	**era**	Unabgeschlossener Zustand: Es war und blieb schwierig.
	*fue	Nur möglich, wenn ein abgeschlossener Zustand geschildert würde: Es war schwierig, aber jetzt ist das Problem gelöst.

3.2 Textorientierte Übungen zu den Vergangenheitszeiten

Nur *Imperfecto*	**era**	Beschreibung der Gartenmauer
	*fue	Nur möglich, wenn die Gartenmauer in der Geschichte nicht mehr existiert hätte.
Nur *Imperfecto*	**quedaba**	Beschreibung der Gartenmauer
	*quedó	Nur möglich, wenn die Gartenmauer in der Geschichte nicht mehr existiert hätte.
Beides möglich, bevorzugt *Imperfecto*	**apoyaba**	Als Teil der Beschreibung: Der Vorsprung oder das Loch, wo er mit seinen Füßen Halt fand, nicht die anderen. Passt besser in die Logik des Textaufbaus: Es geht um die Beschreibung der Gartenmauer.
	apoyó	Als Teil der Haupthandlung; dann aber: Wo sind die anderen Teile? Passt nicht so gut in die Logik des Textaufbaus: Warum sollte in einem Relativsatz eine abgeschlossene Handlung geschildert werden, wo es doch in der Passage um die Beschreibung der Gartenmauer geht?
Nur *Imperfecto*	**era**	Beschreibung der Gartenmauer
	*fue	Nur möglich, wenn die Gartenmauer in der Geschichte nicht mehr existiert hätte.
Nur *Imperfecto*	**existía**	Hintergrundsbeschreibung, Unabgeschlossenheit
	*existió *En un momento particular existió el peligro de caer*	Nur möglich, um Abgeschlossenheit zu konnotieren, also wenn nur zu einer ganz bestimmten Zeit die Gefahr bestand oder wenn die Gefahr nicht mehr besteht.
Nur *PPS (Indefinido)*	*volvía	Nur möglich, um Unabgeschlossenheit zu konnotieren: Er hatte immer wieder Angst, die Angst kehrte immer wieder zurück.
	volvió	Einsetzende Handlung: Plötzlich hatte er wieder Angst. Der Anfang des Angsthabens bzw. das Angstbekommen ist fokussiert.
Nur *PPS (Indefinido)*	*pensaba	Nur möglich, wenn zwei gleichzeitig stattfindende Handlungen vorlägen: Die ganze Zeit hatte er abwechselnd wieder Angst und dachte daran zurückzukehren.
	pensó	Teil der Haupthandlung, Handlungskette: Er dachte plötzlich wieder daran, umzukehren.
Nur *Imperfecto*	**era**	*Imperfecto* wegen indirekter Rede
	*fue	Wegen indirekter Rede ist *PPS (Indefinido)* hier nicht möglich.

3.2.3 Miguel S. Carbonell: Bolívar

3.2.3.1 Bolívar: Lückentext

Gewählte Erzählperspektive: ☐ Geschichte
☐ Bericht

Bolívar

.... (ser) un ser excepcional. .... (tener) de Cayo Graco la sabiduría y la virtud; la audacia de Agamenón y el perfil heroico de los hombres de la Gironda. Todo .... (ser) puro y excelso en aquel vástago extraordinario perteneciente a la raza tan reducida de los predestinados, en aquel arcángel majestuoso que .... (parecer) iluminado por la Victoria y bendecido por el Destino.

Sus cartas, sus discursos, sus proclamas, ... (poner) de relieve al hombre de cerebro fecundo y centelleante que .... (hacer), de la palabra, antorcha, y del pensamiento, luminoso penacho. Acaso nadie, teniendo como .... (tener) Bolívar tan múltiples ocupaciones que apenas si le .... (dar) tiempo para tomar la pluma o amalgamar ideas, pudiera producir tanta hermosura, tanto párrafo sorprendente por la forma y por el fondo, tantas metáforas e imágenes preciosas. .... (acompañar) al hecho, la expresión. .... (poner) la bomba y .... (prender) la mecha; .... (unir) el material y le .... (añadir) el explosivo; tras de la arenga, la arremetida. Y así .... (pasar) su vida de visionario y de vidente, mostrando y dejándose ver; dando ideas y practicándolas.

3.2 Textorientierte Übungen zu den Vergangenheitszeiten

3.2.3.2 Bolívar: Lösungen

> **Bolívar**
>
> **Era** un ser excepcional. **Tenía** de Cayo Graco[2] la sabiduría y la virtud; la audacia de Agamenón[3] y el perfil heroico de los hombres de la Gironda[4]. Todo **era** puro y excelso en aquel vástago extraordinario perteneciente a la raza tan reducida de los predestinados, en aquel arcángel majestuoso que **parecía** iluminado por la Victoria y bendecido por el Destino.
>
> Sus cartas, sus discursos, sus proclamas, **ponen** de relieve al hombre de cerebro fecundo y centelleante que **hizo**, de la palabra, antorcha, y del pensamiento, luminoso penacho. Acaso nadie, teniendo como **tenía** Bolívar tan múltiples ocupaciones que apenas si le **daban** tiempo para tomar la pluma o amalgamar ideas, **pudiera** producir tanta hermosura, tanto párrafo sorprendente por la forma y por el fondo, tantas metáforas e imágenes preciosas. **Acompañaba** al hecho, la expresión. **Ponía** la bomba y **prendía** la mecha; **unía** el material y le **añadía** el explosivo; tras de la arenga, la arremetida. Y así **pasó** su vida de visionario y de vidente, mostrando y dejándose ver; dando ideas y practicándolas.

3.2.3.3 Bolívar: Anmerkungen zu den Lösungen

a) Bei dem vorliegenden Textausschnitt handelt es sich um einen Ausschnitt aus der Lebensbeschreibung *Bolívar* des kubanischen Schriftstellers Miguel S. Carbonell, die sich im *Spanish American Reader* von Ernesto Nelson (2008: 506-507) findet, das als Ebook im Gutenberg-Projekt veröffentlicht wurde (http://www.gutenberg.org/ebooks/39647). Wie für Biografien typisch, wechselt die Erzählperspektive zwischen der einer beschreibenden Geschichte (Teilschau) und der eines resümierenden Berichts (Gesamtschau).

b) Auffällig ist der Wechsel von *Imperfecto* zu *PPS (Indefinido)*, in dessen Umfeld sogar einmal das *Presente* auftaucht. Insgesamt wird der Text allerdings vom *Imperfecto* dominiert. Das gilt insbesondere für den ersten Absatz (Satz 1-3), der eine einleitende Beschreibung im Sinne der Teilschau gibt. Der erste Satz des zweiten Absatzes wechselt vom *Presente* ins *PPS (Indefinido)*, weil hier eine resümierende Gesamtschau aus heutiger Sicht gegeben wird. Danach wird wieder ein Teilaspekt im *Imperfecto* beschrieben, der zudem eine hypothetische Vermutung (im *Subjuntivo de Imperfecto*) enthält, bevor dann der letzte Satz – quasi als Schlusswort – wieder mit einer resümierenden Gesamtschau den Textausschnitt abschließt.

c) Der Autor hätte auch eine andere Erzählperspektive wählen und einen Großteil (wenn auch nicht alle) Verben im *Imperfecto* durch Verben im *PPS (Indefinido)* ersetzen können. Das Ergebnis wäre dann jedoch keine Nähe schaffende Lebens*beschreibung*, sondern ein Lebens*bericht* geworden, der ausschließlich eine retrospektiv resümierende Gesamtschau gibt.

---

[2] Gemeint ist der römische Politiker und Volkstribun Gaius Gracchus (153-121 v. Chr.).
[3] Gemeint ist der mykenische König Agamemnon, der die Griechen laut Homer in den trojanischen Krieg führte.
[4] Gemeint ist die Gruppe der Girondisten während der französischen Revolution.

Merke: **Biografien oder Lebensbeschreibungen zeichnen sich durch den Wechsel von beschreibender Teilschau im** Imperfecto **und berichtender Gesamtschau im** PPS (Indefinido) **aus.**

Im Kontext möglich?	Verbform	Grund bzw. Versprachlichung des Gemeinten
Beides möglich, bevorzugt *Imperfecto*	**era**	Nähe schaffende Beschreibung der Person (Teilschau): *Schau, was für eine herausragende Persönlichkeit Bolívar war...*
	fue	Nur in retrospektiver Gesamtschau möglich: *Sein ganzes Leben lang war Bolívar eine herausragende Persönlichkeit...*
Beides möglich, bevorzugt *Imperfecto*	**tenía**	Setzt die Nähe schaffende Beschreibung (Teilschau) des ersten Satzes fort.
	tuvo	Nur möglich, wenn im ersten Satz das *PPS (Indefinido)* für die retrospektive Gesamtschau gewählt wurde.
Beides möglich, bevorzugt *Imperfecto*	**era**	Setzt die Nähe schaffende Beschreibung (Teilschau) des ersten Satzes fort.
	fue	Nur möglich, wenn im ersten Satz das *PPS (Indefinido)* für die retrospektive Gesamtschau gewählt wurde.
Beides möglich, bevorzugt *Imperfecto*	**parecía**	Setzt die Nähe schaffende Beschreibung (Teilschau) des ersten Satzes fort.
	pareció	Nur möglich, wenn im ersten Satz das *PPS (Indefinido)* für die retrospektive Gesamtschau gewählt wurde.
Presente	**ponen**	Wechsel zur retrospektiven Gesamtschau: Auch heute noch sind seine Briefe ein Beweis für das, was er war.
Beides möglich, bevorzugt *PPS (Indefinido)*	hacía	Ein Wechsel zurück in die Teilschau wäre hier aus der Logik des Textaufbaus seltsam. *In einem Teil seiner Werke wirkten seine Worte wie Munition und seine Gedanken wie leuchtende Blitze.*
	hizo	Die retrospektive Gesamtschau des Hauptsatzes wird fortgeführt; aufgrund der Logik des Textaufbaus vorzuziehen: *Aus seinem Gesamtwerk geht hervor, dass er ein Mensch der zündenden Worte und erhabenen Gedanken war.*
Beides möglich, bevorzugt *Imperfecto*	**tenía**	Wechsel zurück zur Nähe schaffenden Beschreibung (Teilschau): *Er ging zeitweise vielfältigen Beschäftigungen nach.*
	tuvo	Gesamtschau der Person: *Sein ganzes Leben lang ging er vielfältigen Beschäftigungen nach.* Wegen der Logik des Textaufbaus hier als Teil einer hypothetischen Vermutung unwahrscheinlich.

3.2 Textorientierte Übungen zu den Vergangenheitszeiten

Nur Imperfecto	**daban**	Das Imperfecto ist hier Teil eines irrealen Bedingungssatzes: *Niemand könnte so produktiv sein, auch nicht, wenn man ihm genügend Zeit gäbe.*
	*dieron	PPS *(Indefinido)* als Teil des Bedingungssatzes nicht möglich.
Nur Imperfecto	**acompañaba** **ponía** **prendía** **unía** **añadía**	Es geht um die Teilschau bezüglich Bolívars Rhetorik als Teilaspekt seines Lebens: Was zeichnete sie aus? Die fünf Verben müssen im selben Tempus stehen, da sie immer wiederkehrende, sich teilweise überlappende Handlungen bezeichnen.
	*acompañó *puso *prendió *unió *añadió	Nur möglich, wenn hier Vorgänge als einmalige, abgeschlossene Ereignisse in retrospektiver Gesamtschau geschildert würden oder sie Teil einer Handlungskette wären. Aufgrund der Logik des Textaufbaus ist dies jedoch ausgeschlossen.
Nur PPS (Indefinido)	*pasaba	Nicht möglich wegen *su vida*, das eine Gesamtschau erwarten lässt.
	pasó	Wechsel zur retrospektiven Gesamtschau (Indikator: *su vida*): *Er verbrachte sein gesamtes Leben damit und lebt (heute) nicht mehr.*

3.2.4 Juan L. Mera: Una mañana en los Andes

3.2.4.1 Una mañana en los Andes: Lückentext

Gewählte Erzählperspektive: ☐ Geschichte
☐ Bericht

Una mañana en los Andes

.... (ser) las cuatro de la mañana y .... (estar) todos a caballo.

Antes de las seis .... (coronar) la altura de los Andes occidentales, a donde nos .... (proponer) subir.

El frío .... (ser) intenso, pues .... (caer) bastante escarcha; pero en cambio ¡qué cielo tan limpio y espléndido!

La luna, rodeada de grupos de estrellas, cual un jefe victorioso en medio de sus guerrillas dispersas en inmenso campo, ... (avanzar) majestuosa como si .... (ser) a buscar descanso tras las sombrías sombras que .... (tener) detrás.

No .... (humear) aún las cabañas de los labradores, que .... (semejar) gigantes aves acurrucadas y dormidas aquí y allá a diestra y siniestra del camino.

El silencio .... (ser) profundo, y le .... (interrumpir) sólo el ruido de nuestra cabalgata, el ladrido de algún perro alarmado por él, y el canto triste y monótono del gallo, que a largos intervalos .... (sonar) en una lejana choza y .... (ser) contestado en otra, como el ¡alerta! del centinela de la soledad.

.... (jadear) los caballos al avanzar por la empinada cuesta, y el vapor de sus cuerpos sudorosos .... (calentar) a los jinetes, algunos de los cuales .... (buscar) también este beneficio en el cigarro cuya punta .... (brillar) como una luciérnaga.

3.2 Textorientierte Übungen zu den Vergangenheitszeiten

3.2.4.2 Una mañana en los Andes: Lösungen

> **Una mañana en los Andes**
>
> **Eran** las cuatro de la mañana y **estábamos** todos a caballo.
>
> Antes de las seis **coronaríamos** la altura de los Andes occidentales, a donde nos **proponíamos** subir.
>
> El frío **era** intenso, pues **había caído** bastante escarcha; pero en cambio ¡qué cielo tan limpio y espléndido!
>
> La luna, rodeada de grupos de estrellas, cual un jefe victorioso en medio de sus guerrillas dispersas en inmenso campo, **avanzaba** majestuosa como si **fuese** a buscar descanso tras las sombrías sombras que **tenía** detrás.
>
> No **humeaban** aún las cabañas de los labradores, que **semejaban** gigantes aves acurrucadas y dormidas aquí y allá a diestra y siniestra del camino.
>
> El silencio **era** profundo, y le **interrumpían** sólo el ruido de nuestra cabalgata, el ladrido de algún perro alarmado por él, y el canto triste y monótono del gallo, que a largos intervalos **sonaba** en una lejana choza y **era** contestado en otra, como el ¡alerta! del centinela de la soledad.
>
> **Jadeaban** los caballos al avanzar por la empinada cuesta, y el vapor de sus cuerpos sudorosos **calentaba** a los jinetes, algunos de los cuales **buscaban** también este beneficio en el cigarro cuya punta **brillaba** como una luciérnaga.

3.2.4.3 Una mañana en los Andes: Anmerkungen zu den Lösungen

a) Die Erzählperspektive im vorliegenden Textausschnitt ist die einer Geschichte. Der Textausschnitt stammt von dem ecuadorianischen Schriftsteller Juan L. Mera und findet sich im *Spanish American Reader* von Ernesto Nelson (2008: 195-196), das als Ebook im Gutenberg-Projekt veröffentlicht wurde (http://www.gutenberg.org/ebooks/39647).

b) Der vorliegende Textausschnitt ist rein beschreibend. Es findet keine eigentliche Handlung statt. Es wird ein morgendlicher Ausritt in die Anden beschrieben samt der Eindrücke, die der Autor dabei empfindet. Die Sätze bilden eine Hintergrundsbeschreibung, die, je weiter sie ausgeführt wird, um so dringlicher eine Haupthandlung im *PPS (Indefinido)* erwarten lässt. Der hier ausgewählte Textausschnitt bricht jedoch ab, bevor es zur Haupthandlung kommt. Dieser belletristische Text soll unterhalten.

c) Würde man das Tempus des *Imperfecto* durch den des *PPS* ersetzen, ergäbe dies keine Nähe schaffende Geschichte, sondern einen distanzierenden Bericht. Die Informationen würden zwar erhalten bleiben, allerdings ginge damit die vom Autor beabsichtigte „Verzauberung" veloren, die man beim Lesen der Geschichte empfinden soll.

Im Kontext möglich?	Verbform	Grund bzw. Versprachlichung des Gemeinten
Nur *Imperfecto*	eran estábamos	Hintergrundsbeschreibung
	*fueron *estuvimos	Nur möglich, wenn in distanzierender Rückschau berichtet würde (meist in Verbindung mit konkreter Zeitangabe).
Nur *Condicional*	coronaríamos	Nachzeitigkeit zur Haupthandlung; die Verbhandlung findet außerhalb der erzählten Zeit statt. Das *Condicional* fungiert hier als Futur der Vergangenheit.
Nur *Imperfecto*	proponíamos era	Hintergrundsbeschreibung
	*propusimos *fue	Nur möglich, wenn in distanzierender Rückschau berichtet würde (meist in Verbindung mit konkreter Zeitangabe).
Nur *Pluscuamperfecto*	había caído	Vorzeitigkeit zur Haupthandlung; die Verbhandlung findet außerhalb der erzählten Zeit statt.
Nur *Imperfecto*	avanzaba	Hintergrundsbeschreibung; unabgeschlossene Handlung
	*avanzó	Nur möglich, wenn in distanzierender Rückschau über eine abgeschlossene Handlung berichtet würde.
Nur *Imperfecto de Subjuntivo*	fuese	Wegen *como si* (hypothetischer Vergleich)
Nur *Imperfecto*	tenía	Hintergrundsbeschreibung (in einem Relativsatz)
	*tuvo	Nur möglich, wenn in distanzierender Rückschau über eine abgeschlossene Handlung berichtet würde.
Nur *Imperfecto*	humeaban semejaban	Hintergrundsbeschreibung
	*humearon *semejaron	Nur möglich, wenn in distanzierender Rückschau berichtet würde (meist in Verbindung mit konkreter Zeitangabe).
Nur *Imperfecto*	era	Hintergrundsbeschreibung
	*fue	Nur möglich, wenn in distanzierender Rückschau berichtet würde (meist in Verbindung mit konkreter Zeitangabe).
Nur *Imperfecto*	interrumpían	Fortführung der Hintergrundsbeschreibung; es handelt sich um sich überlappende Ereignisse: *interrumpían, sonaba, era contestado*.
	*interrumpió	Nur möglich, wenn die Unterbrechung der Stille als einmalige Haupthandlung gelten würde, dies würde aber der Logik des Textaufbaus widersprechen.

3.2 Textorientierte Übungen zu den Vergangenheitszeiten

Nur *Imperfecto*	**sonaba** **era** (contestado)	Fortführung der Hintergrundsbeschreibung mit sich überlappenden Ereignissen; verstärkt durch den Indikator *a largos intervalos*.
	*sonó *fue (contestado)	Nur möglich, wenn es sich um ein einmaliges Hahnengeschrei bzw. eine einmalige Antwort darauf handeln würde.
Nur *Imperfecto*	**jadeaban** **calentaba**	Fortführung der Hintergrundsbeschreibung: Die Pferde schnaubten immer wieder und wärmten die ganze Zeit über ihre Reiter.
	*jadearon *calentaron	Nur möglich, wenn die Pferde nur einmal geschnaubt und nur kurzfristig ihre Reiter gewärmt hätten; dies würde aber der Logik des Textaufbaus widersprechen.
Nur *Imperfecto*	**buscaban**	Fortführung der Hintergrundsbeschreibung: die ganze Zeit über versuchten einige Reiter sich an ihren Zigarren zu wärmen.
	*buscaron	Nur möglich, wenn sie einmalig zur Zigarre gegriffen hätten, um sich in einem bestimmten Augenblick zu wärmen. Dies würde aber der Logik des Textaufbaus widersprechen.
Nur *Imperfecto*	**brillaba**	Fortführung der Hintergrundsbeschreibung: die ganze Zeit über schien der Mond.
	*brilló	Nur möglich, wenn in distanzierender Rückschau berichtet würde (meist in Verbindung mit konkreter Zeitangabe).

Merke: *Wenn eine Hintergrundsbeschreibung im* **Imperfecto** *gegeben wurde, muss darauf eine Handlung im* **PPS (Indefinido)** *folgen. Eine Hintergrundsbeschreibung kann zwar viele Verben umfassen und sich über mehrere Sätze (oder Seiten) hinziehen, bildet aber stets die Grundlage für eine sich daraus erklärende Handlung im* **PPS (Indefinido)**.

3.2.5 De Medina del Campo a Salamanca

3.2.5.1 De Medina del Campo a Salamanca: Lückentext

Gewählte Erzählperspektive: ☐ Geschichte
   ☐ Bericht

IV. DE MEDINA DEL CAMPO A SALAMANCA

.... (partir).

El tren .... (girar) hacia el Oeste, no bien .... (salir) de entre agujas, y .... (colarse) inmediatamente en *Medina del Campo*, cuyas últimas casas .... (lindar) con la Estación. La vía férrea .... (cruzar) por las calles mismas de la villa, sobre un terraplén de algunos pies de altura, gracias al cual .... (ir) viendo, por encima de cercas y tapias, el interior de muchos corrales llenos de leña, estiércol y aperos de labor, y cubiertos de recientísima escarcha, por donde .... (andar) ya las madrugadoras gallinas tomando el sol y cacareando.....

Los medinenses no .... (levantarse) todavía. Por lo menos, las ventanas y puertas de sus casas .... (estar) cerradas, las chimeneas no .... (expeler) humo, y no .... (haber) ni un alma en las silenciosas calles.

Medina .... (ser) extensísima, y se .... (comprender) muy bien, al verla, que .... (desempeñar) papel tan importante en la Historia de España. A cada paso .... (descubrir) casas ruinosas, con todo el aspecto de deshabitadas, y amplios solares de otras que se han hundido. Infinidad de torres de iglesias nuevas o viejas .... (mantenerse) todavía en pie. .... (abundar) las de piedra renegrida por el tiempo, y aun .... (haber) que contar las que habrán derribado los siglos y las revoluciones...

De los desastres causados por la tea incendiaria de Ronquillo y de Fonseca, se .... (notar) por doquier horribles vestigios.—La desventura de *Medina*, como las de Pompeya y Herculano, ... (tener) fecha determinada. ¡Tal día de tal año .... (amanecer) rica y poderosa, y a la noche .... (ser) un montón de ruinas!

Pero mientras nosotros .... (pensar) en esto, el tren .... (dejar) ya atrás a Medina del Campo, y .... (correr) por más alegres horizontes.....

Hagamos nosotros lo mismo.

3.2 Textorientierte Übungen zu den Vergangenheitszeiten

3.2.5.2 De Medina del Campo a Salamanca: Lösungen

> #### IV. DE MEDINA DEL CAMPO A SALAMANCA
>
> **Partimos.**
>
> El tren **giró** hacia el Oeste, no bien **salió** de entre agujas, y se **coló** inmediatamente en *Medina del Campo*, cuyas últimas casas **lindan** con la Estación. La vía férrea **cruza** por las calles mismas de la villa, sobre un terraplén de algunos pies de altura, gracias al cual **fuimos viendo**, por encima de cercas y tapias, el interior de muchos corrales llenos de leña, estiércol y aperos de labor, y cubiertos de recientísima escarcha, por donde **andaban** ya las madrugadoras gallinas tomando el sol y cacareando.....
>
> Los medinenses no se **habían levantado** todavía. Por lo menos, las ventanas y puertas de sus casas **estaban cerradas**, las chimeneas no **expelían** humo, y no **había** ni un alma en las silenciosas calles.
>
> *Medina* **es** extensísima, y se **comprende** muy bien, al verla, que **desempeñe** papel tan importante en la Historia de España. A cada paso **descubríamos** casas ruinosas, con todo el aspecto de deshabitadas, y amplios solares de otras que se han hundido. Infinidad de torres de iglesias nuevas o viejas (es decir, de hace cuatro o cinco siglos, o del siglo pasado, a juzgar por la forma de sus campanarios y por el color de los muros) mantiénense todavía en pie. **Abundan** las de piedra renegrida por el tiempo, y aun **hay** que contar las que habrán derribado los siglos y las revoluciones...
>
> De los desastres causados por la tea incendiaria de Ronquillo y de Fonseca[5], se **notan** por doquier horribles vestigios.—La desventura de *Medina*, como las de Pompeya y Herculano, **tiene** fecha determinada. ¡Tal día de tal año **amaneció** rica y poderosa, y a la noche **era** un montón de ruinas!
>
> Pero mientras nosotros **pensábamos** en esto, el tren **había dejado** ya atrás a Medina del Campo, y **corría** por más alegres horizontes.....
>
> Hagamos nosotros lo mismo.

3.2.5.3 De Medina del Campo a Salamanca: Anmerkungen zu den Lösungen

a) Die Erzählperspektive ist die einer Geschichte. Es handelt sich um einen Textausschnitt aus dem Kapitel IV der Reisebeschreibung *Viajes por España* des Schriftstellers Pedro Antonio de Alarcón aus dem Jahr 1883, die als Ebook im Gutenberg-Projekt veröffentlicht wurde (http://www.gutenberg.org/ebooks/26314).

b) Es handelt sich um eine Reisebeschreibung, daher ist der Wechsel von beschreibenden Passagen im *Imperfecto* und berichtenden Passagen im *PPS (Indefinido)* konstitutiv für den Text. Hinzu kommen Passagen im *Presente*, in denen geschildert wird, was zum Erzählzeitpunkt noch gilt.

c) Den vorliegenden Text kann man nur schwer in einen reinen Bericht umformen, da wenig geschieht und es stärker auf die Art der Beschreibung und weniger auf die Handlungen selbst ankommt. Durch die Verwendung des *Imperfecto* nimmt uns der Autor mit auf die Reise und verzaubert uns mit seinen Beschreibungen. Würde man

---

[5] Medina del Campo war an dem Comunero-Aufstand *(Guerra de las Comunidades de Castilla)* gegen den spanischen König beteiligt und wurde am 21. August 1520 von den königlichen Truppen unter der Führung von Rodrigo Ronquillo und Antonio de Fonseca erobert und in Brand gesetzt.

versuchen, den Text durch die ausschließliche Verwendung des *PPS (Indefinido)* in einen Bericht umzuwandeln, würde diese „Verzauberung" vollständig verloren gehen.

Im Kontext möglich?	Verbform	Grund bzw. Versprachlichung des Gemeinten
Nur *PPS (Indefinido)*	*partíamos	Nur möglich, wenn es hier zur Hintergrundsbeschreibung auch eine Vordergrundshandlung gäbe, die fehlt aber.
	partimos	Eine einmalige und abgeschlossene Handlung: *Wir sind abgefahren.*
Nur *PPS (Indefinido)*	*giraba *salía *se colaba	Es fehlt die Vordergrundshandlung, zu der *die drei Verben* den Hintergrund bilden könnten.
	giró salió se coló	Die drei Verben bilden eine Handlungskette.
Presente	**lindan cruza**	Gegenwartsbeschreibung: Nicht nur damals (erzählte Zeit), sondern auch heute noch (zum Zeitpunkt des Erzählens) grenzen die Häuser an den Bahnhof bzw. kreuzen die Schienen dieselben Straßen. Die beiden Verben könnten auch als Hintergrundsbeschreibung im *Imperfecto* stehen (mit *fuimos viendo* als Haupthandlung); dies würde aber nicht der Textlogik einer Reisebeschreibung entsprechen.
Nur *PPS (Indefinido)*	*éramos viendo	Es fehlt die Vordergrundshandlung, zu der *éramos viendo* den Hintergrund bilden könnte.
	fuimos viendo	Einmalige Handlung im Vorgangspassiv: *Wir wurden gesehen.*
Nur *Imperfecto*	**andaban**	Hintergrundsbeschreibung in einem Relativsatz.
	*anduvieron	In Verbindung mit *ya* hier nicht möglich.
Nur *Pluscuamperfecto*	**habían levantado**	Vorzeitigkeit zur Haupthandlung; die Verbhandlung findet außerhalb der erzählten Zeit statt.
Nur *Imperfecto*	**estaban cerradas**	Hintergrundsbeschreibung im Zustandspassiv
	*estuvieron cerradas	Nur möglich, wenn es als abgeschlossenes Ereignis in der Rückschau geschildert würde.
Nur *Imperfecto*	**expelían había**	Fortführung der Hintergrundsbeschreibung

3.2 Textorientierte Übungen zu den Vergangenheitszeiten

		*expelieron *hubo	Nur möglich, wenn über abgeschlossene Ereignisse in der Rückschau berichtet würde (meist in Verbindung mit konkreter Zeitangabe).
Nur *Presente*		es se comprende desempeñe	Gegenwartsbeschreibung: Nicht nur damals (erzählte Zeit), sondern auch heute noch (zum Zeitpunkt des Erzählens) ist Medina eine weitläufige Stadt und man versteht, dass sie eine bedeutende Rolle spielt. Die drei Verben könnten auch als Hintergrundsbeschreibung im *Imperfecto* stehen, aber dann: zu welcher Haupthandlung? Zudem entspräche dies nicht der Textlogik einer Reisebschreibung.
Nur *Imperfecto*		descubríamos	Fortführung der Hintergrundsbeschreibung; mehrmalige Handlung (wegen *a cada paso*)
		*descubrieron	Nur möglich, wenn es um eine einmalige, abgeschlossene Handlung ginge; dies widerspräche aber dem Indikator *a cada paso*.
Nur *Presente*		abundan hay se notan tiene	Gegenwartsbeschreibung: Auch heute finden sich noch viele Häuser/Kirchen aus schwarz gewordenem Stein, zu denen man auch die eingestürzten hinzurechnen muss. Überall bemerkt man die schrecklichen Spuren. Das Datum ist auch heute noch gültig.
Nur *PPS (Indefinido)*		*amanecía	Die beiden Verben (*amaneció, era*) sind im Zusammenhang zu betrachten. Zum letzten Mal (Handlungsende im Fokus) erwachte Medina reich und mächtig. Zudem fehlt für das *Imperfecto* eine Haupthandlung, zu der *amanecía* den Hintergrund bilden könnte.
		amaneció	Das Ende einer Handlung steht im Fokus: Beim Morgengrauen war die Stadt noch reich und mächtig, am Abend nicht mehr.
Nur *Imperfecto*		era	Ein unabgeschlossener Zustand steht im Fokus: *Als es Nacht wurde, lag Medina in Trümmern, und so blieb es über Jahrhunderte.*
		*fue	Nur möglich, wenn ein abgeschlossene Ereignis in der Rückschau geschildert würde. Dies widerspräche aber der Textlogik, da es bedeuten würde, dass sich dem Blick des Reisenden keine Trümmer mehr darboten.
Nur *Imperfecto*		pensábamos	Der Zustand des Nachdenkens steht im Fokus (nicht das einmalige Gedanken-Fassen): *Während wir darüber nachdachten ...*

		pensaron	Wegen *mientras* und in Verbindung mit dem nachfolgenden *corría* hier nicht möglich.
Nur *Pluscuamperfecto*		**había dejado**	Vorzeitig zum Geschehen (zu *pensábamos*): Während wir noch darüber nachdachten, hatten wir Medina schon hinter uns gelassen.
Nur *Imperfecto*		**corría**	Zustandsbeschreibung: und machten uns auf zu schöneren Ereignissen.
		corrió	Nur möglich, wenn ein abgeschlossenes Ereignis in der Rückschau geschildert würde. Dass würde aber der Aufforderung im nächsten Satz (*hagamos lo mismo*) widersprechen.

3.2.6 José López Portillo y Rojas: En diligencia

3.2.6.1 En diligencia: Lückentext

Gewählte Erzählperspektive: ☐ Geschichte
☐ Bericht

En diligencia[6]

A las tres de la mañana _____(llamar) a la puerta de mi cuarto el mozo del hotel con fuertes golpes y gritando con apremio:

—¡Ya es hora!

_____ (echarse) a cuestas el vestido a toda prisa, entre grandes bostezos y dándome al diablo porque el administrador de las diligencias _____(hacer) salir tan temprano el vehículo; y pocos momentos después _____(abrir) la puerta de mi habitación, y _____(dirigirse) al comedor a tomar algún refrigerio.

Cuando _____(bajar) al zaguán, _____(estar) listo el carruaje. Los tres tiros de mulas _____(hallarse) ya enganchados; el cochero _____(ocupar) su puesto en el alto pescante, y _____(empuñar) con mano firme el abundante manojo de las mugrosas riendas; el sota _____(tener) por la brida el par de mulas delanteras para impedir que _____(partir) antes de tiempo; y dos mozos _____(alumbrar) la escena con otras tantas gruesas y resinosas hachas, que _____(despedir) tanta luz como chispas y espeso humo. Todavía _____(salir) algunas maletas del despacho del administrador, que _____(ser adicionadas) a la henchida zaga o al abultado techo del carruaje. La máquina _____(estar) materialmente atestada de carga: en la covacha, en el pescante, en la parte superior, en el interior, debajo de los asientos, y aun en el espacio destinado a los pies de los viajeros, por donde quiera _____(haber) maletas. Concluidos los preparativos, _____(llegar) el momento de ocupar nuestros sitios, y lo _____(hacer) los pasajeros con resignación de mártires.

La diligencia se _____(llenar) en pocos momentos. ¡É La diligencia _____(llenarse) en pocos momentos. ¡_____(ser) once pasajeros! Sólo un asiento _____(quedar) desocupado en la banqueta de en medio...

---

[6] Mit *diligencia* ist hier die *Eilpostkutsche* gemeint.

3.2.6.2 En diligencia: Lösungen

> **En diligencia**
>
> A las tres de la mañana **llamó** a la puerta de mi cuarto el mozo del hotel con fuertes golpes y gritando con apremio:
>
> —¡Ya es hora!
>
> **Me eché** a cuestas el vestido a toda prisa, entre grandes bostezos y dándome al diablo porque el administrador de las diligencias **hiciese** salir tan temprano el vehículo; y pocos momentos después **abrí** la puerta de mi habitación, y **me dirigí** al comedor a tomar algún refrigerio.
>
> Cuando **bajé** al zaguán, **estaba** listo el carruaje. Los tres tiros de mulas **se hallaban** ya enganchados; el cochero **ocupaba** su puesto en el alto pescante, y **empuñaba** con mano firme el abundante manojo de las mugrosas riendas; el sota **tenía** por la brida el par de mulas delanteras para impedir que **partieran** antes de tiempo; y dos mozos **alumbraban** la escena con otras tantas gruesas y resinosas hachas, que **despedían** tanta luz como chispas y espeso humo. Todavía **salieron** algunas maletas del despacho del administrador, que **fueron adicionadas** a la henchida zaga o al abultado techo del carruaje. La máquina **estaba** materialmente atestada de carga: en la covacha, en el pescante, en la parte superior, en el interior, debajo de los asientos, y aun en el espacio destinado a los pies de los viajeros, por donde quiera **había** maletas. Concluidos los preparativos, **llegó** el momento de ocupar nuestros sitios, y lo **hicimos** los pasajeros con resignación de mártires.
>
> La diligencia se **llenó** en pocos momentos. ¡É La diligencia se **llenó** en pocos momentos. ¡**Éramos** once pasajeros! Sólo un asiento **quedó** desocupado en la banqueta de en medio...

3.2.6.3 En diligencia: Anmerkungen zu den Lösungen

a) Die Erzählperspektive im vorliegenden Textausschnitt ist die einer Geschichte. Der Textausschnitt stammt vom mexikanischen Schriftsteller José López Portillo y Rojas und findet sich im *Spanish American Reader* von Ernesto Nelson, das als Ebook im Gutenberg-Projekt (http://www.gutenberg.org/ebooks/39647) veröffentlicht wurde.

b) Viel Hintergrundsbeschreibung, die Lesenden werden in die Geschichte über die abfahrende Eilpostkutsche hineinversetzt. Dieser belletristische Text soll Spannung erzeugen und unterhalten.

c) Die Geschichte ist nur sehr schwer in einen Bericht umzuformen, weil sehr viele Hintergrundsbeschreibungen enthalten sind, um die Handlungen der Akteure verständlich zu machen.

d) Den vorliegenden Text kann man nur schwer in einen reinen Bericht umformen, da wenig geschieht und es auch stärker auf die Beschreibungen als auf die Handlungen an sich ankommt. Durch die Verwendung des *Imperfecto* nimmt uns der Autor mit auf die Reise und verzaubert uns mit seinen Beschreibungen. Würde man versuchen, den Text durch die ausschließliche Verwendung des *PPS (Indefinido)* in einen Bericht umzuwandeln, würde diese „Verzauberung" vollständig verloren gehen.

3.2 Textorientierte Übungen zu den Vergangenheitszeiten

Im Kontext möglich?	Verbform	Grund bzw. Versprachlichung des Gemeinten
Nur *PPS (Indefinido)*	*llamaba	Nur möglich, wenn die Vorgänge als Hintergrund beschrieben werden; aber dann: Zu welchem Ereignis?
	llamó	Handlung mit genauer Zeitangabe (*a las tres de la madrugada*)
Nur *PPS (Indefinido)*	*me echaba	Nur möglich, wenn die Vorgänge als Hintergrund beschrieben werden; aber dann: Zu welchem Ereignis?
	me eché	Einmalige abgeschlossene Handlung mit impliziter Zeitangabe (direkt nach dem Weckruf). Zudem Beginn einer Handlungskette: *me eché, abrí, me dirigí*.
Nur *Imperfecto de Subjuntivo*	hiciera / hiciese	Der *Subjuntivo de Imperfecto* ist hier obligatorisch wegen *dándome al diablo* (Verb der Gefühlsäußerung) in der Vergangensstufe.
Nur *PPS (Indefinido)*	*abría *me dirigía	Nur möglich, wenn die Vorgänge als Hintergrund beschrieben werden; aber dann: Zu welchem Ereignis?
	abrí me dirigí	Teil der Handlungskette: Erst stand ich auf, dann öffnete ich die Türe und dann wandte ich mich zum Speisesaal.
Nur die Verbindung von *PPS (Indefinido)* und *Imperfecto*	*bajaba *estuvo	*Bajaba* und *estuvo* sind zusammen zu betrachten. Möglich, aber unlogisch: Solange ich in die Vorhalle hinab ging, war die Kutsche zur Abfahrt bereit, als ich da ankam, aber nicht mehr.
	bajé estaba	*Bajé* und *estaba* sind zusammen zu betrachten. Einmalige abgeschlossene Haupthandlung (*bajé*): Ich bin in die Vorhalle hinabgegangen und dort angekommen. Dazu bildet *estaba* den Hintergrund: Die Kutsche stand abfahrbereit da, während ich die Treppe hinab ging, als ich unten ankam und auch noch danach.
Nur *Imperfecto*	se hallaban ocupaba empuñaba tenía	Fortführung der Hintergrundsbeschreibung. Die Strichpunkte deuten an, dass kein Wechsel zu einer Handlung vollzogen wird und somit alle Verben des Satzes die Hintergrundsbeschreibung fortführen: Die Maulesel waren bereits vorgespannt; der Kutscher saß auf dem Bock und ergriff die fehlenden Zügel; der Junge hielt die vorderen Maultiere am Zügel …

		*se hallaron *ocupó empuñó tuvo	Nur dann möglich, wenn es sich um eine Handlungskette handelt. Das widerspräche aber der Logik des Textaufbaus.
Nur *Imperfecto de Subjuntivo*		partieran / partiesen	Der *Subjuntivo de Imperfecto* ist hier obligatorisch wegen *impedir* (Verb der Gefühlsäußerung) in der Vergangensstufe.
Nur *Imperfecto*		alumbraban	Fortführung der Hintergrundsbeschreibung. Der Strichpunkt-Satz ist noch nicht zu Ende.
		*alumbraron	Nur möglich als Teil der Handlungskette. Das widerspräche aber der Logik des Textaufbaus.
Nur *Imperfecto*		despedían	Beschreibung der dicken harzigen Fackeln in einem Relativsatz.
		*despedieron	Hier im Relativsatz aufgrund der Logik des Textaufbaus nicht möglich.
Nur *PPS (Indefinido)*		*salían *eran adicionadas	Beide Verben müssen zusammen betrachtet werden. Im *Imperfecto* würde sich die Hintergrundsbeschreibung zwar fortsetzen, würde aber eine unlogische Situation beschreiben: Die Koffer, die noch immer vom Schalter zur Kutsche gebracht wurden, waren bereits zu den anderen gestellt worden. – Ein Mix aus *salían* und *fueron adicionados* ist nicht möglich.
		salieron fueron adicionadas	Beide Verben bilden eine Handlungskette: Erst wurden die Koffer zur Kutsche gebracht, dann wurden sie zu den anderen gestellt. – Ein Mix aus *salieron* und *eran adicionados* ist nicht möglich.
Nur *Imperfecto*		estaba (atestada)	Zustandsbeschreibung mit Zustandspassiv: Die Kutsche war bis oben hin voll.
		*estuvo (atestada)	Nur möglich, wenn der Zustand in der Rückschau als abgeschlossenes Ereignis berichtet würde. Es liegt hier aber keine Rückschau vor.
Nur *Imperfecto*		había	Setzt die Zustandsbeschreibung fort.
		*hubo	Nur möglich, wenn der Zustand in der Rückschau als abgeschlossenes Ereignis berichtet würde. Es liegt hier aber keine Rückschau vor.
Nur *PPS (Indefinido)*		*llegaba	Aufgrund der impliziten Zeitangabe *concluidos los preparativos* hier nicht möglich.
		llegó	Einmalige abgeschlossene Handlung mit impliziter Zeitangabe (*concluidos los preparativos*) und Beginn einer Handlungskette: Dann war der Moment da.

3.2 Textorientierte Übungen zu den Vergangenheitszeiten

Nur *PPS (Indefinido)*	*hacíamos	Nur möglich als Hintergrundhandlung, dann aber, zu welcher Haupthandlung?
	hicimos	Abschluss der Handlungskette: Die Fahrgäste sitzen in der Kutsche.
Nur *PPS (Indefinido)*	*se llenaba	Nur möglich als Hintergrundhandlung, dann aber, zu welcher Haupthandlung?
	se llenó	Fortführung der Handlungskette
Beides möglich, bevorzugt aber *Imperfecto*	éramos	Beschreibung eines unabgeschlossenen Zustands: Wir waren zu elft.
	fuimos	Das PPS (Indefinido) würde die Erzählperspektive vom Miterleben der Szenerie zu einer berichtenden Gesamtschau verschieben: Insgesamt waren wir damals elf Personen. Dieser Wechsel wird von der Logik des Textaufbaus aber nicht gestützt.
Beides möglich, bevorzugt aber *PPS (Indefinido)*	quedaba (desocupado)	Als Zustandsbeschreibung grammatisch möglich; dann als Teil der Hintergrundbeschreibung und ohne inneren Zusammenhang zur Handlungskette (*se llenó*).
	quedó (desocupado)	Die Verbalperiphrase *quedar + Partizip* hebt das Ergebnis einer Handlung hervor, hier: dass sich die Kutsche gefüllt hat. Das Ergebnis: Ein Platz blieb frei. Somit ist das Verb Teil der Handlungskette; die Logik des Textaufbaus spricht für diesen engen Zusammenhang von *llenó* und *quedó desocupado*.

3.2.7 Carmen Martín Gaite: Entre visillos

3.2.7.1 Entre visillos: Lückentext

Gewählte Erzählperspektive: ☐ Geschichte
☐ Bericht

Entre visillos

Las clases del alemán, a pesar de ser mi única ocupación concreta durante el tiempo de mi estancia, las .... (recordar, 1.Sg.) como música de fondo, como algo separado de la ciudad misma. .... (hacer, 1.Sg.) todos los días el camino de ida y vuelta del Instituto, ... (cruzar) el patio, ... (avanzar) hacia la fachada gris de ventanas altas y asimétricas, ____(subir) las escaleras, pero nada de aquello me .... (ser) familiar; .... (coincidir) siempre con la primera imagen que .... (tener) de ello la tarde de mi llegada, cuando .... (hablar) con la mujer que fregaba los escalones.

Me .... (aburrir) de los paseos con las niñas y .... (empezar) a pasar lista y a poner faltas de asistencia, porque don Salvador me .... (decir) que no .... (estar) preparadas para tener disciplina de otra manera, que me .... (rogar) que lo hiciera así. Por lo visto mis métodos .... (extrañar) demasiado a todos. También me .... (señalar) un libro de texto que .... (deber) seguir en adelante.

.... (creer, 1.Sg.) que más o menos por entonces .... (ser) cuando Emilio .... (empezar) a venir a esperarme a la salida de las clases y a hacerme confidencias de su noviazgo con Elvira. .... (venir) dos o tres tardes, pero la primera no la diferencio de las otras. .... (empezar) a hablar de repente, porque .... (decir) que no .... (poder) más, que .... (necesitar) apoyarse en alguien. Elvira le desconcertaba con sus arbitrariedades, no la .... (poder) comprender, y él .... (sentirse) inferior, ... (atormentarse) pensando si sería o no el hombre que ella .... (necesitar). Yo le .... (decir) que eso no se llega a saber nunca, y que si se querían, no .... (tener) sentido plantearse esos problemas. No .... (saber) bien qué decirle, unas veces se .... (creer) seguro de que Elvira .... (amar), y a lo mejor casi en seguida lo .... (poner) en duda desesperadamente. .... (ir, 1.Pl.) a pasear por calles cercanas al Instituto, por donde él me .... (ir) guiando con su brazo aferrado a la manga de mi abrigo, y .... (repetir) idénticas cosas.

3.2.7.2 Entre visillos: Lösungen

> **Entre visillos**
>
> Las clases del alemán, a pesar de ser mi única ocupación concreta durante el tiempo de mi estancia, las **recuerdo** como música de fondo, como algo separado de la ciudad misma. **Hacía** todos los días el camino de ida y vuelta del Instituto, **cruzaba** el patio, **avanzaba** hacia la fachada gris de ventanas altas y asimétricas, **subía** las escaleras, pero nada de aquello me **era** familiar; **coincidía** siempre con la primera imagen que **tuve** de ello la tarde de mi llegada, cuando **hablé** con la mujer que **fregaba** los escalones.
>
> Me **aburrí** de los paseos con las niñas y **empecé** a pasar lista y a poner faltas de asistencia, porque don Salvador me **dijo** que no **estaban** preparadas para tener disciplina de otra manera, que me **rogaba** que lo **hiciera** así. Por lo visto mis métodos **extrañaban** demasiado a todos. También me **señaló** un libro de texto que **debía** seguir en adelante.
>
> **Creo** que más o menos por entonces **fue** cuando Emilio **empezó** a venir a esperarme a la salida de las clases y a hacerme confidencias de su noviazgo con Elvira. **Vino** dos o tres tardes, pero la primera no la diferencio de las otras. **Empezó** a hablar de repente, porque dijo que no **podía** más, que **necesitaba** apoyarse en alguien. Elvira le **desconcertaba** con sus arbitrariedades, no la **podía** comprender, y él **se sentía** inferior, **se atormentaba** pensando si **sería** o no el hombre que ella **necesitaba**. Yo le **dije** que eso no se **llega** a saber nunca, y que si se **querían**, no **tenía** sentido plantearse esos problemas. No **sabía** bien qué decirle, unas veces se **creía** seguro de que Elvira **amaba**, y a lo mejor casi en seguida lo **ponía** en duda desesperadamente. **Fuimos** a pasear por calles cercanas al Instituto, por donde él me **iba** guiando con su brazo aferrado a la manga de mi abrigo, y **repetía** idénticas cosas.

3.2.7.3 Entre visillos: Anmerkungen zu den Lösungen

(a) Die Erzählperspektive im vorliegenden Textausschnitt ist die einer Geschichte. Es handelt sich um einen Auszug aus Carmen Martín Gaites Roman *Entre visillos*, genauer gesagt um den Anfang von Kapitel 18, dem letzten Kapitel des Romans.
(b) Der Leser wird durch viel Beschreibung von Hintergrundzuständen mit in die Vergangenheit genommen. Der Text soll unterhalten.
(c) Dieser Text ist sehr schwer in Berichtform zu schreiben, da die Handlung eher spärlich ist, Carmen Martín Gaite aber viel Wert auf die Beschreibung der Gemütszustände ihrer Charaktere legt. Vielleicht würde ein Bericht in etwa so anfangen können:
En 1930 las clases del alemán fueron mi única ocupación concreta (...) En esta época Emilio vino para hablar conmigo sobre so novia. Le escuché y intenté ayudarle. (etc.)

Im Kontext möglich?	Verbform	Grund bzw. Versprachlichung des Gemeinten
Nur *Presente*	recuerdo	Der erste Absatz beginnt damit, dass sie *heute* erzählt und sich an *früher* erinnert. Einleitungssatz, der den Leser auf die folgenden Erinnerungen einstimmt und diese rahmt.

	*recordaba, *recordó	Beide Tempora führen zu einer Verschachtelung der Erzählebenen: Sie erzählt *heute*, dass sie sich *damals* (wann damals?) an noch *früher* erinnerte. Unwahrscheinlich und schlechter Erzählstil.
Nur *Imperfecto*	**hacía**	Wiederholte, gewohnheitsmäßige Handlung in der Vergangenheit: Im gesamten ersten Absatz (bis *coincidía*) erinnert sie sich daran, was sie damals auf ihrem Schulweg für gewöhnlich machte.
	*hizo	Einmalige Handlung: Nur möglich, wenn sie von einem ganz bestimmten Mal spräche. Das passt aber nicht zum Kontext: *las recuerdo como música de fondo* und *todos los días*.
Nur *Imperfecto*	**cruzaba**	Wiederholte, gewohnheitsmäßige Handlung.
	*cruzó	Nur möglich als Teil einer Kette einmaliger Handlungen von *hizo* über *cruzó, avanzó, subió fue* bis *coincidió*. Widerspräche dem Kontext.
Nur *Imperfecto*	**avanzaba**	Wiederholte, gewohnheitsmäßige Handlung.
	*avanzó	Nur möglich als Teil einer Handlungskette. Widerspräche dem Kontext.
Nur *Imperfecto*	**subía**	Wiederholte, gewohnheitsmäßige Handlung.
	*subió	Nur möglich als Teil einer Handlungskette. Widerspräche dem Kontext.
Nur *Imperfecto*	**era**	Wiederholte, gewohnheitsmäßige Handlung.
	*fue	Nur möglich als Teil einer Handlungskette. Widerspräche dem Kontext.
Nur *Imperfecto*	**coincidía**	Wiederholte, gewohnheitsmäßige Handlung; zudem Hintergrundsbeschreibung zum folgenden Verb (*tuve*).
	*coincidió	Nur möglich als Teil einer Handlungskette. Widerspräche dem Kontext.
Nur *PPS (Indefinido)*	*tenía	Nur möglich als wiederholte Handlung: Einige von den Malen hatte ich dasselbe Bild vor Augen. Widerspräche aber dem Kontext: Das *erste* Bild (der erste Eindruck) ist einmalig und nicht wiederholbar.
	tuve	Einmalige Handlung in der Vergangenheit, wegen *la primera imagen* erforderlich. Zudem: Andere Bedeutung von *tener* im *PPS (Indefinido)*: bekommen statt haben. Also nicht: sie *hatte* das Bild, sondern: sie *bekam* es; ihr *bot* sich ein Bild.
Nur *PPS (Indefinido)*	*hablaba	Nur möglich als wiederholte Handlung. Widerspräche dem Kontext.

3.2 Textorientierte Übungen zu den Vergangenheitszeiten

	hablé	Einmalige Handlung in der Vergangenheit wegen *la primera imagen* erforderlich. Zudem: Haupthandlung zum Hintergrund *fregaba*.
Nur *Imperfecto*	fregaba	Hintergrundsbeschreibung in einem Relativsatz. Noch andauernde Handlung während eine andere *(hablé)* einsetzt.
	*fregó	Nur möglich als Teil einer Handlungskette: Zuerst redete ich mit ihr und danach fegte sie die Stufen. Widerspräche dem Kontext.
Beides möglich, aber bevorzugt *PPS (Indefinido)*	me aburría	Als Hintergrundsbeschreibung zu *empecé* denkbar, aber wenig plausibel: Warum sollte die Langeweile der (Hinter-)Grund dafür sein, dass sie anfing Anwesenheitslisten zu führen?
	me aburrí	Erster Teil einer Handlungskette, punktuell einsetzende Handlung. Zudem: Bedeutungsveränderung von *aburrirse* im *PPS (Indefinifo)*: *die Schnauze voll haben* statt *sich langweilen*.
Nur *PPS (Indefinido)*	*empezaba a pasar	Nur möglich als Hintergrundsbeschreibung, oder wenn es um wiederholte Handlungen (z. B. mehrere Versuche) ginge, im Sinne von: *nach und nach begann ich damit*. Wird vom Kontext nicht gestützt: Hintergrund zu welcher Handlung?
	empecé a pasar	Punktuell einsetzende Handlung. Zudem: Die inchoative Verbalperiphrase *empezar a hacer algo* thematisiert den *Anfang* einer Handlung.
Nur *PPS (Indefinido)*	*decía	Nur möglich als Hintergrundsbeschreibung, oder wenn es um wiederholte Handlungen (z. B. mehrere Ratschläge) ginge, im Sinne von: *Er sagte mir immer wieder*. Passt aber nicht zum Kontext.
	dijo	Einmalige Handlung bzw. Äußerung.
Nur *Imperfecto*	estaban, rogaba, extrañaban	Wegen indirekter Rede
	*estuvieron, *rogó, *extrañaron	In indirekter Rede steht in der Regel kein *PPS (Indefinido)*. Don Salvador dürfte seinen Ratschlag wohl kaum im *PPS (Indefinifo)*, sondern im *Presente* geäußert haben.
Nur *PPS (Indefinido)*	*señalaba	Nur möglich bei wiederholten Handlungen, im Sinne von: *Er zeigte mir immer wieder das Lehrbuch*. Passt aber nicht zum Kontext.
	señaló	Einmalige Handlung, zudem: zweiter Teil einer Handlungskette *(dijo)*.
Imperfecto oder *Condicional*	debía / debería	Wegen indirekter Rede. Mit *Imperfecto* muss man sich *Presente*, mit *Condicional* den Imperativ in der direkten Rede vorstellen.

	*debió	In indirekter Rede steht in der Regel kein *PPS (Indefinido)*. Don Salvador dürfte seinen Ratschlag wohl kaum im *PPS (Indefinifo)*, sondern im *Presente* oder mit Imperativ geäußert haben.
Nur *Presente*	**creo**	Zeitsprung in die Gegenwart. Sie glaubt heute, wenn sie sich richtig erinnert, dass es damals war.
	*creía, *creyó	Beide Tempora sind mit der zeitlichen Logik des Textaufbaus nicht vereinbar. Warum sollte sie erzählen, dass sie damals das glaubte und (a) mit dem *Imperfecto* offenlassen, ob das heute noch so ist oder (b) mit dem *PPS (Indefinido)* behaupten, dass sie das nur damals glaubte, heute aber nicht mehr glaubt?
Nur *PPS (Indefinido)*	*era	Nur bei ungefähren Zeitangaben möglich. Der Kontext definiert jedoch den Zeitpunkt genau.
	fue	Bei konkreter Zeitangabe steht *PPS (Indefinido)*. Der Zeitpunkt ist nicht durch ein Datum, sondern durch die erzählten Gegebenheiten definiert.
Nur *PPS (Indefinido)*	*empezaba a venir	Nur möglich als Hintergrundsbeschreibung, oder wenn es um wiederholte Handlungen ginge, im Sinne von: *nach und nach* begann er damit. Wird vom Kontext nicht gestützt: Hintergrund zu welcher Handlung?
	empezó a venir	Punktuell einsetzende Handlung. Zudem: *empezar* ist Teil der inchoativen Verbalperiphrase *empezar a hacer algo*, die den *Anfang* einer Handlung thematisiert.
Nur *PPS (Indefinido)*	*venía	Wegen konkreter Zeitangabe *(dos o tres tardes)* hier nicht möglich. Auch als Hintergrundsbeschreibung nicht möglich.
	vino	Wegen konkreter Zeitangabe *(dos o tres tardes)*. Mehrmals ausgeführte punktuelle Handlung.
Nur *PPS (Indefinido)*	*empezaba a hablar	Er fing allmählich an. Geht nur ohne *de repente*.
	empezó a hablar	Punktuell einsetzende Handlung mit konkreter Zeitangabe *(de repente)*. Zudem: *empezar* ist Teil der inchoativen Verbalperiphrase *empezar a hacer algo*, die den *Anfang* einer Handlung thematisiert.
Nur *PPS (Indefinido)*	*decía	Nur möglich als Hintergrundsbeschreibung, oder wenn es um wiederholte Handlungen ginge, im Sinne von: Er sagte immer wieder. Passt aber nicht zum Kontext.
	dijo	Einmalige Handlung bzw. Äußerung.

3.2 Textorientierte Übungen zu den Vergangenheitszeiten

Nur *Imperfecto*	**podía, necesitaba, podía, se sentía, se atormentaba, necesitaba**	Wegen indirekter Rede
	*puso, *necesitó, *pudo, *se sintió, *se atormentó, *necesitó	In indirekter Rede steht in der Regel kein *PPS (Indefinido)*.
Nur *PPS (Indefinido)*	*decía	Nur möglich als Hintergrundsbeschreibung, oder wenn es um wiederholte Handlungen ginge, im Sinne von: Ich sagte ihm immer wieder. Passt aber nicht zum Kontext.
	dije	Einmalige Handlung bzw. Äußerung.
Nur *Presente*	**llega**	Verwendung des generischen Präsens in der indirekten Rede, da es um die zeitlos gültige Aussage geht, dass man das niemals in Erfahrungen bringt.[7]
	*llegaba, *llegó	Beide Tempora würden das Gemeinte verfehlen und eine allgemeine zu einer spezifischen Aussage über einen bestimmten Fall verfälschen.
Nur *Imperfecto*	**querían, tenía**	Wegen indirekter Rede
	*quiso, *tuvo	In indirekter Rede steht in der Regel kein *PPS (Indefinido)*.
Nur *Imperfecto*	**sabía**	Hintergrundsbeschreibung. Zudem: *saber* in der Bedeutung *wissen*.
	*supo	Widerspräche der Logik des Textaufbaus. Ist die Aussage *Ich erfuhr nicht, was ich ihm sagen sollte* überhaupt sinnvoll?
Nur *Imperfecto*	**creía**	Wiederholte Handlungen (*unas veces*) und zudem sich abwechselnde Handlungen (mit *ponía*).
	*creyó	Nur als einmalige Handlung möglich: Für einen Moment glaubte er es, dann nicht mehr. Widerspräche aber dem Kontext (*unas veces*).
Nur *Imperfecto*	**amaba**	Wegen indirekter Rede
	*amó	In indirekter Rede steht in der Regel kein *PPS (Indefinido)*.

---

[7] Der Satz „yo le dije que eso no se llega a saber nunca" ist ein Beispiel für eine Ausnahme von der Regel der Zeitenfolge (vgl. Kapitel 2.1.3). Die Aussage (*dije*) fand in der Vergangenheit statt, das Ausgesagte (*no se llega a saber nunca*) bezieht sich jedoch auf eine als zeitlos gültig dargestellte Tatsache, die das *Presente* erfordert.

Nur *Imperfecto*	**ponía**	Wiederholte Handlungen *(unas veces)* und zudem sich abwechselnde Handlungen (mit *creía*).
	*puso	Nur als einmalige Handlung möglich: Danach zweifelte er es *einmal* an. Widerspräche aber dem Kontext *(unas veces)*.
Nur *PPS (Indefinido)*	*íbamos a pasear	Die Verbalperiphrase *ir a hacer algo* bedeutet im *Imperfecto*, dass man etwas vorhatte, aber nicht ausführte: Wir wollten spazieren gehen, taten es dann aber doch nicht.
	fuimos a pasear	Die Verbalperiphrase *ir a hacer algo* bedeutet im *PPS (Indefinido)*, dass man etwas in die Tat umgesetzt hat. Zudem: Der konkrete Zeitpunkt *(dos o tres tardes)* wirkt sich noch aus: *Dann gingen wir los.*
Nur *Imperfecto*	**iba guiando**	Die durative Verbalperiphrase *ir haciendo algo* betont den Verlauf einer Handlung. Zudem: Hintergrundsbeschreibung, was er beim Spazierengehen tat.
	*fue guiando	Nur möglich, wenn die Handlung damals schon abgeschlossen gewesen wäre. Das widerspräche aber dem Kontext.
Nur *Imperfecto*	**repetía**	Wiederholte Handlungen: Er wiederholte nicht nur *eine*, sondern *mehrere* ähnliche Äußerungen.
	*repetió	Nur möglich, wenn er eine ähnliche Äußerung nur ein einziges Mal wiederholt hätte. Das widerspräche aber dem Kontext.

Merke: a) *Bestimmte Verben wie* saber, tener, aburrirse *usw. erfahren eine Bedeutungsänderung im* PPS (Indefinido). *Das ist bei der Tempuswahl häufig ausschlaggebend.*[8]

b) *Einige Verben stehen als Bestandteil einer Verbalperiphrase bevorzugt in einem bestimmten Tempus. Beispiele: Das Verb* empezar *in der Verbalperiphrase* empezar a hacer algo *steht bevorzugt im* PPS (Indefinido), *weil sie den Anfang einer Handlung betont. Das Verb* ir *in der Verbalperiphrase* ir haciendo algo *steht bevorzugt im* Imperfecto, *weil sie den Verlauf einer Handlung betont.*

c) *Die adverbiale Bestimmung* unas veces *ist keine konkrete Zeitangabe, daher folgt ihr das* Imperfecto; *demgegenüber gilt* dos o tres veces *(wegen der Zahlen) als konkrete Zeitangabe, nach der das* PPS (Indefinido) *steht.*

---

[8] Vgl. die Tabelle bedeutungsverändernder Verben auf S. 41.

3.2.8 Las Lenguas de España

3.2.8.1 Las Lenguas de España: Lückentext

Gewählte Erzählperspektive: ☐ Geschichte
☐ Bericht

Las Lenguas de España

Cuando los romanos .... (invadir) la Península Ibérica, la superior cultura de los invasores frente a la de los pueblos iberos .... (hacer) que estos.................... (adoptar) las costumbres y usos sociales romanos, así como su sistema administrativo y judicial y sobre todo su idioma: el latín.

Tras un período inicial de bilingüismo, ... (terminar) perdiéndose prácticamente las lenguas primitivas: ibéricas, célticas y tartésicas. La mezcla del latín con algunos rasgos de éstas .... (dar) lugar a las tres lenguas románicas que aún se .... (hablar) en España: el castellano, el catalán y el gallego. Sólo los vascos .... (conservar) su idioma, el vasco o »euskera«, cuyo origen se .... (desconocer).

Aus: Mercedes Mateo Sanz: Abanico español – Spanien in kleinen Geschichten. Herausgegeben und übersetzt von Birgit Heerde, S. 12, © 1995, 2010 dtv Verlagsgesellschaft, München.

3.2.8.2 Las Lenguas de España: Lösungen

Las Lenguas de España

Cuando los romanos **invadieron** la Península Ibérica, la superior cultura de los invasores frente a la de los pueblos iberos **hizo** que estos **adoptaran** las costumbres y usos sociales romanos, así como su sistema administrativo y judicial y sobre todo su idioma: el latín.

Tras un período inicial de bilingüismo, **terminaron** perdiéndose prácticamente las lenguas primitivas: ibéricas, célticas y tartésicas. La mezcla del latín con algunos rasgos de éstas **dio** lugar a las tres lenguas románicas que aún **se hablan** en España: el castellano, el catalán y el gallego. Sólo los vascos **conservaron** su idioma, el vasco o »euskera«, cuyo origen se **desconoce**.

3.2.8.3 Las Lenguas de España: Anmerkungen zu Lösungen

(a) Die Erzählperspektive im vorliegenden Textausschnitt ist die eines formalen Berichts.
(b) Es werden Tatsachen berichtet, Hintergrundsbeschreibungen werden nicht gegeben. Der Leser wird nicht in das Geschehen hineinversetzt. Der Text ist informativ. Das Berichtete ist abgeschlossen, es wird retrospektiv berichtet, die Fakten sind Grundlage für die gegenwärtige Situation, wie wir sie in (Sprach)-Geschichtsbüchern finden.
(c) Der Textausschnitt ist nur schwer in eine Geschichte umzuformen, da ja Tatsachen in der Rückschau berichtet werden. Der Anfang könnte wie folgt lauten:
Cuando los romanos invadían la Península Ibérica (...) hacía (...) adoptaban (...).

Im Kontext möglich?	Verbform	Grund bzw. Versprachlichung des Gemeinten
Nur *PPS* (*Indefinido*)	*invadían *hacía	Nur möglich als Hintergrundsbeschreibung im Geschichtsstil. Das Geschilderte dürfte dann für die Gegenwart nicht mehr relevant sein. Der Einfluss der Römer (als historisches Erbe) ist aber durchaus gegenwartsrelevant.
	invadieron hizo	Berichtsstil: In der Rückschau wird eine abgeschlossene Handlung berichtet.
Nur *Imperfecto de Subjuntivo* möglich	adoptaran	*hacer* ist hier im Sinne von *veranlassen* ein Verb der Willensäußerung und zieht das *Imperfecto de Subjuntivo* nach sich. Alle anderen Tempora und Modi wären grammatisch falsch.
Nur *PPS* (*Indefinido*)	*terminaban perdiéndose	Nur möglich als Hintergrundsbeschreibung im Geschichtsstil. Das Geschilderte dürfte dann für die Gegenwart nicht mehr relevant sein. Der Einfluss der Römer (als historisches Erbe) ist aber durchaus gegenwartsrelevant.

3.2 Textorientierte Übungen zu den Vergangenheitszeiten

		terminaron perdiéndose	Berichtsstil: In der Rückschau wird eine abgeschlossene Handlung berichtet. Zudem ist *terminar* Teil der Verbalperiphrase *terminar haciendo algo*, die den Abschluss eines Handlungsverlaufs markiert.
Nur *PPS* (*Indefinido*)		*daba lugar	Nur möglich als Hintergrundsbeschreibung im Geschichtsstil. Das Geschilderte dürfte dann für die Gegenwart nicht mehr relevant sein. Der Einfluss der Römer (als historisches Erbe) ist aber durchaus gegenwartsrelevant.
		dio lugar	Berichtsstil: In der Rückschau wird eine abgeschlossene Handlung berichtet.
Nur *Presente*		**hablan**	Generisches Präsens: Die Sprachen werden noch heute in Spanien gesprochen.
		*hablaban, *hablaron	Beide Tempora würden den Sachverhalt verfälschen. Das Imperfecto würde offenlassen, ob die Sprachen noch heute in Spanien gesprochen würden, das *PPS (Indefinido)* würde behaupten, dass sie heute nicht mehr in Spanien gesprochen würden.
Nur *PPS* (*Indefinido*)		*conservaban	Nur möglich als Hintergrundsbeschreibung im Geschichtsstil. Das Geschilderte dürfte dann für die Gegenwart nicht mehr relevant sein. Der Einfluss der Römer (als historisches Erbe) ist aber durchaus gegenwartsrelevant.
		conservaron	Berichtsstil: In der Rückschau wird eine abgeschlossene Handlung berichtet.
Nur *Presente*		**desconoce**	Generisches Präsens: Der Ursprung des Baskischen ist noch heute unbekannt.
		*desconocía, *desconoció	Beide Tempora würden den Sachverhalt verfälschen. Das *Imperfecto* würde offenlassen, ob der Ursprung des Baskischen noch heute unbekannt ist, das *PPS (Indefinido)* würde behaupten, dass der Ursprung des Baskischen heute nicht mehr bekannt sei.

Merke: *Die Perspektive des Berichtsstils hebt die zeitliche Distanz zwischen dem Sprechzeitpunkt (Gegenwart) und der erzählten Zeit (Vergangenheit) deutlich hervor. Ein Wechsel von der distanzierten Perspektive (Berichtsstil) zu einer hineinversetzenden Perspektive (Geschichtsstil), die das Geschilderte als unabgeschlossen darstellt und den Leser die geschilderten Ereignisse gleichsam miterleben lässt, kommt in der Regel nicht vor.*

3.2.9 Cristóbal Colón

3.2.9.1 Cristóbal Colón: Lückentext

Gewählte Erzählperspektive: ☐   Geschichte
                              ☐   Bericht

Cristóbal Colón

... Colón .... (embarcar) con tres carabelas y 120 hombres el 3 de agosto de 1492. Tras setenta días de navegación, el 12 de octubre .... (llegar) a una isla de Centroamérica, la actual SanSalvador. Colón .... (descubrir) un Nuevo Continente. El .... (estar) convencido, sin embargo, de que .... (llegar) a una isla próxima a Japón.

Posteriormente .... (realizar) otros tres viajes, en los que .... (ser) descubriendo nuevas tierras de América, creyendo siempre que .... (formar) parte de Asia.................. (ser) casi seguro que los vikingos, y quizá también otros pueblos, ... (llegar) con anterioridad a los costas de América.

Incluso .... (haber) quien .... (afrimar) que el mismo Colón ya .... (estar) allí y lo que .... (hacer) .... (ser) volver a un lugar conocido.

De cualquier manera .... (ser) a partir del 12 de octubre de 1492 cuando .... (descubrir) oficialmente lo que para los europeos .... (ser) un Nuveo Mundo.

Colón .... (morir) en Valladolid en 1506. No .... (reconocer) en ningún momento que .... (descubrir) un Nuevo Continente, quizá debido a su obsesión por vivir él mismo las aventuras de Marco Polo en las fabulosas tierras die Cipango y Catay (Japón y China). ...

Aus: Mercedes Mateo Sanz: Abanico español – Spanien in kleinen Geschichten. Herausgegeben und übersetzt von Birgit Heerde, S. 25f., © 1995, 2010 dtv Verlagsgesellschaft, München.

3.2 Textorientierte Übungen zu den Vergangenheitszeiten

3.2.9.2 Cristóbal Colón: Lösungen

> **Cristóbal Colón**
>
> ... Colón **embarcó** con tres carabelas y 120 hombres el 3 de agosto de 1492. Tras setenta días de navegación, el 12 de octubre **llegaron** a una isla de Centroamérica, la actual San Salvador. Colón **había descubierto** un Nuevo Continente. El **estaba** convencido, sin embargo, de que **había llegado** a una isla próxima a Japón.
>
> Posteriormente **realizó** otros tres viajes, en los que **fue** descubriendo nuevas tierras de América, creyendo siempre que **formaban** parte de Asia. **Es** casi seguro que los vikingos, y quizá también otros pueblos, **habían llegado** con anterioridad a los costas de América.
>
> Incluso **hay** quien **afirma** que el mismo Colón ya **había estado** allí y lo que **hacía era** volver a un lugar conocido.
>
> De cualquier manera **es** a partir del 12 de octubre de 1492 cuando **se descubrió** oficialmente lo que para los europeos **sería** un Nuveo Mundo.
>
> Colón **murió** en Valladolid en 1506. No **reconoció** en ningún momento que **había descubierto** un Nuevo Continente, quizá debido a su obsesión por vivir él mismo las aventuras de Marco Polo en las fabulosas tierras die Cipango y Catay (Japón y China).
> ...

3.2.9.3 Cristóbal Colón: Anmerkungen zu den Lösungen

(a) Die Erzählperspektive im vorliegenden Textausschnitt ist die eines sehr lebhaft geschilderten Berichts.
(b) Es werden Tatsachen berichtet, Hintergrundsbeschreibungen werden nicht gegeben. Der Leser wird nicht in das Geschehen hineinversetzt. Der Text ist informativ. Das Berichtete ist abgeschlossen, es wird retrospektiv berichtet.
(c) Als Geschichte müsste man den Text komplett umformen.

Im Kontext möglich?	Verbform	Grund bzw. Versprachlichung des Gemeinten
Nur *PPS (Indefinido)*	*embarcaba	Nur möglich als Hintergrundsbeschreibung; dann aber: zu welcher Handlung?
	embarcó	Handlung zu einem konkreten Zeitpunkt (das Datum ist angegeben), Beginn einer Handlungskette, abgeschlossen, retrospektiv.
Nur *PPS (Indefinido)*	*llegaban	Nur möglich als Hintergrundsbeschreibung; dann aber: zu welcher Handlung?
	llegaron	Handlung zu einem konkreten Zeitpunkt (mit Datum), Weiterführen der Handlungskette, abgeschlossen, retrospektiv.

Nur *Pluscuamperfecto*	**había descubierto**	Unabgeschlossenheit und Vorzeitigkeit: Die Wirkung der Entdeckung dauert im Erzählzeitraum noch an, ist daher unabgeschlossen; und die Entdeckung ist vorzeitig zur Wirkung. Das *Pluscuamperfecto* legt den Fokus also nicht auf das Faktum der Entdeckung, sondern auf die Wirkung des Faktums für die Gesellschaft.
	*descubrió, *descubría	Beide Tempora würden den Fokus auf die Entdeckung, statt auf deren Wirkung legen. Das *PPS (Indefinido)* würde die Entdeckung als abgeschlossene Tatsache darstellen, das *Imperfecto* sie als unabgeschlossenen Hintergrund (wozu?) beschreiben. Beides widerspräche der Logik des Textaufbaus.
Nur *Imperfecto*	**estaba convencido**	Hintergrundsbeschreibung: Überzeugung ist im Erzählzeitraum unabgeschlossen.
	*estuvo convencido	Nur möglich, wenn Kolumbus schon im Erzählzeitraum die Überzeugung nicht mehr gehabt hätte. Das widerspräche aber dem Kontext und den historischen Fakten.
Nur *Pluscuamperfecto*	**había llegado**	Vorzeitigkeit: Bevor er die Überzeugung haben kann, muss er angekommen sein.
	*llegó, *llegaba	Beide Tempora widersprächen der von der Erzählperspektive und vom Kontext geforderten Vorzeitigkeit.
Nur *PPS (Indefinido)*	*realizaba	Nur möglich als Hintergrundsbeschreibung; dann aber: zu welcher Handlung?
	realizó	Handlung zu einem konkreten Zeitpunkt, Weiterführen einer Handlungskette, abgeschlossen, retrospektiv.
Nur *PPS (Indefinido)*	*iba descubriendo	Verbalperiphrase, die den Handlungsverlauf fokussiert und im *Imperfecto* die Handlung als unabgeschlossenen Hintergrund zu einer Haupthandlung thematisiert. Zudem: Das *Imperfecto* widerspräche der Angabe *tres viajes*.
	fue descubriendo	Verbalperiphrase, die im *PPS (Indefinido)* die Handlung in der Rückschau als abgeschlossen darstellt: Auf den drei Reisen hat er tatsächlich neue Länder entdeckt. Zudem: Wegen der konkreten Angabe *tres viajes* erforderlich.
Nur *Imperfecto*	**formaban**	Hintergrundsbeschreibung, die seine Überzeugung quasi in indirekter Rede wiedergibt. Unabgeschlossenheit durch *siempre* markiert.

3.2 Textorientierte Übungen zu den Vergangenheitszeiten

		*formaron	Nur möglich, wenn eine punktuelle Handlung geschildert würde. Kann eine Überzeugung wie „bildet einen Teil von Asien" überhaupt sinnvollerweise als Handlung gelten?
Nur *Presente*		es	Generisches Präsens. Der heutige Wissensstand wird referiert.
		*era, *fue	Beide Tempora widersprächen der Logik des Textaufbaus und dem Kontext.
Nur *Pluscuamperfecto*		**habían llegado**	Vorzeitigkeit (*con anterioridad*): Die Ankunft der Wikinger lag vor der Ankunft von Kolumbus.
		*llegaban, *llegaron	Beide Tempora widersprächen der von der Erzählperspektive und vom Kontext geforderten Vorzeitigkeit.
Nur *Presente*		**hay**	Generisches Präsens. Der heutige Wissensstand wird referiert: Heute gibt es welche, die das behaupten.
		*había, *hubo	Beide Tempora widersprächen der Erzählperspektive und der Logik des Textaufbaus.
Nur *Presente*		**afirma**	Generisches Präsens. Der heutige Wissensstand wird referiert.
		*afirmaba, *afirmó	Beide Tempora widersprächen der Erzählperspektive und der Logik des Textaufbaus.
Nur *Pluscuamperfecto*		**había estado**	Vorzeitigkeit: Die vermutete vorherige Ankunft von Kolumbus muss vor der historisch bekannten gewesen sein.
		*estaba, *estuvo	Beide Tempora widersprächen der von der Erzählperspektive und vom Kontext geforderten Vorzeitigkeit.
Nur *Imperfecto*		**hacía** **era**	Wegen indirekter Rede nach *afirmar*.
		*hizo *fue	In indirekter Rede steht in der Regel kein *PPS (Indefinido)*.
Bevorzugt *Presente*, aber auch *PPS (Indefinido)* möglich		**es** **fue**	Generisches Präsens. Der heutige Wissensstand wird referiert. Passt besser in die Erzählperspektive. Einmalige Handlung: Das *PPS (Indefinido)* markiert den Beginn (mit konkreter Zeitangabe). Die Cleftstruktur (*fue X cuando Y*) hebt das Datum in den Fokus.
		*era	*Imperfecto* wegen konkreter Zeitangabe (*a partir del 12 de octubre de 1492*) nicht möglich.
Nur *PPS (Indefinido)*		*descubría	Nur möglich als Hintergrundsbeschreibung; dann aber: zu welcher Handlung?

	descubrió	Punktuelle Handlung zu einem konkreten Zeitpunkt (*a partir del 12 de octubre de 1492*), Weiterführen einer Handlungskette, abgeschlossen, retrospektiv.
Nur *Condicional*	**sería**	Nachzeitigkeit in der Vergangenheit (Zukunft der Vergangenheit). Im Sinne von: Was später die Neue Welt sein sollte.
	*era, *fue	Beide Tempora widersprächen der von der Erzählperspektive und vom Kontext geforderten Nachzeitigkeit.
Nur *PPS (Indefinido)*	*muría	Nur möglich als Hintergrundsbeschreibung; dann aber: zu welcher Handlung? Zudem: Wegen der konkreten Zeitangabe *(en 1506)* widerspräche das *Imperfecto* der Logik des Textaufbaus.
	murió	Handlung zu einem konkreten Zeitpunkt *(en 1506)*, Weiterführen einer Handlungskette, abgeschlossen, retrospektiv.
Nur *PPS (Indefinido)*	*reconocía	Nur möglich als Hintergrundsbeschreibung; dann aber: zu welcher Handlung? Das *Imperfecto* widerspräche der Logik des Textaufbaus.
	reconoció	Es wird ein Fazit gezogen: Bis zu seinem Tod (*en ningún momento*) hat er sich geweigert, die Tatsache anzuerkennen, dass er eine neue Welt entdeckt hat. Weiterführen einer Handlungskette, abgeschlossen, retrospektiv.
Nur *Pluscuamperfecto*	**había descubierto**	Vorzeitigkeit. Das *Pluscuamperfecto* legt den Fokus auf die Bedeutung/Wirkung der Entdeckung für die Gesellschaft.
	*descubrió, *descubría	Beide Tempora würden den Fokus auf die Entdeckung, statt auf deren Wirkung legen, was der Logik des Textaufbaus widerspräche.

Merke: a) *Im Berichtsstil dominiert die Rückschau auf eine abgeschlossene Vergangenheit. Die Handlungen, von denen berichtet wird, werden als abgeschlossen geschildert. Unabgeschlossene Handlungen finden kaum Erwähnung.*

b) *Wenn es zu einem Tempuswechsel kommt, dann vom* PPS (Indefinido) *zum Pluscuamperfecto, wenn es um vorzeitige Handlungen geht, oder hin zu den Tempora der Gegenwartsstufe* (Perfecto, Presente, Futuro).

3.2.10 Los amantes de Teruel

3.2.10.1 Los amantes de Teruel: Lückentext

Gewählte Erzählperspektive: ☐ Geschichte
☐ Bericht

Los amantes de Teruel

... Los hechos .... (tener) lugar en la Edad Media. Se .... (contar) que .... (vivir) en Teruel dos familias: los Marcilla y los Segura. La amistad que desde niños .... (sentir) sus hijos, Diego e Isabel, ... (convertirse) más tarde en un profundo amor. El padre de la joven, sin embargo, ... (rechazar) a Diego por ser el segundón y no tener derecho a la fortuna familiar. El muchacho .... (conseguir) un plazo de cinco años para poder enriquecerse, tras lo cual, ... (marchar) a la guerra contra los moros para conseguir botín y hacienda.

Diego .... (regresar) a Teruel, cargado de gloria y de riquezas, el mismo día en que .... (terminar) el plazo. Demasiado tarde, pues al llegar .... (enterarse) de que Isabel, siguiendo los consejos de su padre, ... (acabar) de contraer matrimonio con un poderoso caballero ese mismo día. .... (conseguir) verla y le .... (decir) que antes de marcharse para siempre de Teruel .... (querer) un beso de sus labios. Isabel, fiel a su marido, se le .... (negar). Allí mismo Diego .... (caer) sin vida con el corazón destrozado.

Al día siguiente .... (celebrarse) los funerales por el desdichado joven. De repente, de entre la multitud, ... (salir) una mujer vestida de negro, ... (arrojarse) sobre el cadáver de Diego, ... (besar) su boca inerte y .... (morir). .... (ser) Isabel que, presa de remordimientos, ... (querer) pagar la deuda con él contraída. ...

Aus: Mercedes Mateo Sanz: Abanico español – Spanien in kleinen Geschichten. Herausgegeben und übersetzt von Birgit Heerde, S. 28, © 1995, 2010 dtv Verlagsgesellschaft, München.

3.2.10.2 Los amantes de Teruel: Lösungen

Los amantes de Teruel

... Los hechos **tuvieron** lugar en la Edad Media. **Se cuenta** que **vivían** en Teruel dos familias: los Marcilla y los Segura. La amistad que desde niños **sentían** sus hijos, Diego e Isabel, **se convirtió** más tarde en un profundo amor. El padre de la joven, sin embargo, **rechazó** a Diego por ser el segundón y no tener derecho a la fortuna familiar. El muchacho **consiguió** un plazo de cinco años para poder enriquecerse, tras lo cual, **marchó** a la guerra contra los moros para conseguir botín y hacienda.

Diego **regresó** a Teruel, cargado de gloria y de riquezas, el mismo día en que **terminaba** el plazo. Demasiado tarde, pues al llegar **se enteró** de que Isabel, siguiendo los consejos de su padre, **acababa** de contraer matrimonio con un poderoso caballero ese mismo día. **Consiguió** verla y le **dijo** que antes de marcharse para siempre de Teruel **quería** un beso de sus labios. Isabel, fiel a su marido, se le **negó**. Allí mismo Diego **cayó** sin vida con el corazón destrozado.

Al día siguiente **se celebraban** los funerales por el desdichado joven. De repente, de entre la multitud, **salió** una mujer vestida de negro, **se arrojó** sobre el cadáver de Diego, **besó** su boca inerte y murió. **Era** Isabel que, presa de remordimientos, **quería** pagar la deuda con él contraída. ...

3.2.10.3 Los amantes de Teruel: Anmerkungen zu den Lösungen

a) Die Erzählperspektive im vorliegenden Textausschnitt ist die einer Geschichte. Es handelt sich um eine Legende oder Volkssage.
b) Das Geschehene wird nicht retrospektiv geschildert, es geht vielmehr um die generelle Erzählperspektive mit der Bedeutung „so war es damals". Es wird viel Hintergrundsbeschreibung geliefert. Das Geschehene ist für den Sprechzeitpunkt nicht relevant.
c) Ein Bericht wäre kürzer und knapper und würde nicht so sehr auf den Hintergrund eingehen. Wenn es sich bei diesem Text um einen Bericht handelte, würden die Zeiten im *PPS (Indefinido)* beibehalten werden.

Im Kontext möglich?	Verbform	Grund bzw. Versprachlichung des Gemeinten
Nur *PPS (Indefinido)*	*tenían	Nur als Hintergrundsbeschreibung möglich; dann aber: zu welcher Handlung?
	tuvieron	Der Text beginnt mit dem Setzen eines Referenzzeitraums („im Mittelalter"), der abgeschlossen ist. Erst mit dem folgenden Verb (*se cuenta*) beginnt die eigentliche Geschichte.
Nur *Presente*	se cuenta	Der Erzähler sagt in der Jetztzeit, was man sich noch heute über die Amantes de Teruel erzählt. *Se cuenta* fungiert als Einleitungssatz für die eigentliche Geschichte.

3.2 Textorientierte Übungen zu den Vergangenheitszeiten

	*se contaba, *se contó	Beide Tempora wären als Einleitungssatz für eine noch heute erzählte Geschichte nicht möglich und würden bedeuten, dass damals, im Mittelalter, die Geschichte erzählt wurde. Das *Imperfecto* würde offenlassen, ob sie noch heute erzählt würde, das *PPS (Indefinido)* würde behaupten, dass sie heute nicht mehr erzählt würde. Beides passt nicht in die Logik des Textaufbaus.
Nur *Imperfecto*	vivían	Die Geschichte beginnt nun mit einer Hintergrundsbeschreibung. Unabgeschlossenheit des Lebens der beiden Familien zum Erzählzeitpunkt.
	*vivieron	Nur möglich, wenn das Leben der beiden Familien zum Erzählzeitpunkt (mit dem Tod) abgeschlossen wäre. Das widerspräche aber dem Kontext.
Nur *Imperfecto*	sentían	Weiterführung der Hintergrundsbeschreibung; ungenauer zeitlicher Referenzpunkt in der Vergangenheit (*desde niños*).
	*sintieron	Nur möglich, wenn die Gefühle zum Erzählzeitpunkt bereits abgeschlossen, also erloschen wären. Das widerspräche aber dem Kontext.
Beides möglich, bevorzugt aber *PPS (Indefinido)*	se convertía	Als Teil der Hintergrundsbeschreibung; hebt den allmählichen *Prozess* der Umwandlung hervor.
	se convirtió	Betont die Abgeschlossenheit und somit das *Ergebnis* der Umwandlung: die Liebe. Das passt besser in den Kontext. Zudem: Erster Teil einer Handlungskette.
Beides möglich, bevorzugt aber *PPS (Indefinido)*	rechazaba	Als Teil der Hintergrundsbeschreibung; konnotiert eine ständige oder wiederholte Ablehnung.
	rechazó	Betont die Abgeschlossenheit und somit die Endgültigkeit der Ablehnung. Das passt besser in den Kontext. Zudem: Weiterführung der Handlungskette.
Beides möglich, bevorzugt aber *PPS (Indefinido)*	conseguía	Als Teil der Hintergrundsbeschreibung; konnotiert eine wiederholte Bemühung.
	consiguió	Betont die Abgeschlossenheit und somit das Erlangen der Fünf-Jahres-Stelle. Das passt besser in den Kontext. Zudem: Weiterführung der Handlungskette.
Nur *PPS (Indefinido)*	*marchaba	Nicht möglich wegen *tras lo cual*, das den Anfang einer neuen Handlung markiert.

	marchó	Handlung zu einem konkreten Zeitpunkt (*tras lo cual*): Dann zog er in den Krieg. Zudem: Weiterführung der Handlungskette.
Nur *PPS (Indefinido)*	*regresaba	Nicht möglich wegen konkreter Zeitangabe (*el mismo día*).
	regresó	Handlung zu einem konkreten Zeitpunkt, Weiterführung der Handlungskette.
Nur *Imperfecto*	terminaba	*Terminar* fungiert hier als Hintergrundsbeschreibung in einem Relativsatz zur Haupthandlung *regresar*.
	*terminó	Nur möglich, wenn er zuerst zurückgekehrt wäre und dann die Stelle beendet hätte. Das widerspräche aber dem Kontext.
Nur *PPS (Indefinido)*	*se enteraba	Nicht möglich wegen konkreter Zeitangabe (*al llegar*).
	se enteró	Handlung zu einem konkreten Zeitpunkt (*al llegar*): Das Ankommen bildet den Hintergrund für das Gewahrwerden. Zudem: Teil einer Handlungskette.
Beides möglich, bevorzugt *Imperfecto*	acababa de contraer	Beschreibung dessen, was ihm klar geworden ist. Die Heirat fand *ese mismo día*, also am Tag seines Eintreffens statt. Die Zeremonie war noch nicht vollzogen, also unabgeschlossen.
	acabó de contraer	Möglich, wenn die Zeremonie zum Zeitpunkt seines Eintreffens bereits vollzogen (abgeschlossen) war. Hier eher unwahrscheinlich.
Nur *PPS (Indefinido)*	*conseguía	Nur als Hintergrundsbeschreibung möglich; dann aber: zu welcher Handlung?
	consiguió	Handlung zu einem konkreten Zeitpunkt, Abgeschlossenheit: Er hat tatsächlich erreicht, sie zu sehen. Zudem: Teil der Handlungskette.
Nur *PPS (Indefinido)*	*decía	Nur als Hintergrundsbeschreibung möglich, oder wenn er den Kusswunsch wiederholt geäußert hätte. Das widerspräche aber dem Kontext.
	dijo	Einmalige Handlung, Abgeschlossenheit: Er hat den Kusswunsch geäußert. Zudem: Teil der Handlungskette.
Nur *Imperfecto*	quería	Hintergrundsbeschreibung: Er wollte einen Kuss von ihr. Unabgeschlossenheit des Wollens. Zudem: indirekte Rede (*dijo*).
	*quiso	Wegen indirekter Rede (*dijo*) nicht möglich. Zudem: Abgeschlossenheit nicht gegeben: Er hat ja nicht aufgehört, einen Kuss zu wollen.

3.2 Textorientierte Übungen zu den Vergangenheitszeiten

Nur *PPS (Indefinido)*	*negaba	Nur als Hintergrundsbeschreibung möglich; dann aber: zu welcher Handlung? Widerspräche der Logik des Textaufbaus (Handlungskette).
	negó	Handlung zu einem konkreten Zeitpunkt, nämlich als Antwort auf seinen Kusswunsch. Zudem: Teil der Handlungskette.
Nur *PPS (Indefinido)*	*caía	Nur als Hintergrundsbeschreibung möglich; dann aber: zu welcher Handlung? Widerspräche der Logik des Textaufbaus (Handlungskette).
	cayó	Handlung zu einem konkreten Zeitpunkt, nämlich als Antwort auf ihr Nein. Abgeschlossenheit: Nach ihrem Nein fiel er gebrochenen Herzens tot um. Zudem: Ende der Handlungskette.
Nur *Imperfecto*	**se celebraba**	Hintergrundsbeschreibung für die folgende Handlungskette (ab *salió*).
	*se celebró	Würde bedeuten, dass die Begräbnisfeier zu Ende war und sich die erzählten Handlungen erst danach ereignet hätten. Das widerspräche aber dem Kontext.
Nur *PPS (Indefinido)*	*salía, *se arrojaba, *besaba, *moría	Nur als Hintergrundsbeschreibungen möglich; dann aber: zu welcher Handlung? Widerspräche der Logik des Textaufbaus (Handlungskette).
	salió, se arrojó, besó, murió	Aufeinander folgende Handlungen, Handlungskette: *Erst* ging sie auf den Sarg zu, *dann* beugte sie sich über den Toten, *dann* küsste sie ihn und *dann* starb sie.
Nur *Imperfecto*	**era**	Hintergrundsbeschreibung im Sinne einer Erklärung: Wer war diese Frau, die die Handlungen ausführte? Es war Isabel (Teilschau).
	*fue	Hier nicht möglich, da weder aus der Rückschau berichtet noch ein Fazit gezogen wird. Passt nicht in die Logik des Textaufbaus.
Nur *Imperfecto*	**quería**	Hintergrundsbeschreibung im Sinne einer Erklärung: Warum tat sie es? Sie wollte ihre Schuld begleichen. Unabgeschlossenheit des Wollens.
	*quiso	Abgeschlossenheit des Wollens nicht gegeben: Sie hat ja nicht aufgehört, ihre Schuld begleichen zu wollen.

4 Direkte und indirekte Rede

4.1 Grammatische Erläuterungen

Die indirekte Rede dient dazu wiederzugeben, was bereits einmal gesagt wurde. In der Regel gibt man wieder, was eine *andere* Person zu einem *früheren* Zeitpunkt gesagt hat. Aber es kommen auch die Varianten vor, dass (a) der Sprecher berichtet, was er selbst schon einmal gesagt hat, oder (b) man – z. B. für die schwerhörige Oma – wiederholt, was gerade eben gesagt wurde. In allen Fällen dient aber die indirekte Rede dazu, anderen Menschen Inhalte von Gesprächen mitzuteilen, die sie nicht mitbekommen haben; entweder weil sie bei dem ursprünglichen Gespräch körperlich oder geistig nicht anwesend waren oder weil sie aufgrund eines körperlichen Gebrechens (Schwerhörigkeit) oder eines erhöhten Geräuschpegels (Flugzeuglärm) bestimmte Teile des Gesprächs nicht hören konnten.

Anders als im Deutschen, wo die indirekte Rede im Modus Konjunktiv wiedergegeben wird, benutzt man dafür im Spanischen den Modus *Indicativo*. Bei der Umformung der direkten Rede *(estilo directo* oder *discurso directo)* in die indirekte Rede *(estilo indirecto* oder *discurso indirecto)* ist das vereinfachte Sechser-Schema (siehe Kapitel 4.1.4) sehr nützlich.

Bei der indirekten Rede kommt es zu dreierlei Umformungen:
1) Umformung des Tempus (siehe Kapitel 4.1.1 bis 4.1.7)
2) Umformung der Person (siehe Kapitel 4.1.8)
3) Umformung von Zeitausdrücken (siehe Kapitel 4.1.9)

Bei den Übungen zur indirekten Rede wird es im Folgenden vor allem um die Umformung des Tempus gehen. Die Umformung der Personen und Zeitausdrücke wird zwar erklärt, da es sich aber nicht um eine große Schwierigkeit handelt, in den Übungen nicht systematisch aufgegriffen.

Für die Umformung des Tempus gelten drei Grundregeln:

Regel	*Anweisung bezüglich Tempus*	*Auswirkung*
Regel 1:	Umformung nicht nötig	*Das Tempus bleibt gleich.*
Regel 2:	Umformung nötig und möglich	*Das Tempus wird verändert.*
Regel 3:	Umformung eigentlich nötig, aber praktisch nicht möglich	*Das Tempus bleibt gleich.*

In den Kapitel 4.1.1, 4.1.2 und 4.1.3 wird erklärt, ob und unter welchen Bedingungen eine Umformung des Tempus nötig und möglich ist und wie die Umformung gegebenenfalls zu erfolgen hat.

Die indirekte Rede setzt sich stets aus zwei Elementen zusammen: (a) dem Einleitungssatz zur indirekten Rede *(er sagt)* und (b) dem Inhalt der indirekten *Rede (dass er müde sei)*. Für die Frage, ob überhaupt, und wenn ja, wie das Tempus für die indirekte Rede umzuformen ist, hängt davon ab, welches Tempus im Einleitungssatz zur indirekten Rede verwendet wird. Um zu wissen, welche der drei Regeln anzuwenden

4.1 Grammatische Erläuterungen

ist, müssen wir als erstes feststellen, welches Tempus jeweils im Einleitungssatz vorgegeben ist.

Daraus ergibt sich ein klares methodisches Vorgehen:
1) *Als erstes ist das Tempus im Einleitungssatz zu ermitteln.*
2) *Als zweites ist das Tempus in der direkten Rede zu ermitteln.*
3) *Als drittes ziehen wir den Schluss, welche der drei Regeln anzuwenden und damit welches Tempus für die indirekte Rede zu wählen ist.*

Die drei Umformungsregeln sind im Folgenden entsprechend diesem methodischen Vorgehen so formuliert, dass zunächst vom Tempus des Einleitungssatzes ausgegangen wird, um zu entscheiden, ob eine Tempusumformung notwendig ist. Falls keine Umformung notwendig ist, kann das Tempus der direkten Rede übernommen werden. Falls eine Umformung erforderlich ist, stellen wir fest, welches Tempus in der direkten Rede verwendet wurde und ermitteln anhand des vereinfachten Sechser-Schemas (siehe Kapitel 4.1.4), wie umzuformen ist. Erst fragen wir uns also, *ob* und dann *wie* umzuformen ist.

4.1.1 Keine Umformung nötig: Das Tempus bleibt gleich

Regel 1: *Stehen im Einleitungssatz zur indirekten Rede die folgenden Tempora:*
Presente, Perfecto, Futuro *oder* **Condicional,**
so bleibt das ursprüngliche Tempus der direkten Rede erhalten.

Auch wenn das jeweilige Tempus erhalten bleibt, sind die Umformungen, die die Personen und die Zeitausdrücke betreffen, natürlich vorzunehmen. Die Beispielsätze in der folgenden Tabelle zeigen, dass in der indirekten Rede zwar die Person angepasst wird, das Tempus aber unverändert bleibt.

Direkte Rede	Indirekte Rede	
	Einleitungssatz	Inhalt der indirekten Rede
„**Estoy** cansada."	Dice / Ha dicho / Dirá / Diría	que **está** cansada.
„**He estado** cansada."	Dice / Ha dicho / Dirá / Diría	que **ha estado** cansada.
„**Compraré** cigarillos."	Dice / Ha dicho / Dirá / Diría	que **comprará** cigarillos.
„Me **gustaría** comprar cigarillos."	Dice / Ha dicho / Dirá / Diría	que le **gustaría** comprar cigarillos.
„Ayer **compré** cigarillos."	Dice / Ha dicho / Dirá / Diría	que ayer **compró** cigarillos.
„Luis siempre **fumaba** cigarillos."	Dice / Ha dicho / Dirá / Diría	que Luis siempre **fumaba** cigarillos.

Presente, Perfecto, Futuro, Condicional, PPS (Indefinido), Imperfecto Pluscuamperfecto	Presente / Perfecto / Futuro / Condicional	**Zeit der direkten Rede bleibt erhalten.**

In der folgenden Tabelle haben wir die Beispielsätze mit einer deutschen Übersetzung versehen. Der Übersichtlichkeit halber wird die 3. Person Singular einheitlich mit der weiblichen Form *(sie)* übersetzt, obschon die männliche Form *(er)* ebenso gut möglich wäre. Die folgende Tabelle führt Beispielsätze für die Anwendung von Regel 1 auf.

Nr.	Rede	Spanisch		Deutsch	
1	direkt		„Estoy cansada."		„Ich bin müde."
	indirekt	Dice	que está cansada.	Sie sagt,	dass sie müde sei.
2	direkt		„Estaría cansada."		„Ich würde müde sei."
	indirekt	Dice	que estaría cansada.	Sie sagt,	dass sie müde sein würde.
3	direkt		„Estaré cansada."		„Ich werde müde sei."
	indirekt	Diría	que estará cansada.	Sie würde sagen,	dass sie müde sein werde.
4	direkt		„Estuve cansada."		„Ich war müde."
	indirekt	Dirá	que estuvo cansada.	Sie wird sagen,	dass sie müde gewesen sei.
5	direkt		„Estaba cansada."		„Ich war müde."
	indirekt	Dirá	que estaba cansada.	Sie wird sagen,	dass sie müde gewesen sei.
6	direkt		„He estado cansada."		„Ich bin müde gewesen."
	indirekt	Ha dicho	que ha estado cansada.	Sie hat gesagt,	dass sie müde gewesen sei.

4.1 Grammatische Erläuterungen

4.1.2 Umformung nötig: Das Tempus wird verändert

Regel 2: *Stehen im Einleitungssatz zur indirekten Rede die folgenden Tempora: PPS (Indefinido), Imperfecto oder Pluscuamperfecto, so tritt im Nebensatz mit dem Inhalt der indirekten Rede eine Veränderung ein und die Tempora der direkten Rede werden wie folgt in die indirekte Rede umgewandelt:*

Tempus in der direkten Rede	Tempus in der indirekten Rede
Aus Presente	*wird* Imperfecto
Aus Perfecto	*wird* Pluscuamperfecto
Aus PPS (Indefinido)	*wird* Pluscuamperfecto *oder es bleibt* PPS (Indefinido)
Aus Futuro I	*wird* Condicional I
Aus Futuro II	*wird* Condicional II

Das *PPS (Indefinido)* nimmt eine Sonderstellung ein, insofern es ins *Pluscuamperfecto* zwar umgeformt werden kann, aber in der Regel, weil unnötig, nicht umgeformt, sondern beibehalten wird. Die Umformung von *Futuro I* in den *Condicional I* ist üblich und wird in der Regel bevorzugt; man findet aber auch die Umformung mit der Ersatzform *iba a + infinitivo*.

Die Beispielsätze in der folgenden Tabelle zeigen, dass in der indirekten Rede sowohl die Person angepasst wird als auch das Tempus verändert wird.

Direkte Rede	Indirekte Rede	
	Einleitungssatz	Inhalt der indirekten Rede
„He leído tu carta."	Dijo / Decía / Había dicho	que **había leído** tu carta.
„Leí tu carta."	Dijo / Decía / Había dicho	que **había leído** tu carta.
	Dijo / Decía / Había dicho	que **leyó** tu carta
„Leeré tu carta."	Dijo / Decía / Había dicho	que **leería** tu carta. (oder: que **iba a leer** tu carta.)
Presente, Perfecto, PPS (Indefinido) Futuro	*PPS (Indefinido) / Imperfecto / Pluscuamperfecto*	*Imperfecto Pluscuamperfecto PPS (Indefinido) / Pluscuamperfecto Condicional*

In der folgenden Tabelle haben wir die Beispielsätze mit einer deutschen Übersetzung versehen. Der Übersichtlichkeit halber wird die 3. Person Singular einheitlich mit der weiblichen Form *(sie)* übersetzt, obschon die männliche Form *(er)* ebenso gut möglich wäre. Die folgende Tabelle führt Beispielsätze für die Anwendung von Regel 2 auf.

Zur deutschen Übersetzung müssen wir noch eine Bemerkung beifügen. Im Deutschen steht in der indirekten Rede immer der Konjunktiv I. Wenn die Konjunktiv-I-Formen mit denen des Indikativ Präsens identisch sind, kann ersatzweise der Konjunktiv II verwendet werden. Der Konjunktiv II wird auch dann verwendet, wenn der

Sprecher Zweifel an der berichteten Äußerung andeuten möchte. Aus diesem Grund haben wir die Konjunktiv-II-Formen (*hätte*) in Klammern gesetzt.

Nr.	Rede	Spanisch		Deutsch	
1	direkt		„Leo tu carta."		„Ich lese deinen Brief."
	indirekt	Dijo	que leía tu carta.	Sie sagte,	dass sie deinen Brief lese.
2	direkt		„Leo tu carta."		„Ich lese deinen Brief."
	indirekt	Decía	que leía tu carta.	Sie sagte,	dass sie deinen Brief lese.
3	direkt		„Leo tu carta."		„Ich lese deinen Brief."
	indirekt	Había dicho	que leía tu carta.	Sie hatte gesagt,	dass sie deinen Brief lese.
4	direkt		„He leído tu carta."		„Ich habe deinen Brief gelesen."
	indirekt	Dijo	que había leído tu carta.	Sie sagte,	dass sie deinen Brief gelesen habe (hätte).
5	direkt		„He leído tu carta."		„Ich habe deinen Brief gelesen."
	indirekt	Decía	que había leído tu carta.	Sie sagte,	dass sie deinen Brief gelesen habe (hätte).
6	direkt		„He leído tu carta."		„Ich habe deinen Brief gelesen."
	indirekt	Había dicho	que había leído tu carta.	Sie hatte gesagt,	dass sie deinen Brief gelesen habe (hätte).
7	direkt		„Leeré tu carta."		„Ich werde deinen Brief lesen."
	indirekt	Dijo	que leería tu carta.	Sie sagte,	dass sie deinen Brief lesen werde.
8	direkt		„Leeré tu carta."		„Ich werde deinen Brief lesen."
	indirekt	decía	que leería tu carta.	Sie sagte,	dass sie deinen Brief lesen werde.
9	direkt		„Leí tu carta."		„Ich las deinen Brief."
	indirekt	Había dicho	que había leído tu carta.	Sie hatte gesagt,	dass sie deinen Brief gelesen habe (hätte).

4.1 Grammatische Erläuterungen

4.1.3 Keine Umformung möglich: Das Tempus bleibt gleich

Regel 3: *Stehen im Einleitungssatz zur indirekten Rede die folgenden Tempora: PPS (Indefinido), Imperfecto oder Pluscuamperfecto, so tritt im Nebensatz der indirekten Rede keine Veränderung ein, wenn folgende Zeiten bereits in der direkten Rede standen:*

Tempus in der direkten Rede	Tempus in der indirekten Rede
Imperfecto	*bleibt* Imperfecto
Pluscuamperfecto	*bleibt* Pluscuamperfecto
PPS (Indefinido)	*bleibt* PPS (Indefinido) *(oder wird zu* Pluscuamperfecto*)*
Condicional I	*bleibt* Condicional I
Condicional II	*bleibt* Condicional II

Die Beispielsätze in der folgenden Tabelle zeigen, dass in der indirekten Rede zwar die Person angepasst wird, das Tempus aber unverändert bleibt.

Direkte Rede	Indirekte Rede	
	Einleitungssatz	Inhalt der indirekten Rede
„**Había llovido** mucho."	Dijo / Decía / Había dicho	que **había llovido** mucho
„Me **gustaría** verte."	Dijo / Decía / Había dicho	que le **gustaría** verte
„Me **habría gustado** verte."	Dijo / Decía / Había dicho	que le **habría gustado** verte.
Imperfecto *PPS (Indefinido)* *Pluscuamperfecto* *Condicional*	*PPS (Indefinido) /* *Imperfecto /* *Pluscuamperfecto*	**Zeit der direkten Rede bleibt erhalten.**

In der folgenden Tabelle haben wir die Beispielsätze mit einer deutschen Übersetzung versehen. Der Übersichtlichkeit halber wird die 3. Person Singular einheitlich mit der weiblichen Form (*sie*) übersetzt, obschon die männliche Form (*er*) ebenso gut möglich wäre. Die folgende Tabelle führt Beispielsätze für die Anwendung von Regel 3 auf.

Nr.	Rede	Spanisch		Deutsch	
1	direkt		„Llovía mucho."		„Es regnete viel."
	indirekt	Dijo	que llovía mucho.	Sie sagte,	dass es viel regnete.
2	direkt		„Llovía mucho."		„Es regnete viel."
	indirekt	Decía	que llovía mucho.	Sie sagte,	dass es viel regnete.
3	direkt		„Llovía mucho."		„Es regnete viel."
	indirekt	Había dicho	que llovía mucho.	Sie hatte gesagt,	dass es viel regnete.
4	direkt		„Llovería mucho".		„Es würde viel regnen."
	indirekt	Dijo	que llovería mucho.	Sie sagte,	dass es viel regnen würde.

5	direkt		„Había llovido mucho."		„Es hatte viel geregnet."
	indirekt	Decía	que había llovido mucho.	Sie sagte,	dass es viel geregnet hätte.
6	direkt		„Había llovido mucho."		„Es hatte viel geregnet."
	indirekt	Había dicho	que había llovido mucho.	Sie hatte gesagt,	dass es viel geregnet hätte.
7	direkt		„Habría llovido mucho."		„Es würde viel geregnet haben".
	indirekt	Dijo	que habría llovido mucho.	Sie sagte,	dass es viel geregnet haben würde.
8	direkt		„Habría llovido mucho."		„Es würde viel geregnet haben".
	indirekt	Decía	que habría llovido mucho.	Sie sagte,	dass es viel geregnet haben würde.
9	direkt		„Habría llovido mucho."		„Es würde viel geregnet haben".
	indirekt	Había dicho	que habría llovido mucho.	Sie hatte gesagt,	dass es viel geregnet haben würde.

4.1.4 Das Schema für die Tempusumformung

Das Schema zur Tempusumformung von der direkten in die indirekte Rede (vereinfachtes Sechser-Schema)			
Zeitverhältnis Zeitstufe	Vorzeitigkeit (vorher)	Gleichzeitigkeit (jetzt)	Nachzeitigkeit (nachher)
Gegenwart	*Perfecto*	*Presente*	*Futuro*
Vergangenheit	*Pluscuamperfecto*	*Imperfecto*	*Condicional*

Bei der Umformung in die indirekte Rede ist das in der Tabelle oben angegebene vereinfachte Sechser-Schema sehr nützlich. Die Ersetzungsoperation, sofern eine solche erfolgen muss, erfolgt immer von oben nach unten (gerader Pfeil), gleichsam vom Erdgeschoss in den Keller. Der gebogene Pfeil symbolisiert die Unmöglichkeit, die in der untersten Tabellenzeile (dem »Keller«) stehenden Tempora zu ersetzen, da es – bildlich gesprochen – unterhalb des Kellers kein Stockwerk mehr gibt. Der Versuch, das *Pluscuamperfecto* umzuformen endet gleichsam darin, dass man auf das *Pluscuamperfecto* zurückgeworfen wird und es erhalten bleibt. Das Gleiche gilt auch für *Imperfecto* und *Condicional*.

4.1.5 Der *Subjuntivo* in der indirekten Rede

Wie eingangs erwähnt wird der *Subjuntivo* nicht für die Umformung der Tempora in die indirekte Rede verwendet. Dennoch kann es vorkommen, dass in einem Satz der indirekten Rede eine *Subjuntivo*-Form erscheint. Dies kann zwei Gründe haben:
(1) In der direkten Rede kam bereits eine *Subjuntivo*-Form vor; oder
(2) In der direkten Rede stand ein Imperativ, der in einen *Subjuntivo* umgeformt wird.

Die folgende Tabelle gibt Beispiele für die erste Möglichkeit, wo der *Subjuntivo* bereits in der direkten Rede verwendet wurde. In den Fällen, wo Regel 2 anzuwenden ist, ist das *Presente de Subjuntivo* umzuformen in das *Imperfecto de Subjuntivo* (vgl. Beispielsätze 2 und 4).

Nr.	Befehl	Spanisch		Deutsch	
1	direkt		„Es posible que llueva."		Es ist möglich, dass es regnet.
	indirekt	Dice	que es posible que llueva.	Er sagt,	es sei möglich, dass es regne.
2	direkt		„Es posible que llueva."		Es ist möglich, dass es regnet.
	indirekt	Dijo	que era posible que lloviera.	Er sagte,	es wäre möglich, dass es regne.
3	direkt		„Ojalá sea alguien que lo necesite."		"Hoffentlich ist es jemand, der es nötig hat."
	indirekt	Dice	que ojalá sea alguien que lo necesite.	Er sagt,	dass es hoffentlich jemand sei, der es nötig habe.
4	direkt		„Ojalá sea alguien que lo necesite."		"Hoffentlich ist es jemand, der es nötig hat."
	indirekt	Dijo	que ojalá fuera alguien que lo necesitara.	Er sagte,	dass es hoffentlich jemand sei, der es nötig habe.

Die zweite Möglichkeit bestand darin, dass der Imperativ in eine *Subjuntivo*-Form umgeformt wird. Man spricht dann – analog zur indirekten Rede – auch vom *indirekten Befehl*. In welche *Subjuntivo*-Form umzuformen ist, hängt vom Verb im Einleitungssatz der indirekten Rede ab. Die folgende Tabelle zeigt hierzu einige Beispiele.

Nr.	Befehl	Spanisch		Deutsch	
1	direkt		!Di la verdad!"		„Sag die Wahrheit!"
	indirekt	Dice	que digas la verdad.	Er sagt,	dass du die Wahrheit sagen sollst.
2	direkt		!Di la verdad!"		„Sag die Wahrheit!"
	indirekt	Dijo	que dijeras la verdad.	Er sagte,	dass du die Wahrheit sagen sollst.

3	direkt		„Hablad más alto!"		„Sprecht lauter!"
	indirekt	Dice	que habléis más alto.	Er sagt,	dass ihr lauter sprechen sollt.
4	direkt		„Hablad más alto!"		„Sprecht lauter!"
	indirekt	Dijo	que hablarais más alto.	Er sagte,	dass ihr lauter sprechen sollt.

4.1.6 Ausnahme: *PPS (Indefinido)*

Wie bereits erklärt, bildet das *PPS (Indefinido)* bei der Umformung in die indirekte Rede eine Ausnahme. Zum einen ist es die einzige Vergangenheitszeit, in die nicht umgeformt wird. Das *PPS (Indefinido)* kommt im que-Satz der indirekten Rede nur vor, wenn es zuvor bereits im Ausgangsatz (also dem Satz der direkten Rede) verwendet wurde. Zum anderen ist es die einzige Zeit, bei der in bestimmten Fällen eine Wahlmöglichkeit besteht, also *keine* eindeutige Zuordnung von *einem* Tempus in *ein* anderes Tempus vorliegt. Vielmehr kann das *PPS (Indefinido)* in das *Pluscuamperfecto* umgeformt werden – oder eben als *PPS (Indefinido)* erhalten bleiben.

Beim *PPS (Indefinido)* müssen wir daher zwei Fälle unterscheiden. Angenommen im Ausgangssatz steht das *PPS (Indefinido)* und im Einleitungssatz der idirekten Rede steht eine Gegenwartszeit, so dass Regel 1 anzuwenden ist; dann gilt: Das *PPS (Indefinido)* bleibt erhalten, kann also nicht wahlweise ins *Pluscuamperfecto* gesetzt werden, weil ja nach Regel 1 keine Umformung erfolgt. Steht jedoch im Einleitungssatz eine Vergangenheitszeit, so dass Regel 2 oder Regel 3 anzuwenden ist, dann besteht die Wahlmöglichkeit und das *PPS (Indefinido)* kann beibehalten oder ins *Pluscuamperfecto* umgeformt werden.

Beispielsatz nach Regel 1 (keine Umformung):
4.1.1 *Cristina Kirchner: „Recuerdo que tuvo que afrontar momentos difíciles."*
4.1.2 *La Presidenta argentina recordó que tuvo que afrontar momentos difíciles.*

Beispielsatz nach Regel 2 bzw. 3 (Umformung möglich):
4.1.3 *Cristina Kirchner: „Recuerdo que tuvo que afrontar momentos difíciles."*
4.1.4 *La Presidenta argentina recordó que tuvo que afrontar momentos difíciles.*
4.1.5 *La Presidenta argentina recordó que había tenido que afrontar momentos difíciles.*

Der Unterschied zwischen den beiden letzten Sätzen hinsichtlich der mitverstandenen Konnotation liegt im Anwendungskontext begründet. Solange die argentinische Präsidentin Cristina Kirchner noch im Amt ist, würde Satz 4.1.4 mit *PPS (Indefinido)* bevorzugt werden; schaut sie aber im Rückblick auf ihre Amtszeit zurück, die dann als vorzeitig vorgestellt wird, wird bevorzugt Satz 4.1.5 mit *Pluscuamperfecto* verwendet.

4.1.7 Ausnahme: *Presente* mit futurischer Bedeutung

Zunächst ist noch einmal grundsätzlich zu wiederholen, dass die hier vorgestellten Regeln sich an Lernende der TELC-Sprachstufen B1 und B2 wenden. Insofern sind sie als Grundregeln zu verstehen, mit denen – gemäß der 80/20-Methode – mindestens 80 % der Fälle entschieden werden können. Aus der Sicht von Muttersprachlern (C2-

4.1 Grammatische Erläuterungen

Niveau) oder sehr fortgeschrittenen Lernenden (C1-Niveau) stellen die Regeln eine gewisse Vereinfachung dar, da die Zusatzregeln und Ausnahmen nur in sehr beschränktem Umfang in diesem Lehrwerk behandelt werden. Dies hat didaktische Gründe: Wir wollen die Lernenden nicht mit zuviel ausnahmebezogener Information »erschlagen«, die dann eine zu komplizierte Darstellung der zugrundeliegenden grammatischen Sachverhalte erfordern würden.

Auf eine Zusatzregel möchten wir die Lernenden jedoch aufmerksam machen. Wenn das *Presente* **in futurischer Bedeutung** verwendet wird, dann neigen die meisten spanischen Muttersprachler dazu, das *Presente* als »gefühltes Futur« zu interpretieren und – wenn eine Umformung nach Regel 2 erfolgen muss – das *Condicional* einzusetzen.

4.1.6a *Pedro dice: „Mañana me voy a Sevilla."*
4.1.6b *Pedro dijo que el día siguiente se iría a Sevilla.*

4.1.8 Umformung der Person

Wie die Personenangaben umzuformen sind, hängt vom speziellen Kontext in jedem Einzelfall ab. Allgemein kann man jedoch sagen, dass in den meisten Fällen die 1. Person Singular *(yo)* in die 3. Person Singular *(él, ella, usted)* und die 1. Person Plural *(nosotros)* in die 3. Person Plural *(ellos, ellas, ustedes)* umzuformen sind. Dies gilt natürlich auch für die Possessivpronomen.

Eine Umformung der grammatischen Person unterbleibt natürlich in den Fällen, wo der Sprecher der direkten Rede mit dem Sprecher der indirekten Rede identisch ist. Solche Fälle liegen typischerweise vor, wenn ein Sprecher berichtet, was er selbst bei einer früheren Gelegenheit bereits gesagt hat.

4.1.9 Umformung von Zeitausdrücken

In der Regel liegt zwischen dem Zeitpunkt der direkten Rede und deren Wiedergabe in indirekter Rede (meist – aber nicht immer – durch eine andere Person) eine gewisse Zeitspanne. Frei nach dem Motto: Morgen ist heute schon gestern. Daher sind die Zeitausdrücke bei der Umformung in die indirekte Rede in der Regel ebenfalls zu verändern. Dies gilt natürlich nicht, wenn man am selben Tag wiedergibt, was gerade eben oder vor ein paar Stunden gesagt wurde.

Bei den Zeitausdrücken handelt es sich meistens um temporale Adverbien. Die folgende Tabelle zeigt die wichtigsten Beispiele und wie sie in der indirekten Rede wiedergegeben werden können, wenn eine Anpassung aufgrund des zeitlichen Kontextes erforderlich ist.

Zeitausdruck in der direkten Rede	Zeitausdruck in der indirekten Rede
hoy	*ese día*
ayer	*el día anterior*
mañana	*el día siguiente*
ahora	*entonces, en ese momento, en aquel momento*
ayer por la noche	*la noche anterior*
esta tarde	*esa tarde, aquella tarde*

4.2 Umformung in die indirekte Rede

4.2.1 Übung 1 zur indirekten Rede

Bitte formen Sie die folgenden Sätze in die indirekte Rede um!

Nr.	Direkte Rede	Indirekte Rede
1	No **tengo** ganas de estudiar.	Manuel dice que no .... ganas de estudiar.
2	No **tengo** ganas de estudiar.	Manuel dijo que no .... ganas de estudiar.
3	No me **siento** bien.	Carmen dice que no se .... bien.
4	No me **siento** bien.	Carmen dijo que no se .... bien.
5	No lo **sé**.	Juan dice que no lo ....
6	Vd. **tiene** que adelgazar.	El médico te dirá que .... que adelgazar.
7	**Voy** a llegar a las cinco.	Pilar dice que .... a llegar a las cinco.
8	**Voy** a llegar a las cinco.	Pilar dijo que .... a llegar a las cinco.
9	*Ayer* me **fui** a bailar con mi novio.	Inés ha dicho que *el día anterior* se .... a bailar con su novio.
10	*Ayer* me **fui** a bailar con mi novio.	Inés dijo que *el día anterior* se .... a bailar con su novio.
11	Si me **ayudas**, te **daré** mil pesetas.	Manuel me ha dicho que si lo ...., me .... mil pesetas.
12	Si me **ayudas**, te **daré** mil pesetas.	Manuel me dijo que si lo ...., me .... mil pesetas.
13	Carlos **tiene** razón.	Respondí que Carlos .... razón.
14	Carlos **tenía** razón.	Respondí que Carlos .... razón.
15	Me **casaré** a los veinte años.	María decía que se .... a los veinte años.
16	La **veré** *mañana*.	Juan dijo que la .... *el día siguiente*.
17	*Ahora* no **tengo** dinero.	Afirmó que *entonces* no .... dinero.
18	El trabajo **es** importante.	Sonia diría que el trabajo .... importante.
19	Me **gusta** viajar.	Paco había dicho que le .... viajar.
20	Ya **he viajado** mucho.	Paco dijo que ya .... mucho.

4.2.2 Umformungslösungen zur Übung 1

Nr.	Direkte Rede	Indirekte Rede
1	No **tengo** ganas de estudiar.	Manuel dice que no **tiene** ganas de estudiar.
2	No **tengo** ganas de estudiar.	Manuel dijo que no **tenía** ganas de estudiar.
3	No me **siento** bien.	Carmen dice que no se **siente** bien.
4	No me **siento** bien.	Carmen dijo que no se **sentía** bien.
5	No lo **sé**.	Juan dice que no lo **sabe**.
6	Vd. **tiene** que adelgazar.	El médico te dirá que **tienes (tendrías)** que adelgazar.
7	**Voy** a llegar a las cinco.	Pilar dice que **va** a llegar a las cinco.
8	**Voy** a llegar a las cinco.	Pilar dijo que **iba** a llegar a las cinco.
9	*Ayer* me **fui** a bailar con mi novio.	Inés ha dicho que *el día anterior* se **fue** a bailar con su novio.
10	*Ayer* me **fui** a bailar con mi novio.	Inés dijo que *el día anterior* se **fue (había ido)** a bailar con su novio.
11	Si me **ayudas**, te **daré** mil pesetas.	Manuel me ha dicho que si lo **ayudo**, me **dará** mil pesetas.
12	Si me **ayudas**, te **daré** mil pesetas.	Manuel me dijo que si lo **ayudaba**, me **daría** mil pesetas.
13	Carlos **tiene** razón.	Respondí que Carlos **tenía** razón.
14	Carlos **tenía** razón.	Respondí que Carlos **tenía** razón.
15	Me **casaré** a los veinte años.	María decía que se **casaría** a los veinte años.
16	La **veré** *mañana*.	Juan dijo que la **vería** *el día siguiente*.
17	*Ahora* no **tengo** dinero.	Afirmó que *entonces* no **tenía** dinero.
18	El trabajo **es** importante.	Sonia diría que el trabajo **es** importante.
19	Me **gusta** viajar.	Paco había dicho que le **gustaba** viajar.
20	Ya **he viajado** mucho.	Paco dijo que ya **había viajado** mucho.

4.2.3 Übung 2 zur indirekten Rede

Bitte formen Sie die folgenden Sätze in die indirekte Rede um!

Nr.	Direkte Rede	Indirekte Rede
1	Pronto **iré** a China.	Sancho decía que pronto .... a China.
2	María **era** rubia.	Alonso dijo que María .... rubia.
3	**Comí** mucho.	Dijo que .... mucho.
4	No **creo** eso.	Decía que no .... eso.
5	Mi hijo **es** muy aplicado.	El padre dijo que su hijo .... muy aplicado.
6	**Llegué** *ayer por la noche*.	Juan dijo que .... *la noche anterior*.
7	**Habíamos ido** al cine	Conchi dijo que .... al cine.
8	Hasta el miércoles lo **habré terminado**.	Rosa dijo que lo .... hasta el miércoles.
9	Os **ayudaré**.	Dice que nos ....
10	Os **ayudaré**.	Había dicho que nos ....
11	Me **he levantado** muy temprano.	Mi hermano ha dicho que se .... muy temprano.
12	Me **he levantado** muy temprano.	Mi hermano dijo que se .... muy temprano.
13	**Ha cometido** un error.	Su patrón dice que .... un error.
14	En España siempre me **encuentro** bien.	Me ha dicho que en España siempre se .... bien.
15	En España siempre me **encuentro** bien.	Me dijo que en España siempre se .... bien.
16	Yo no **fumaría** tanto como tú.	Juan dijo que él no .... tanto como yo.
17	Yo no **fumaría** tanto como tú.	Juan dice que él no .... tanto como yo.
18	Mis padres **fueron** al teatro.	María dijo que sus padres .... al teatro.
19	**He trabajado**, pero no **trabajaría** más.	Dijo que ...., pero que no .... más.
20	La traducción **concuerda** fielmente con su original.	Dijo que la traducción .... fielmente con su original.

4.2.4 Umformungslösungen zur Übung 2

Nr.	Direkte Rede	Indirekte Rede
1	Pronto **iré** a China.	Sancho decía que pronto **iría** a China.
2	María **era** rubia.	Alonso dijo que María **era** rubia.
3	**Comí** mucho.	Dijo que **comió** (**había comido**) mucho.
4	No **creo** eso.	Decía que no **creía** eso.
5	Mi hijo **es** muy aplicado.	El padre dijo que su hijo **era** muy aplicado.
6	**Llegué** *ayer por la noche*.	Juan dijo que **llegó** (**había llegado**) *la noche anterior*.
7	**Habíamos ido** al cine	Conchi dijo que **habían ido** al cine.
8	Hasta el miércoles lo **habré terminado**.	Rosa dijo que lo **habría terminado** hasta el miércoles.
9	Os **ayudaré**.	Dice que nos **ayudará**.
10	Os **ayudaré**.	Había dicho que nos **ayudaría**.
11	Me **he levantado** muy temprano.	Mi hermano ha dicho que se **ha levantado** muy temprano.
12	Me **he levantado** muy temprano.	Mi hermano dijo que se **había levantado** muy temprano.
13	**Ha cometido** un error.	Su patrón dice que **ha cometido** un error.
14	En España siempre me **encuentro** bien.	Me ha dicho que en España siempre se **encuentra** bien.
15	En España siempre me **encuentro** bien.	Me dijo que en España siempre se **encontraba** bien.
16	Yo no **fumaría** tanto como tú.	Juan dijo que él no **fumaría** tanto como yo.
17	Yo no **fumaría** tanto como tú.	Juan dice que él no **fumaría** tanto como yo.
18	Mis padres **fueron** al teatro.	María dijo que sus padres **fueron** (**habían ido**) al teatro.
19	**He trabajado**, pero no **trabajaría** más.	Dijo que **había trabajado**, pero que no **trabajaría** más.
20	La traducción **concuerda** fielmente con su original.	Dijo que la traducción **concordaba** fielmente con su original.

5 Der *Subjuntivo*

5.1 Der Modus *Subjuntivo*

Der *Subjuntivo* ist ein Modus. Für die spanische Sprache unterscheiden die meisten Grammatiken drei verschiedene Modi: *Indicativo, Subjuntivo* und *Imperativo* (NGLE 2010: 474; Ridruejo 1999: 3218). Eine Sonderstellung im spanischen Temporalsystem nimmt das *Condicional* ein (siehe dazu Kapitel 8.1). Auch im Deutschen unterscheiden wir dieselben drei Modi (Indikativ, Konjunktiv und Imperativ).

Ein Modus drückt die Art und Weise aus, in der etwas geäußert wird. Im Indikativ/*Indicativo* stehen Äußerungen, deren Faktizität behauptet wird, während der Konjunktiv/*Subjuntivo* in Äußerungen verwendet wird, deren Faktizität nicht gegeben oder in Frage gestellt ist. Der Imperativ wird in den meisten indoeuropäischen Sprachen – so auch im Deutschen und Spanischen – für den Ausdruck von Befehlen, Bitten und Forderungen verwendet (Lyons 1983: 349).

Für das Spanische gilt, dass der **Indikativ** der **Modus der Realität** oder **Faktizität** ist, während der *Subjuntivo* der **Modus der Nicht-Realität, Nicht-Faktizität** oder (Noch-)Nicht-Verwirklichung ist (Alarcos 1970: 101).

Während der deutsche Imperativ im Spanischen sehr einfach mit dem *Imperativo* wiedergegeben und der deutsche Konjunktiv[1] häufig mit dem *Condicional* übersetzt wird, kann der deutsche Indikativ sowohl mit dem spanischen *Indicativo* als auch mit dem spanischen *Subjuntivo* wiedergeben werden. Dies ist aber nicht beliebig, hängt auch nicht von der jeweils gemeinten Sprechereinstellung ab, sondern wird vom grammatischen Kontext des Hauptsatzes vorgegeben. Nur in sehr wenigen Fällen ist es tatsächlich die Sprechereinstellung, die über die Verwendung des *Subjuntivo* entscheidet. In den allermeisten Fällen sind es objektive Kriterien, die im Folgenden ausführlich dargestellt werden.

Stellt man die Kontexte, die den Indikativ erfordern, jenen Kontexten gegenüber, die den *Subjuntivo* nach sich ziehen, ergibt sich die folgende Tabelle.

Kontexte mit Indikativ (Realität, Faktizität)	Kontexte mit *Subjuntivo* (Nicht-Realität, Nicht-Faktizität)
Ereignis (*acaecimiento*)	Wille, Absicht, Beeinflussung (*voluntad, intención, influencia*)
Sagen und Meinen (*comunicación*)	Gefühle (*afección*)
Verstehen (*entendimiento*)	Gegensatz (*oposición*)
Wahrnehmen (*percepción*)	Grund (*causa*)
Gewissheit (*certeza*)	Folge (*consecución*)
	Richtung oder Neigung (*dirección o inclinación*)
	Bewertung (*valoración*)
	Häufigkeit (*frecuencia*)

---

[1] In vielen Kontexten entspricht vor allem der deutsche Konjunktiv II dem spanischen *Condicional*.

5.1 Der Modus *Subjuntivo*

Die beiden wichtigsten Kontexte für den *Subjuntivo* sind Willens- und Gefühlsäußerungen. Mit diesen beiden Kategorien sind bereits ca. 70 % der Fälle abgedeckt. Weitere ca. 10 % der Fälle sind auf die Verwendung bestimmter Konjunktionen zurückzuführen. Die restlichen ca. 20 % der Fälle verteilen sich auf die anderen sechs in der Tabelle genannten Kategorien.

Die Kontexte werden in der Regel durch Verben, Substantive oder Adjektive im Hauptsatz vorgegeben. Für den Indikativ seien die wichtigsten Signalwörter für die entsprechenden Kontexte in der folgenden Tabelle aufgeführt. Die entsprechenden Signalwörter für den *Subjuntivo* werden in den beiden nächsten Kapiteln ausführlich besprochen.

Kontexte mit Indikativ	Signalwörter für die Indikativverwendung
Ereignis	*acontecer, ocurrir, suceder*
Sagen und Meinen	*afirmar, aludir a, apuntar, asegurar, comentar, conversar sobre, decir, describir, gritar, hablar de, indicar, mencionar, pregonar, repetir, revelar, señalar, sostener, sugerir, venir con*
Verstehen	*aprender, averiguar, convencer de, creer, enterarse de, estar al tanto de, leer, olvidar, saber, enterado, seguro, convencimiento, impresión, noticia*
Wahrnehmen	*advertir, caer en la cuenta de, encontrarse con, mirar, notar, observar, oír, percibir, recordar, reparar en, tropezar con, ver*
Gewissheit	*cierto, claro, evidente, obvio, patente, seguro*

Diese Lerneinheit zielt in erster Linie darauf ab, die Anwendungs- und Übersetzungsmöglichkeiten des Modus *Subjuntivo* zu erklären. Des Weiteren werden die Anwendungs- und Übersetzungsmöglichkeiten des *Condicional* beleuchtet. Nicht explizit wird sich mit dem *Indicativo* auseinandergesetzt, jedoch wird erklärt, wann der *Indicativo* anstelle des *Subjuntivo* verwendet wird (insbesondere bei bestimmten Konjunktionen, spanischen Adverbien, persönlichen Stellungnahmen usw.).

Als Modus kommt der *Subjuntivo* in sechs Tempora vor: *Presente, Perfecto, Imperfecto, Pluscuamperfecto, Futuro Simple* und *Futuro Compuesto*. Die beiden Futurformen werden in der heutigen Umgangssprache nicht mehr verwendet, auch in der Schriftsprache kommen sie nur noch selten vor (NGLE 2010: 458), so dass sie im Folgenden nicht behandelt werden.

Das komplette Zeitenschema für die *Subjuntivo*-Tempora sieht für die Beispielverben *ser* und *cantar* wie folgt aus:

Das Zeitenschema für die *Subjuntivo*-Tempora der Verben *ser* und *cantar*			
	Vorzeitigkeit	Gleichzeitigkeit	Nachzeitigkeit
Gegenwartsstufe	haya sido haya cantado	sea cante	fuere cantare
Vergangenheitsstufe	hubiera sido hubiera cantado	fuera cantara	hubiere sido hubiere cantado

Der *Subjuntivo* ist ein Modus, der im Spanischen unter bestimmten Bedingungen obligatorisch zu setzen ist. So steht der *Subjuntivo* zum Beispiel nach den Verben der Gefühls- und Willensäußerung, in verneinten persönlichen Stellungnahmen und in bestimmten Fragesätzen, nach einigen unpersönlichen Ausdrücken, in bestimmten Redewendungen und nach einer Reihe von Konjunktionen.

Um den *Subjuntivo* korrekt anzuwenden, empfiehlt es sich zunächst, sich die nachfolgend aufgeführten Verben, Konjunktionen und unpersönlichen Ausdrücke gut einzuprägen und entsprechende Übungen zu machen, in denen man die korrekte Umformung des gebeugten Verbs in den *Subjuntivo* erlernt und den Satz ins Deutsche übersetzt. So kann man selbstständig prüfen, welcher Modus im Deutschen an die Stelle des *Subjuntivo* tritt. Nach diesen Übungen lernt man zu unterscheiden, auf *welche* spanischen Verben, Konjunktionen und unpersönlichen Ausdrücke der *Subjuntivo* folgt und auf welche der Indikativ.

Merke: Im Spanischen ist der Indikativ der Modus der Realität oder Faktizität; und der Subjuntivo *ist der Modus der Nicht-Realität oder Nicht-Faktizität.*

5.2 Der *Subjuntivo* in Verbindung mit Verben

5.2.1   Der *Subjuntivo* nach Verben der Gefühlsäußerung

Wenn man auf Spanisch ausdrücken will, wie sein Gefühl gegenüber einer Sache ist, benutzt man den *Subjuntivo*. Dies bedeutet: Immer wenn ein Verb der Gefühlsäußerung im Hauptsatz steht, muss im Nebensatz eine Form des *Subjuntivo* verwendet werden. Der *Subjuntivo* steht somit obligatorisch nach Verben der Gefühlsäußerung.

     5.2.1a   *Me gusta que vengas.*
     5.2.1b   *Mir gefällt es, dass du kommst.*
     5.2.2a   *Temo que la haya asesinado.*
     5.2.2b   *Ich fürchte, dass er sie ermordet hat.*
     5.2.3a   *Me extrañó que no pudiera venir.*
     5.2.3b   *Es wunderte mich, dass er nicht kommen konnte.*

Das Verb *dudar* stellt einen Sonderfall dar. Ist es bejaht (*dudo que*), dann drückt es Zweifel aus und wird mit *Subjuntivo* verbunden. Wird es jedoch verneint (*no dudo que*), dann ist mit der Aussage kein Zweifel, sondern eine Gewissheit verbunden. Der Zustand *Gewissheit* gilt linguistisch gesehen nicht als Gefühl. Deshalb steht, wenn *dudar* verneint ist, der Indikativ. Es wird dann ähnlich wie die Verben der verneinten persönlichen Stellungnahme behandelt (vgl. Kapitel 5.2.3).

     5.2.4a   *Dudo que lo hayas hecho.*
     5.2.4b   *Ich zweifele, dass du es gemacht hast.*
     5.2.5a   *No dudo que lo hayas hecho.*
     5.2.5b   *Ich zweifele nicht, dass du es gemacht hast.*

Bei den anderen Verben der Gefühlsäußerung spielt es keine Rolle, ob sie bejaht oder verneint sind, da sie stets Gefühle ausdrücken. Nur bei *dudar / no dudar* gibt es einen kategorialen Wechsel vom Zweifel (*dudo*) zur Gewissheit (*no dudo*).

5.2 Der *Subjuntivo* in Verbindung mit Verben

Im Deutschen wird an diesen Stellen kein Konjunktiv verwendet, sondern der Indikativ. In der nachfolgenden Tabelle sind die wichtigsten Verben der Gefühlsäußerung aufgeführt.

Verben der Gefühlsäußerung					
Verben mit *Subjuntivo*	Deutsche Bedeutung	Verben mit *Subjuntivo*	Deutsche Bedeutung	Verben mit *Subjuntivo*	Deutsche Bedeutung
agradar	Gefallen	dudar (nur bejaht)	zweifeln	molestar	stören
agradecer	Danken	encantar	begeistern	sentir	leid tun
alegrarse de	sich freuen	extrañarse	sich wundern	sorprender	erstaunen
detestar	verabscheuen	gustar	gefallen	temer	fürchten
disgustar	missfallen	lamentar	bedauern		

Merke: Nach Verben der Gefühlsäußerung steht im Nebensatz immer und obligatorisch der Subjuntivo.

Nach dudar que *steht im Nebensatz der* Subjuntivo, *nach* no dudar que *aber der Indikativ.*

5.2.2 Der *Subjuntivo* nach Verben der Willensäußerung

Wenn man im Spanischen eine Forderung oder Willensäußerung ausdrückt, so steht das Verb des Nebensatzes im *Subjuntivo*, wenn Haupt- und Nebensatz verschiedene Subjekte haben. Haben Haupt- und Nebenhandlung jedoch dasselbe Subjekt, so verwendet man eine Infinitivkonstruktion statt eines Nebensatzes mit *que*.
Der *Subjuntivo* bei Verben der Willensäußerung drückt zwar den Sachverhalt auf eine subjektive, persönlich empfundene Art aus. Es liegt aber nicht im Ermessen des Sprechers, zwischen *Subjuntivo* und Indikativ zu wählen. Die spanische Grammatik ist hier eindeutig: Der *Subjuntivo* steht obligatorisch nach Verben der Willensäußerung.

5.2.6a *Deseo que vengas.*
5.2.6b *Ich wünsche, dass du kommst.*
5.2.7a *Exijo que vengas.*
5.2.7b *Ich fordere, dass du kommst.*

In der nachfolgenden Tabelle sind die wichtigsten Verben der Willensäußerung aufgeführt.

Verben der Willensäußerung					
Verben mit *Subjuntivo*	Deutsche Bedeutung	Verben mit *Subjuntivo*	Deutsche Bedeutung	Verben mit *Subjuntivo*	Deutsche Bedeutung
aconsejar a alg.	jmd. raten	esperar	hoffen, erwarten	perdonar a alg.	jmd. verzeihen
advertir a alg.	jmd. warnen	evitar	Vermeiden	permitir a alg.	jmd. etw. erlauben
confiar en	vertrauen auf	exigir	fordern	preferir	vorziehen

consentir	erlauben, genehmigen	hacer que alg.	veranlassen, dass jmd.	procurar	(zu erreichen) versuchen
decidir	beschließen	insistir en que	bestehen auf	prohibir a alg.	jmd. etw. verbieten
decir a alg.	jdm. sagen (raten)	mandar	befehlen	proponer	vorschlagen
dejar	zulassen	obligar a alg.	jmd. zwingen	querer	wollen
desear	wünschen	oponerse a	dagegen sein	recomendar	empfehlen
empeñarse en	bestehen auf	ordenar	verfügen, anordnen	rogar a alg.	bitten
encargar a alg.	jdn beauftragen	pedir a alg.	jmd. bitten	solicitar	erbitten
negarse a algo	etwas verneinen	negarse a alguien	sich jmd. verweigern	suplicar	ersuchen

Merke: Nach Verben der Willensäußerung steht im Nebensatz immer und obligatorisch der Subjuntivo.

5.2.3 Der *Subjuntivo* nach verneinten persönlichen Stellungnahmen

Im Spanischen wird der *Subjuntivo* – anders als in anderen romanischen Sprachen – nur bei der *verneinten* persönlichen Stellungnahme und bei Fragen bezüglich persönlicher Stellungnahmen verwendet. Bei bejahten persönlichen Stellungnahmen steht hingegen der Indikativ.

    5.2.8a *Creo que viene hoy.*
    5.2.8b *Ich glaube, dass er heute kommt.*
    5.2.9a *No creo que venga hoy.*
    5.2.9b *Ich glaube nicht, dass er heute kommt*
    5.2.10a *¿Crees que venga hoy?*
    5.2.10b *Glaubst du, dass er heute kommt?*
    5.2.11a *Afirmo que tiene razón.*
    5.2.11b *Ich bestätige, dass er Recht hat.*
    5.2.12a *No afirmo que tenga razón.*
    5.2.12b *Ich bestätige nicht, dass er Recht hat.*

Werden die Verben der verneinten persönlichen Stellungnahme in einer Frage verwendet, dann sind zwei Fälle zu unterscheiden: (a) Geht der Fragesteller davon aus, dass der fragliche Sachverhalt eine Tatsache ist, dann steht Indikativ; (b) Der *Subjuntivo* wird hingegen verwendet, wenn für den Fragesteller die Faktizität des Sachverhalts noch nicht gegeben, also zweifelhaft ist.

    Im Fragesatz 5.2.13a steht aus diesem Grund der *Subjuntivo*. Ob es sich bei dem Sachverhalt (*venir hoy; tener razón*) um eine Tatsache handelt (oder nicht), ist in diesen beiden Beispielsätzen im Wortsinne *fraglich* und muss erst noch ermittelt werden

5.2 Der *Subjuntivo* in Verbindung mit Verben

(Nicht-Faktizität). Im Beispielsatz 5.2.14a setzt der Fragesteller den Sachverhalt als gegeben voraus und fragt lediglich den Angesprochenen nach seiner Meinung zu dem Sachverhalt; daher steht hier der Indikativ.

5.2.13a *¿Afirmas que tenga razón? (Ich weiß nicht, ob er Recht hat; was meinst du?)*
5.2.13b *Bestätigst du, dass er Recht hat?*
5.2.14a *¿Afirmas (también) que tiene razón? (Ich denke, dass er Recht hat; du auch?)*
5.2.14b *Bestätigst du (auch), dass er Recht hat?*

Die Verneinung muss das Verb im Hauptsatz betreffen; bezieht sich die Verneinung nur auf das Verb im Nebensatz, wird Indikativ verwendet:

5.2.15a *Creo que **no** viene hoy.*
5.2.15b *Ich glaube, dass er heute nicht kommt.*
5.2.16a *Afirmo que **no** tiene razón.*
5.2.16b *Ich bestätige, dass er nicht Recht hat.*

In der nachfolgenden Tabelle sind die wichtigsten Verben der persönlichen Stellungnahme aufgeführt, die – wenn **verneint**!– den *Subjuntivo* nach sich ziehen. Um dies zu verdeutlichen, ist bei jedem Verb die Verneinung (*no/nicht*) hinzugefügt.

Verben der persönlichen Stellungnahme					
Verben mit *Subjuntivo*	**Deutsche Bedeutung**	**Verben mit** *Subjuntivo*	**Deutsche Bedeutung**	**Verben mit** *Subjuntivo*	**Deutsche Bedeutung**
no creer	nicht glauben	no pensar	nicht denken	no afirmar	nicht behaupten
no decir	nicht sagen	no recordar	nicht erinnern		

Im Deutschen wird weder durch die bejahte noch durch die verneinte persönliche Stellungnahme ein Konjunktiv eingeleitet.

Merke: *Wenn ein Verb der persönlichen Stellungnahme verneint ist, steht im Nebensatz immer und obligatorisch der Subjuntivo.*

Wenn ein Verb der persönlichen Stellungnahme bejaht ist, steht im Nebensatz der Indikativ.

Bei Fragen mit Verben der persönlichen Stellungnahme steht der Subjuntivo, wenn die Faktizität des Sachverhalts fraglich ist; wird die Faktizität des Sachverhalts jedoch vorausgesetzt, steht der Indikativ.

5.2.4 Der *Subjuntivo* nach unpersönlichen Ausdrücken

Im Spanischen steht nach bestimmten unpersönlichen Ausdrücken der *Subjuntivo*, weil durch die unpersönlichen Ausdrücke eine gewisse Subjektivität wiedergegeben wird.

5.2.17a *Es difícil que tú le digas la verdad.*
5.2.17b *Es ist schwierig, ihr/ihm die Wahrheit zu sagen.*
5.2.18a *Es peligroso que te quedes en casa sola.*
5.2.18b *Es ist gefährlich, dass du allein zu Hause bleibst.*

Durch diese Äußerungen tut der Sprecher kund, dass er der Meinung ist, dass es schwierig bzw. gefährlich ist, etwas zu tun.

    5.2.19a *Es lógico que venga.*
    5.2.19b *Es ist (für mich) logisch, dass er kommt.*

Achtung: Bei folgenden unpersönlichen Ausdrücken wird der Indikativ verwendet, obwohl man auch hier unterstellen könnte, dass der Sprecher durch die persönlichen Ausdrücke seine eigene Meinung kundtut. Aus grammatischer Sicht geht es aber hier um den Kontext der **Gewissheit** (vgl. Tabelle S. 141), der eine mögliche Subjektivität der Meinung in den Hintergrund rücken lässt. Bin ich mir einer Sache gewiss, dann steht deren Faktizität für mich fest.

    5.2.20a *Está claro que viene.*
    5.2.20b *Es ist klar, dass er kommt.*
    5.2.21a *Es obvio que ha dicho la verdad.*
    5.2.21b *Es ist offensichtlich, dass er die Wahrheit gesagt hat.*
    5.2.22a *Es seguro que viene mi madre.*
    5.2.22b *Es ist sicher, dass meine Mutter kommt.*

Auch hier kann man dem Sprecher eine gewisse Subjektivität unterstellen, da es *für ihn* klar bzw. offensichtlich ist, dass eine bestimmte Sache eintrifft bzw. eingetroffen ist. Trotz allem ist der *Subjuntivo* bei diesen unpersönlichen Ausdrücken nicht gebräuchlich. Dies liegt daran, dass der subjektive Faktor gegenüber der allgemeinen Meinung nicht ins Gewicht fällt, wenn die Dinge *klar, offensichtlich, sicher* oder *gewiss* sind.

Im Deutschen steht nach den unpersönlichen Ausdrücken immer der Indikativ. In der folgenden Tabelle sind die wichtigsten unpersönlichen Ausdrücke aufgeführt, die den *Subjuntivo* erfordern. Unpersönliche Ausdrücke stehen immer in der 3. Person Singular (spanisch: *es*; deutsch:*es ist*). In der Tabelle wurde der Übersichtlichkeit halber nur das *Presente* angegeben, sie können aber natürlich in allen Tempora – vor allem *PPS (Indefinido)* und *Imperfecto* – vorkommen.

Ergänzend anzumerken ist, dass einige Adverbien, die eine Möglichkeit oder Wahrscheinlichkeit ausdrücken, wie z. B. *posiblemente* oder *probablemente*, genauso funktionieren wie die entsprechenden unpersönlichen Ausdrücken *es posible* oder *es probable* und daher ebenfalls den *Subjuntivo* nach sich ziehen.

    5.2.23a *Posiblemente haya dicho la verdad.*
    5.2.23b *Möglicherweise hat er die Wahrheit gesagt.*

Unpersönliche Ausdrücke			
Unpersönlicher Ausdruck	Deutsche Übersetzung	Unpersönlicher Ausdruck	Deutsche Übersetzung
es aconsejable	es ist ratsam	es obligatorio	es ist Pflicht
es bueno	es ist gut	es peligroso	es ist gefährlich
es conveniente	es ist angebracht	es peor	es ist schlimmer
es desagradable	es ist unangenehm	es posible	es ist möglich
es difícil	es ist schwierig	es probable	es ist wahrscheinlich
es fácil	es ist leicht	es preciso	es ist notwendig

5.2 Der *Subjuntivo* in Verbindung mit Verben

es fundamental	es ist wesentlich	es raro	es ist seltsam
es importante	es ist wichtig	es sensato	es ist vernünftig
es imposible	es ist unmöglich	es sorprendente	es ist erstaunlich
es imprescindible	es ist unabdingbar	es triste	es ist traurig
es inútil	es hat keinen Zweck	es útil	es ist nützlich
es justo	es ist richtig	es una lástima	es ist schade
es lástima	es ist schade	es una lata	es ist eine dumme Geschichte
es lógico	es ist logisch	es una pena	es ist schade
es malo	es ist schlecht	es una vergüenza	es ist eine Schande
es maravilloso	es ist wunderbar	está bien	es ist gut
es mejor	es ist besser	está mal	es ist schlecht
es menester	es ist notwendig	conviene	es ist angebracht
es natural	es ist natürlich	hace falta	es ist nötig
es necesario	es ist notwendig	no sirve	es hat keinen Zweck
es normal	es ist normal	más vale	es ist besser

Merke: Nach den aufgeführten unpersönlichen Ausdrücken steht im Nebensatz *immer und obligatorisch der* Subjuntivo.

5.2.5 Der *Subjuntivo* nach subjektiven Bewertungen

Es gibt unpersönliche Ausdrücke, die als zusätzliches Merkmal eine subjektive Bewertung enthalten. Einige Grammatiken unterscheiden daher nicht zwischen diesen beiden Arten von unpersönlichen Ausdrücken. Aus lerntechnischen Gründen scheint uns die Unterscheidung jedoch sinnvoll zu sein.

Die unpersönlichen Ausdrücke der subjektiven Bewertung stehen ebenfalls in der 3. Person Singular und ähneln vom Bedeutungsgehalt den Verben der Gefühlsäußerung. Sie erfordern die Verwendung des *Subjuntivo*.

5.2.24a *Es agradable que tú estés aquí.*
5.2.24b *Es ist angenehm, dass du hier bist.*
5.2.25a *Es bueno que hayas hecho tus deberes.*
5.2.25b *Es ist gut, dass du deine Hausaufgaben gemacht hast.*

Im Deutschen steht an diesen Stellen ausnahmslos der Indikativ. In der nachfolgenden Tabelle sind die wichtigsten unpersönlichen Ausdrücke der subjektiven Bewertung aufgeführt, die den *Subjuntivo* erfordern.

Unpersönliche Ausdrücke der subjektiven Bewertung			
Subjektive Bewertung	Deutsche Übersetzung	Subjektive Bewertung	Deutsche Übersetzung
me agrada	es gefällt mir	es agradable	es ist angenehm
me alegra de	es freut mich	me basta	es genügt mir
es bueno	es ist gut	está bien	es ist gut
me desagrada	es missfällt mir	me disgusta	es gefällt mir nicht
me encanta	ich freue mich sehr	me extraña	es ist seltsam
me fastidia	es ärgert mich	me hace gracia	es gefällt mir
me gusta	es gefällt mir	me indigna	es empört mich
es inútil	es hat keinen Zweck	es justo	es ist richtig
es lástima	es ist schade	es una lata	es ist eine dumme Geschichte
está mal	es ist schlecht	me molesta	es stört mich
es natural	es ist natürlich	es sensato	es ist vernünftig
no sirve	es hat keinen Zweck	me sorprende	es überrascht mich
es sorprendente	es ist erstaunlich	es útil	es ist nützlich
es una vergüenza	es ist eine Schande		

Merke: *Nach den aufgeführten unpersönlichen Ausdrücken der subjektiven Bewertung steht im Nebensatz immer und obligatorisch der* Subjuntivo.

5.2.6 Der *Subjuntivo* nach einer unbestimmten Nominalgruppe

Bildet eine unbestimmte Nominalgruppe das Subjekt des Hauptsatzes, dann steht im nachfolgenden Relativsatz der *Subjuntivo*. Eine Nominalgruppe gilt als unbestimmt, wenn es aufgrund des Kontextes dem Sprecher nicht klar ist (oder nicht klar sein kann), um wen genau es sich handelt. Typische unbestimmte Nominalgruppen sind: *el que, la que, los que* und *las que*. Wenn der Sprecher nicht weiß, um welche Person(en) es sich genau handelt, muss der *Subjuntivo* verwendet werden. Der Unterschied zwischen Satz 5.2.26a und Satz 5.2.27a besteht darin, dass bei Satz 5.2.27a die Prüfung schon geschrieben, aber noch nicht bekannt ist, wer bestanden hat; und bei Satz 5.2.26a die Prüfung erst noch geschrieben werden muss. Mit der Verwendung des *Subjuntivo* wird also implizit auch das Zeitverhältnis zwischen dem Sprechzeitpunkt und der Handlung im Nebensatz ausgedrückt.

5.2.26a *A los que aprueben los invitaremos.*
5.2.26b *Diejenigen, die bestehen, werden wir einladen.*
5.2.27a *A los que hayan aprobado los invitaremos.*
5.2.27b *Diejenigen, die bestanden haben, werden wir einladen.*

Im Gegensatz dazu steht im folgenden Satz der Indikativ:

5.2.28a *A los que han aprobado los invitamos.*

5.2 Der *Subjuntivo* in Verbindung mit Verben

5.2.28b *Diejenigen, die bestanden haben, laden wir ein.*

Im Unterschied zu Satz 5.2.26a weiß man in Satz 5.2.28a bereits, wer bestanden hat, und spricht denjenigen eine Einladung aus. Damit ist die Nominalgruppe nicht mehr unbestimmt.

Durch Verwendung des Indikativs gibt der spanische Sprecher implizit zu verstehen, dass ihm die Namen derjenigen, die bestanden haben, bekannt oder zumindest zugänglich sind. Die Verwendung des *Subjuntivo* impliziert die semantische Information, dass die Namen aus prinzipiellen Gründen noch nicht bekannt sein können, weil z. B. die Klausur selbst oder die Korrektur der Klausur noch aussteht.

5.2.29a *El que haya visto el atraco, que se dirija a la policía.*
5.2.29b *Derjenige, der den Unfall gesehen hat, möge sich bitte an die Polizei wenden.*
5.2.29c *Falls jemand den Unfall gesehen hat, soll derjenige sich bitte an die Polizei wenden.*
5.2.30a *El que ha visto el atraco que se dirija a la policía.*
5.2.30b *Derjenige, der den Unfall gesehen hat, möge sich bitte an die Polizei wenden.*

Die obigen Beispielsätze 5.2.29a und 5.2.30a sind sich sehr ähnlich und scheinen sich in den Übersetzungen, die die Relativsatzstruktur abbilden (5.2.29b und 5.2.30b), überhaupt nicht mehr zu unterscheiden. In der Übersetzung 5.2.29c, die mit einem Konditionalsatz arbeitet, wird der Unterschied in der Bedeutung zum Satz mit der Relativsatzstruktur (5.2.29b) deutlich. Während bei Satz 5.2.29a noch nicht klar ist, ob überhaupt jemand den Unfall gesehen hat, ist dies bei Satz 5.2.30a schon sicher, so dass wir diese – bestimmte – Person auffordern können, sich an die Polizei zu wenden.

Die nachfolgenden Beispielsätze zum Unterschied von bestimmter und unbestimmter Nominalgruppe zeigen, dass Übersetzungen, die die *syntaktische* Struktur abzubilden versuchen, gerade nicht in der Lage sind, den *semantischen* Unterschied wiederzugeben, der zwischen den spanischen Ausgangssätzen besteht. Dies ist in der Regel nur durch eine überdeutliche Übersetzung möglich.

5.2.31a *El que se oponga a esta propuesta que levante la mano.*
5.2.31b *Derjenige, der gegen diesen Vorschlag ist, möge bitte die Hand heben.*
5.2.31c *Falls jemand gegen den Vorschlag ist, möge er bitte die Hand heben.*
5.2.32a *El que se opone a esta propuesta que levante la mano.*
5.2.32b *Derjenige, der gegen diesen Vorschlag ist, möge bitte die Hand heben.*
5.2.32c *Die Person, von der ich weiß, dass sie gegen den Vorschlag ist, möge bitte die Hand heben.*
5.2.33a *No conozco ningún diccionario que registre esta palabra.*
5.2.33b *Ich kenne kein Wörterbuch, das dieses Wort aufführt.*
5.2.33c *Es gibt meiner Meinung nach kein Wörterbuch, das dieses Wort aufführt.*

Bei den Sätzen 5.2.31c, 5.2.32c und 5.2.33c handelt es sich um sogenannte überdeutliche Übersetzungen, die versuchen, den *semantischen* Unterschied mehr als deutlich wiederzugeben.

Man kann davon ausgehen, dass ein Sprecher im Alltag, wenn er einen Satz formuliert, weiß, ob die Nominalgruppe bestimmt oder unbestimmt ist, weil er ja weiß, ob er die entsprechenden Personen kennt oder nicht. Bei Grammatikübungen wie in diesem Buch handelt es sich jedoch um eine nicht alltägliche bzw. unnatürliche Situation. Statt des Sprecherwissens muss hier der in den Übungssätzen vorgegebene Kontext für eine Disambiguierung sorgen.

Für Übungszwecke sind deshalb Sätze mit explizitem Kontext wie die folgenden vorzuziehen:

5.2.34a *Cuando el examen esté corigido, invitaremos a los que hayan aprobado.*
5.2.34b *Sobald die Klausur korrigiert sein wird, werden wir diejenigen einladen, die bestanden haben.*
5.2.35a *Al ser corrigido el examen, invitamos a los que han aprobado.*
5.2.35b *Nachdem die Klausur jetzt korrigiert ist, laden wir diejenigen ein, die bestanden haben ein.*

Merke: *Nach einer pronominalen Nominalgruppe (el que, la que, los que, las que) können der Indikativ oder der Subjuntivo stehen, und zwar gemäß folgender Regel:*
 a) *Ist die Nominalgruppe aus Sicht des Sprechers bestimmt, steht im Relativsatz obligatorisch der Indikativ.*
 b) *Ist die Nominalgruppe aus Sicht des Sprechers unbestimmt, steht im Relativsatz obligatorisch der Subjuntivo.*

5.2.7 Der *Subjuntivo* in einem Relativsatz mit Eigenschaft oder Bedingung

Hier steht der *Subjuntivo*, weil deutlich gemacht werden soll, dass die im Relativsatz genannten Eigenschaften auf die Person zutreffen müssen, die der Sprecher sich vorstellt. Der *Subjuntivo* steht deshalb, weil man zwar eine bestimmte Vorstellung hat, was die Person können muss (z. B. *deutsch sprechen*), man aber die Person bisher nicht kennt und auch nicht weiß, ob es eine solche wirklich gibt.

5.2.36a *Busco **una** secretaria que **sepa** alemán.*
5.2.36b *Ich suche **eine** Sekretärin, die deutsch spricht.*
5.2.37a *Busco **la** secretaria que **sabe** alemán.*
5.2.37b *Ich suche **die** Sekretärin, die deutsch spricht.*

Im zweiten Satz 2.7.d wird der Indikativ verwendet, weil der spanische Sprecher damit zum Ausdruck bringen möchte, dass er schon weiß, um wen es sich bei der Sekretärin handelt und er nur gerade in dem Augenblick der Satzäußerung nicht weiß, wo sie sich befindet. Im Deutschen verwenden wir hier den Indikativ.

Systematisch gesehen wird die Unbestimmtheit der Nominalgruppe (*secretaria*) im Spanischen durch zwei grammatische Marker angezeigt: einmal durch den unbestimmten Artikel und zum anderen durch das *Presente de Subjuntivo*. Im Deutschen hingegen wird die Unbestimmtheit der Nominalgruppe (*Sekretärin*) nur durch den unbestimmten Artikel markiert.

Merke: *In einem Relativsatz, der eine Bedingung enthält, können der Indikativ oder der Subjuntivo stehen, und zwar gemäß folgender Regel:*
 a) *Ist bekannt, ob die Bedingung erfüllt ist (Faktizität), steht im Relativsatz obligatorisch der Indikativ.*
 b) *Ist nicht bekannt, ob die Bedingung erfüllt ist (Nicht-Faktizität), steht im Relativsatz obligatorisch der Subjuntivo.*

5.2.8 Der *Subjuntivo* in einer kontrafaktischen verneinten Aussage

Kontrafaktische verneinte Aussagen sind Aussagen, die verneint sind und nie zutreffen. In diesem Fall steht der *Subjuntivo*. Der spanische Sprecher will damit die Nicht-Faktizität der Aussage deutlich machen.

5.2.38a *No hay nadie que lo sepa.*
5.2.38b *Es gibt niemanden, der es weiß. (Im Sinne von: Ich bin der Meinung, dass das niemand wissen kann.)*
5.2.38c *Es gibt niemanden, der es wissen könnte.*
5.2.39a *No hay quien pueda con él.*
5.2.39b *Es gibt keinen, der mit ihm zu Recht käme. (Im Sinne von: Ich bin der Meinung, dass es niemanden gibt, der mit ihm zu Recht käme.)*
5.2.40a *No dijo nada que pudiera interesaros.*
5.2.40b *Er sagte nichts, das für euch von Interesse wäre. (Im Sinne von: Ich bin der Meinung, dass er nichts sagte, was für euch von Interesse wäre.)*

Merke: *Bei kontrafaktischen verneinten Aussagen steht im Relativsatz immer und obligatorisch der* **Subjuntivo**.

5.2.9 Der *Subjuntivo* nach *quienquiera, cualquiera, comoquiera* und *dondequiera*

Wenn ein Satz mit den Indefinitpronomina *quienquiera, cualquiera, comoquiera* oder *dondequiera* beginnt, folgt im Spanischen der *Subjuntivo*.

5.2.41a *Cualquiera que sea la respuesta, hay que aceptarla.*
5.2.41a *Wie auch immer die Antwort ausfällt, wir werden sie akzeptieren müssen.*
5.2.41c *Wie auch immer die Antwort ausfallen mag, wir werden sie akzeptieren müssen.*
5.2.42a *Quienquiera que lo haya dicho, no creo que sea verdad.*
5.2.42b *Wer auch immer es gesagt haben mag, ich glaube nicht, dass es wahr ist.*
5.2.43a *Comoquiera que sea, el dilema persiste.*
5.2.43b *Wie dem auch sei, das Dilemma bleibt bestehen.*
5.2.44a *Dondequiera que estés, te encontrará.*
5.2.44b *Wo auch immer du bist, er wird dich finden.*
5.2.44c *Wo auch immer du sein magst, er wird dich finden.*

Hier wird eine Vermutung ausgedrückt; wir sind nicht sicher, wie die Antwort ausfallen wird, es spielt aber für den Hauptsatzsachverhalt keine Rolle, wie die Antwort ausfallen wird, er erfüllt sich trotzdem. Im Deutschen kann hier die Unsicherheit durch *mag* ausgedrückt werden.

Merke: *Nach* quienquiera, cualquiera, comoquiera *und* dondequiera *steht im Relativsatz immer und obligatorisch der* **Subjuntivo**.

5.2.10 Der *Subjuntivo* nach *como, cuanto, donde* und *según*

Nach der Konjunktion *como* steht im Spanischen dann der *Subjuntivo*, wenn man betonen möchte, dass man der Person bzw. den Personen, an die die Botschaft gerichtet ist, Entscheidungsfreiheiten einräumt. Ins Deutsche übersetzen wir *como quieras* in der

Regel mit *so wie du möchtest*.

    5.2.45a *Hazlo como quieras.*
    5.2.45b *Mach es so, wie du es möchtest (wie immer du willst).*
    5.2.46a *Lo hacemos como tú quieras.*
    5.2.46b *Wir machen es so, wie du es möchtest (wie auch immer du es willst).*
    5.2.47a *Como tu digas, será verdad.*
    5.2.47b *So, wie du es sagst, wird es schon stimmen.*
    5.2.47c *Wenn du es sagst, wird es schon stimmen.*

Steht *como* alleine (ohne *quieras*) mit *Subjuntivo* wie in Satz 2.10.e, dann können wir es auch mit *wenn* übersetzen.

Nach der Konjunktion *cuanto* steht im Spanischen dann der *Subjuntivo*, wenn man betonen möchte, dass man sich über die Menge, die eine Person zur Verfügung hat, nicht genau im Klaren ist. Ins Deutsche übersetzen wir *cuanto* mit *(alles das) was*.

    5.2.48a *Dime cuanto sepas.*
    5.2.48b *Sag mir (alles das), was du weißt. (Ich weiß nicht, was du weißt.)*
    5.2.49a *Toma cuanto quieras.*
    5.2.49b *Nimm so viel, wie du möchtest. (Ich weiß nicht, wie viel du möchtest.)*

Nach der Konjunktion *donde* steht im Spanischen dann der *Subjuntivo*, wenn man betonen möchte, dass man nicht weiß, wo etwas überall schon geschehen ist.

    5.2.50a *Háblanos de los clubes donde hayas jugado.*
    5.2.50b *Erzähl uns doch einmal, in welchen Clubs du schon (überall) gespielt hast.*

In Satz 5.2.50a wissen wir nicht, in welchen Fußballvereinen der andere schon gespielt hat. Im Deutschen können wir, um dies zu betonen, das Wort *überall* einfügen.

    5.2.51a *Háblanos de los clubes donde has jugado.*
    5.2.51b *Erzähl mal von den Vereinen, in denen du schon gespielt hast.*

In Satz 5.2.51a wissen wir, in welchen Fußballvereinen der andere schon gespielt hat und wir möchten präzise Informationen über die einzelnen Vereine.

    5.2.52a *Lo voy a hacer según me diga usted.*
    5.2.52b *Ich mache es so, wie Sie es mir sagen. (Im Sinne von: Ich mache es Ihren Vorstellungen entsprechend, wie immer diese auch aussehen mögen.)*
    5.2.53a *Lo voy a hacer según me dice usted.*
    5.2.53b *Ich mache es so, wie Sie es mir sagen. (Im Sinne von: Ich mache es Ihren Vorstellungen entsprechend, die mir bekannt sind.)*

In Satz 5.2.52a hat die Person noch nicht gesagt, wie sie es haben möchte, die andere Person erklärt sich aber bereit, es so zu machen, wie immer es die erste Person möchte. In Satz 5.2.53a hat die Person bereits gesagt, wie sie es gerne hätte, und die andere Person erklärt sich mit diesem Satz bereit, es so zu machen.

    Merke: Nach *como*, *cuanto* und *donde* können der Indikativ oder der Subjuntivo stehen, und zwar gemäß folgender Regel:
                a) Ist das *Wie*, *Wieviel* oder *Wo* bekannt (Faktizität), steht im Nebensatz obligatorisch der Indikativ.
                b) Ist das *Wie*, *Wieviel* oder *Wo* nicht bekannt (Nicht-Faktizität), steht im Nebensatz obligatorisch der Subjuntivo.

5.2 Der *Subjuntivo* in Verbindung mit Verben — 155

5.2.11 Der *Subjuntivo* nach festen Wendungen

Bei bestimmten festen Wendungen oder Redewendungen, die eine Subjektivität ausdrücken, steht der *Subjuntivo*.

5.2.54a *Que yo sepa ...*
5.2.54b *Soweit ich weiß...*
5.2.55a *Que yo vea ...*
5.2.55b *Soweit ich sehen kann...*
5.2.56a *Vaya una lluvia ...*
5.2.56b *Du meine Güte, was für ein Regen ...*
5.2.57a *¡Venga el dinero!*
5.2.57b *Auf dass das Geld komme!*
5.2.57c *Her mit dem Geld!*

Die Übersetzung 5.2.57b versucht die spanische Grammatik abzubilden und wirkt daher wenig idiomatisch; es ist sogar zweifelhaft, ob ein deutscher Sprecher sich in einer entsprechenden Situation überhaupt so ausdrücken würde. Dagegen klingt Satz 5.2.57c sehr idiomatisch und ist als Übersetzung eindeutig zu bevorzugen.

5.2.58a *¡Que lo pases bien!*
5.2.58b *Viel Spaß!*
5.2.59a *¡Que Dios se lo pague!*
5.2.59b *Gott vergelte es!*
5.2.59c *Vergelt's Gott!*

Im Deutschen verwenden wir in diesen Kontexten anstelle des *Subjuntivo* nicht den Konjunktiv. Häufig werden im Deutschen – gerade bei Wünschen – gar keine Verben, sondern Nominalphrasen verwendet.

5.2.12 Der *Subjuntivo* beim Einräumen eines Zugeständnisses

Die Hauptsatzhandlung liegt hier nachzeitig zu der Nebensatzhandlung, beide liegen aber nachzeitig zum Sprechzeitpunkt. Durch den *Subjuntivo* drückt der Sprecher hier aus, dass er die Hauptsatzhandlung auf jeden Fall realisieren wird, ganz gleich, wie welcher Sachverhalt in der Nebensatzhandlung eintritt.

5.2.60a *Te ayudaremos, suceda lo que suceda.*
5.2.60b *Wir werden dir helfen, was auch immer geschehen mag/möge.*
5.2.61a *Voy a realizar este proyecto, cueste lo que cueste.*
5.2.61b *Ich werde dieses Projekt durchführen, koste es, was es wolle.*

Im Deutschen steht an dieser Stelle der Konjunktiv I oder eine Umschreibung mit *mögen*. Der Sprecher will seine Aussage als gedankliche Konstruktion verstanden wissen: Er weiß nicht, was „geschehen mag" oder „was es kosten mag", aber er macht durch die Aussage im Hauptsatz deutlich, dass ihm die Bedingungen egal sind.

5.2.13 Der *Subjuntivo* bei irrealen Vergleichen

Bei irrealen Vergleichen, die im Spanischen mit *como si* eingeleitet werden, steht der *Subjuntivo* im *Imperfecto*, wenn das Verb des Hauptsatzes im *Presente* oder im *Perfecto* steht. Steht das Verb im Hauptsatz im *PPS (Indefinido)* oder *Imperfecto*, so steht das

Verb des mit *como si* eingeleiteten Komparativsatzes im *Pluscuamperfecto* des *Subjuntivo*.

5.2.62a *Ella me trata como si fuera su hijo.*
5.2.62b *Sie behandelt mich, als wäre ich ihr Kind.*
5.2.63a *Ella me ha tratado como si fuera su hijo.*
5.2.63b *Sie hat mich behandelt, als wäre ich ihr Kind.*
5.2.64a *Ella me trató como si hubiera sido su hijo.*
5.2.64b *Sie behandelte mich, als ob ich ihr Kind (gewesen) wäre.*
5.2.65a *Ella me trataba como si hubiera sido su hijo.*
5.2.65b *Sie behandelte mich, als ob ich ihr Kind (gewesen)wäre.*

Im Deutschen wird bei irrealen Vergleichsätzen der Konjunktiv II verwendet.

Merke: **Nach** como si **steht immer und obligatorisch der** Subjuntivo, *und zwar entweder das* Imperfecto de Subjuntivo *oder das* Pluscuamperfecto de Subjuntivo.

Nach como si **stehen niemals** Presente de Subjuntivo *oder* Perfecto de Subjuntivo.

5.2.14 Der *Subjuntivo* in Wunschsätzen

In Wunschsätzen, die mit *que* eingeleitet werden, folgt im Spanischen stets das *Presente de Subjuntivo*. Auch wenn oberflächlich diese Wunschsätze wie Hauptsätze aussehen, bleibt die Grundformel gültig, dass der *Subjuntivo* eine Zeit des Nebensatzes ist. Man braucht sich zu jedem Wunschsatz nur den einleitenden Zusatz *deseo* hinzuzudenken, um sich die syntaktische Tiefenstruktur zu verdeutlichen.

5.2.66a *(Deseo) ¡Que se mejore!*
5.2.66b *(Ich wünsche Ihnen:) Gute Besserung!*
5.2.67a *(Deseo)¡Que lo pases bien!*
5.2.67b *(Ich wünsche dir:) Viel Spaß!*

Ins Deutsche werden die beiden Sätze mit den Nominalphrasen *Gute Besserung* und *Viel Spaß* übersetzt, ein Verb ist jeweils nicht nötig. Die meisten spanischen Wunschsätze werden am besten mit einer idiomatischen Nominalphrase ins Deutsche übersetzt. Wollte man versuchen, im Deutschen einen kompletten Wunschsatz mit Verb zu konstruieren, würde das Ergebnis sehr veraltet klingen (was z. B. bei der Übersetzung von Literatur aus dem 18. oder 19. Jahrhundert durchaus erwünscht sein kann):

5.2.68a *¡Que lo pases bien!*
5.2.68b *Mögest du es dir wohl ergehen lassen!*

5.2.15 Der *Subjuntivo* bei Ausdrücken eines Zweifels oder Wunsches

In Verbindung mit den Adverbien *quizá(s), posiblemente, probablemente* oder *tal vez*, die einen Zweifel oder eine Möglichkeit ausdrücken, können sowohl der *Subjuntivo* als auch der Indikativ verwendet werden. Steht das Adverb *nach* dem Verb, wird immer der Indikativ verwendet. Steht das Adverb *vor* dem Verb, ist es eine Frage der Nuancierung. In diesem Fall drückt der *Subjuntivo* einen starken Zweifel oder eine große Unwahrscheinlichkeit aus, während mit dem Indikativ eine größere Gewissheit ange-

5.3 Der *Subjuntivo* in Verbindung mit Konjunktionen

deutet wird. In den weitaus meisten Fällen wird – unabhängig von den Nuancierungswünschen des Sprechers – bei *Voranstellung* des Adverbs der *Subjuntivo* verwendet. Im Deutschen steht nach Ausdrücken des Zweifels oder Wunsches generell der Indikativ.

5.2.69a *Quizás me ayude.*
5.2.69b *Vielleicht hilft er mir.*
5.2.70a *Tal vez me ayude.*
5.2.70a *Vielleicht hilft er mir.*
5.2.71a *Tal vez mi amigo tenga tiempo para ayudarme.*
5.2.71b *Vielleicht hat mein Freund Zeit mit zu helfen. (Ich bin mir nicht sicher.)*
5.2.72a *Tal vez mi amigo tiene tiempo para ayudarme.*
5.2.72b *Vielleicht hat mein Freund Zeit mir zu helfen. (Ich bin mir sehr sicher.)*

Diese Nuancierung gilt nicht für das Adverb *ojalá*, das im Spanischen stets einen Wunsch ausdrückt. Wird ein Wunsch durch *ojalá* eingeleitet, folgt im Spanischen immer der *Subjuntivo*. Das Adverb *ojalá* kommt ursprünglich aus dem Arabischen *insch'allah*, das eigentlich kein Wort, sondern ein ganzer Satz ist: *So Gott will* (oder *wenn Gott will*). Das Adverb *ojalá* kann sowohl mit als auch ohne nachfolgendem *que* verwendet werden. Beide Formen (*ojalá* und *ojalá que*) sind gebräuchlich, wobei die Version ohne *que* von vielen Spanischsprechern als hochsprachlicher eingeschätzt wird.

5.2.73a *Ojalá apruebe el examen.*
5.2.73b *Hoffentlich besteht er die Prüfung.*
5.2.74a *Ojalá que venga lo antes posible.*
5.2.74b *Hoffentlich kommt er so schnell wie möglich.*

Wird im Spanischen ein Zweifel oder eine Unsicherheit durch *a lo mejor* ausgedrückt, steht immer der Indikativ. Mit dem Adverb *a lo mejor* kann man demnach keine subjektive Nuancierung ausdrücken.

5.2.75a *A lo mejor nos vemos al semana que viene.*
5.2.75b *Vielleicht sehen wir uns nächste Woche.*
5.2.76a *No lo sé. A lo mejor viene mi hermana la semana que viene.*
5.2.76b *Ich weiß es nicht. Vielleicht kommt meine Schwester nächste Woche.*

Merke: a) Nach *ojalá steht immer der* Subjuntivo.
b) Nach *a lo mejor steht immer der Indikativ.*
c) *Bei Adverbien des Zweifels* (quizá, tal vez) *ist es eine Frage der subjektiven Nuancierung durch den Sprecher, ob der* Subjuntivo *(eher unwahrscheinlich) oder der Indikativ (eher wahrscheinlich) gesetzt wird.*

5.3 Der *Subjuntivo* in Verbindung mit Konjunktionen

Im Spanischen gibt es Konjunktionen, die einen bestimmten Modus auslösen. Dabei werden zwei Arten von Konjunktionen unterschieden, nämlich (a) diejenigen Konjunktionen, auf die immer eine Zeit im *Subjuntivo* folgt, von (b) denjenigen Konjunktionen, auf die sowohl eine Zeit im *Subjuntivo* als auch im Indikativ folgen kann.

5.3.1 Konjunktionen mit *Subjuntivo*

In der nachfolgenden Tabelle sind die wichtigsten Konjunktionen aufgeführt, die in jedem Fall den *Subjuntivo* erfordern. Es handelt sich dabei mehrheitlich um Konjunktionen, die einen **Zweck** angeben wie *para que* (*damit*) oder eine **Bedingung** wie *en (el) caso de que* (*falls*).

Konjunktionen, auf die immer ein *Subjuntivo* folgt	
Spanische Konjunktion	**Deutsche Bedeutung**
a fin de que	damit
a menos de que	es sei denn, dass
a no ser que	es sei denn, dass
antes de que	bevor
como si	als ob
cual si	als ob
con el fin de que	damit
para que	damit
con tal (de) que	vorausgesetzt, dass
de ahí que	so dass
en (el) caso de que	falls
por + Adj + que	selbst wenn
por miedo a que	aus Furcht, dass
siempre que (*in konditionaler Bedeutung*)[2]	vorausgesetzt, dass
sin que	ohne dass

Die Konjunktionen *como si* und *cual si* erfordern, wie aus der Tabelle ersichtlich, immer eine Form des *Subjuntivo*. Sie stellen allerdings insofern eine Ausnahme dar, als nach ihnen nur die Vergangenheitsformen des *Subjuntivo* stehen können, also das *Imperfecto de Subjuntivo* oder das *Pluscuamperfecto de Subjuntivo*. Dies hängt mit der hypothetischen Bedeutung der beiden Konjunktionen zusammen (vgl. Kapitel 9). In den allermeisten Fällen folgt nach *como si* und *cual si* das *Imperfecto de Subjuntivo*; nur wenn eine Vorzeitigkeit der Handlung im Nebensatz konnotiert ist, folgt *Pluscuamperfecto de Subjuntivo*.

> **Merke:** *Die in der Tabelle aufgeführten Konjunktionen erfordern immer den* **Subjuntivo** *aufgrund objektiver grammatischer Kriterien. Die subjektive Sprechereinstellung spielt hierbei keine Rolle.*
>
> *Nach* **como si** *und* **cual si** *steht das* **Imperfecto de Subjuntivo** (*und bei Vorzeitigkeit das* **Pluscuamperfecto de Subjuntivo**).

---

[2] Vgl. die Ausführungen zu *siempre que* in Kapitel 5.3.2.7.

5.3 Der *Subjuntivo* in Verbindung mit Konjunktionen

5.3.2 Konjunktionen mit *Subjuntivo* und Indikativ

Auf die Konjunktionen *cuando, después de que, hasta que, aunque, por mucho que, mientras, siempre que, cada vez que, así que, de modo que, de manera que* und *de forma que* kann sowohl ein Verb im *Subjuntivo* als auch ein Verb im Indikativ folgen. Dies ist abhängig von:
   a) der Zeit des Hauptsatzes,
   b) dem Grund des Hauptsatzes (Gewohnheit/Tatsache: Handlung liegt in der Vergangenheit; Möglichkeit: Handlung liegt in der Zukunft).

5.3.2.1 Die spanische Konjunktion *cuando*

Das Verb im durch *cuando* eingeleiteten Nebensatz steht dann im Indikativ, wenn die Handlung im Hauptsatz auf die Handlung im Nebensatz folgt, jedoch eine Gewohnheit ausgedrückt wird (*immer wenn*).

Das Verb im durch *cuando* eingeleiteten Nebensatz steht dann im *Subjuntivo*, wenn die Handlung im Hauptsatz (HS) **nachzeitig** zur Handlung im Nebensatz (NS) steht und eine **mögliche** Folge in der Zukunft ausgedrückt wird.

Spanische Konjunktion	Modus/Tempus	Deutsche Konjunktion	Grund	Struktur
cuando	*Presente de Subjuntivo*	sobald, wenn	Handlung liegt in der Zukunft	HS: *Futuro, Imperativ* NS: *Presente de Subjuntivo*
cuando	*Presente de Indicativo*	(immer) wenn	Gewohnheit	HS: *Presente de Indicativo* NS: *Presente de Indicativo*
cuando	*Imperfecto de Indicativo*	(immer) wenn	Handlung liegt in der Vergangenheit	HS: *Imperfecto de Indicativo* NS: *Imperfecto de Indicativo*
cuando	PPS (*Indefinido*)	als	Handlung in der Vergangenheit	HS: PPS (*Indefinido*) NS: PPS (*Indefinido*)

Die folgenden Beispiele sollen das Schema verdeutlichen:

5.3.1a *Te escribiré cuando tenga tiempo.* (Temporal-/Konditionalsatz)
5.3.1b *Ich schreibe dir, sobald ich Zeit habe.*
5.3.2a *Escribo cartas cuando tengo tiempo.* (Temporal-/Konditionalsatz)
5.3.2b *Ich schreibe Briefe, (immer) wenn ich Zeit habe.*
5.3.3a *Cuando te veía me alegraba.* (Konditionalsatz)
5.3.3b *Immer wenn ich dich sah, freute ich mich.*
5.3.4a *Te escribí cuando llegué a Granada.* (Temporalsatz)
5.3.4b *Ich schrieb dir, als ich in Granada ankam.*

5.3.5a *Si tengo tiempo escribiré cartas.* (Konditionalsatz)
5.3.5b *Ich schreibe Briefe, falls ich Zeit habe.*

5.3.2.2 Die spanische Konjunktion *después de que*

Das Verb in dem durch *después de que* eingeleiteten Temporalsatz steht dann im Indikativ, wenn die Handlung im Hauptsatz auf die Handlung im Nebensatz folgt und dabei eine Gewohnheit ausgedrückt wird (*immer nachdem*)

Das Verb in dem durch *después de que* eingeleiteten Nebensatz steht dann im *Subjuntivo*, wenn die Handlung im Hauptsatz **nachzeitig** zur Handlung im Nebensatz steht und eine **mögliche** Folge in der Zukunft ausgedrückt wird.

Spanische Konjunktion	Modus/Tempus	Deutsche Konjunktion	Grund	Struktur
después de que	*Presente de Subjuntivo*	wenn	Handlung liegt in der Zukunft	HS: *Futuro* NS: *Presente de Subjuntivo*
después de que	*Presente de Indicativo*	wenn, nachdem	Gewohnheit	HS: *Presente de Indicativo* NS: *Presente de Indicativo*
después de que	PPS (*Indefinido*)	nachdem	Handlung liegt in der Vergangenheit	HS: PPS (*Indefinido*) NS: PPS (*Indefinido*)

Die folgenden Beispiele sollen das Schema verdeutlichen:

5.3.6a *Después de que regrese de trabajo, descansaré un poco.*
5.3.6b *Wenn ich von der Arbeit zurückkomme, werde ich mich ein wenig ausruhen.*
5.3.7a *Después de que haya regresado de trabajo, descansaré un poco.*
5.3.7b *Wenn ich von der Arbeit zurückgekommen sein werde, ruhe ich mich ein wenig aus.*
5.3.8a *Después de que regreso del trabajo, descanso un poco.*
5.3.8b *Nachdem ich von der Arbeit gekommen bin, ruhe ich mich immer ein wenig aus.*
5.3.9a *Después de que regresé del trabajo, descansé un poco.*
5.3.9b *Nachdem ich von der Arbeit nach Haus gekommen war, ruhte ich mich ein wenig aus.*

5.3.2.3 Die spanische Konjunktion *hasta que*

Das Verb im durch *hasta que* eingeleiteten Nebensatz steht dann im Indikativ, wenn die Handlung im Hauptsatz **vorzeitig** zur Handlung im Nebensatz steht, jedoch eine Gewohnheit ausgedrückt wird *(bis dass)*.

Das Verb im durch *hasta que* eingeleiteten Nebensatz steht dann im *Subjuntivo*, wenn die Handlung im Hauptsatz **vorzeitig** zur Handlung im Nebensatz steht und eine **mögliche** Folge in der Zukunft ausgedrückt wird.

5.3 Der *Subjuntivo* in Verbindung mit Konjunktionen

Spanische Konjunktion	Modus/Tempus	Deutsche Konjunktion	Grund	Struktur
hasta que	*Presente de Subjuntivo*	Bis	Handlung liegt in der Zukunft	HS: *Futuro* NS: *Presente de Subjuntivo*
hasta que	*Presente de Indicativo*	Bis	Gewohnheit	HS: *Presente de Indicativo* NS: *Presente de Indicativo*
hasta que	PPS (*Indefinido*)	Bis	Handlung liegt in der Vergangeneheit	HS: *PPS (Indefinido)* NS: *PPS (Indefinido)*

Die folgenden Beispiele sollen das Schema verdeutlichen:

5.3.10a *Trabajará hasta que el bebé nazca.*
5.3.10b *Sie wird arbeiten, bis dass das Baby auf die Welt kommt.*
5.3.11a *Carlos seguirá investigando hasta que sepa la verdad.*
5.3.11b *Carlos wird solange weiterforschen, bis er die Wahrheit weiß.*
5.3.12a *Nada hasta que se cansa.*
5.3.12b *Er pflegt zu schwimmen, bis er müde wird.*
5.3.13a *Nadó hasta que se cansó.*
5.3.13b *Er schwamm, bis er müde war.*
5.3.14a *Carlos siguió investigando hasta que supo la verdad.*
5.3.14b *Carlos forschte so lange weiter, bis er die Wahrheit erfuhr.*

5.3.2.4 Die spanische Konjunktion *aunque*

Das Verb im durch *aunque* eingeleiteten Konzessivsatz steht dann im Indikativ, wenn die Handlung im Hauptsatz auf die Handlung im Nebensatz folgt und einen Gegensatz ausdrückt. In diesen Fällen wird *aunque* am besten mit *obwohl* übersetzt.

Das Verb im durch *aunque* eingeleiteten Nebensatz steht dann im *Subjuntivo*, wenn die Handlung im Hauptsatz **nachzeitig** zur Handlung im Nebensatz steht und eine **mögliche** Folge in der Zukunft ausgedrückt wird. In diesen Fällen wird *aunque* am besten mit *selbst wenn* oder *auch wenn* übersetzt.

Spanische Konjunktion	Modus/Tempus	Deutsche Konjunktion	Grund	Struktur
aunque	*Presente de Subjuntivo*	selbst wenn, auch wenn	Möglichkeit, Hypothetischer Bedingungssatz	HS: *Futuro* NS: *Presente de Subjuntivo*
aunque	*Presente de Indicativo*	obwohl	Tatsache (ich weiß definitiv, dass es so ist)	HS: *Presente de Indicativo* NS: *Presente de Indicativo*

aunque	Imperfecto de Indicativo	obwohl	Gewohnheit in der Vergangenheit	HS: Imperfecto de Indicativo NS: Imperfecto de Indicativo
aunque	PPS (Indefinido)	obwohl	Einmalige Handlung in der Vergangenheit	HS: Indefinido NS: Indefinido
aunque	Imperfecto de Subjuntivo	selbst wenn, auch wenn	Möglichkeit, Hypothetischer Bedingungssatz	HS: Condicional I NS: Imperfecto de Subjuntivo
Aunque	Pluscuamperfecto de Subjuntivo	selbst wenn, auch wenn	Irrealer Bedingungssatz	HS: Condicional II NS: Pluscuamperfecto de Subjuntivo

Die folgenden Beispiele sollen das Schema verdeutlichen:

5.3.15a *Aunque Ana trabaje mucho ganará poco.* (Konzessivsatz als hypothetische Bedingung)
5.3.15b *Selbst wenn Ana viel arbeiten würde, wird sie wenig verdienen.*
5.3.16a *Aunque Ana trabaja mucho gana poco.* (Konzessivsatz als Tatsache)
5.3.16b *Obwohl Ana viel arbeitet, verdient sie wenig.*
5.3.17a *Aunque Ana trabajaba mucho ganaba poco.* (Konzessivsatz als vergangene Tatsache)
5.3.17b *Obwohl Ana (immer) viel arbeitete, verdiente sie wenig.*
5.3.18a *Aunque Ana trabajó mucho ganó poco.* (Konzessivsatz als vergangene Tatsache)
5.3.18b *Obwohl Ana (zu einem bestimmten Zeitpunkt) viel arbeitete, verdiente sie wenig.*
5.3.19a *Aunque Ana trabajara mucho ganaría poco.* (Konzessivsatz als hypothetische Bedingung)
5.3.19b *Auch wenn Ana viel arbeitet (arbeiten würde), wird sie wenig verdienen.*
5.3.20a *Si Ana trabajara mucho, ganaría poco.* (hypothetischer Bedingungssatz)
5.3.20b *(Selbst) wenn Ana viel arbeiten würde, würde sie wenig verdienen.*
5.3.21a *Aunque Ana hubiera trabajado mucho, habría ganado poco.* (Konzessivsatz als irreale Bedingung)
5.3.21b *Selbst wenn Ana viel gearbeitet hätte, hätte sie wenig verdient.*
5.3.22a *Si Ana hubiera trabajado mucho, habría Ganado poco.* (irrealer Bedingungssatz)
5.3.22b *(Selbst) wenn Ana viel gearbeitet hätte, hätte sie wenig verdient.*

5.3 Der *Subjuntivo* in Verbindung mit Konjunktionen

5.3.2.5 Die spanische Konjunktion *por mucho que*

Das Verb im durch *por mucho que* eingeleiteten Nebensatz steht dann im Indikativ, wenn die Handlung im Hauptsatz auf die Handlung im Nebensatz folgt und die Aussage eine Feststellung beinhaltet.

Das Verb in dem durch *por mucho que* eingeleiteten Nebensatz steht dann im *Subjuntivo*, wenn die Handlung im Hauptsatz **nachzeitig** zur Handlung im Nebensatz steht und eine **mögliche** Folge in der Zukunft angenommen wird.

Spanische Konjunktion	Modus/Tempus	Deutsche Konjunktion	Grund	Struktur
Por mucho que	*Presente de Indicativo*	selbst wenn, soviel du auch	Feststellung/ Tatsache	HS: *Presente de Indicativo* NS: *Presente de Indicativo*
Por mucho que	*Presente de Subjuntivo*	selbst wenn	Möglichkeit, Annahme	HS: *Presente de Indicativo* NS: *Presente de Subjuntivo*

Die folgenden Beispiele sollen das Schema verdeutlichen:

5.3.23a *Por mucho que comas no engordas.* (Annahme)
5.3.23b *Selbst wenn du viel isst, nimmst du nicht zu.*
5.3.23c *Du kannst bestimmt so viel essen, wie du willst, ohne zuzunehmen.*
5.3.24a *Por mucho que comes, no engordas.* (Feststellung)
5.3.24b *Selbst wenn du viel isst, nimmst du nicht zu.*
5.3.24c *Ich weiß, du kannst essen und nimmst nicht zu.*

5.3.2.6 Die spanische Konjunktion *mientras*

Das Verb in dem durch *mientras* eingeleiteten Nebensatz steht dann im Indikativ, wenn die Handlung im Hauptsatz **gleichzeitig** mit der Handlung im Nebensatz stattfindet. Die Konjunktion *mientras* wird in diesen Fällen mit *während* übersetzt.

Wenn die Handlung im Hauptsatz **nachzeitig** zur Handlung im Nebensatz steht und eine Bedingung ausgedrückt wird, dann steht das Verb im durch *mientras* eingeleiteten Nebensatz im *Subjuntivo*. Die Konjunktion *mientras* wird in diesen Fällen am besten mit *solange* übersetzt.

Nachfolgend drei Beispielsätze:

5.3.25a *Mientras yo esté de viaje puedes usar mi coche.* (Bedingung)
5.3.25b *Solange ich verreist bin, kannst du mein Auto benutzen.*
5.3.26a *Mientras no hagas los deberes, no podrás jugar.* (Bedingung)
5.3.26b *Solange du die Hausaufgaben nicht machst, kannst du nicht spielen.*
5.3.26c *Solange du die Hausaufgaben nicht gemacht hast, darfst du nicht spielen.*
5.3.27a *Mientras hago la cena, escuchas las noticias.* (Gewohnheit)
5.3.27b *Während ich das Abendessen mache, hörst du die Nachrichten.*

Spanische Konjunktion	Modus/Tempus	Deutsche Konjunktion	Grund	Struktur
Mientras	*Presente de Indicativo*	während	Gewohnheit, Tatsache Gleichzeitige Handlung	HS: *Presente de Indicativo* NS: *Presente de Indicativo*
Mientras	*Presente de Subjuntivo*	solange	Bedingung, Möglichkeit in der Zukunft	HS: *Presente de Subjuntivo*³ / *Futuro* NS: *Presente de Subjuntivo*

5.3.2.7 Die spanische Konjunktion *siempre que*

Bei *siempre que* ist zwischen konditionaler Bedeutung (mit *Subjuntivo*) und temporaler Bedeutung (mit Indikativ) zu unterscheiden.

Die Konjunktion *siempre que* erfüllt zwei Funktionen und hat daher zwei Bedeutungen, die man sich in der deutschen Übersetzung verdeutlichen kann: Zum einen bedeutet *siempre que* so viel wie *immer, wenn* (oder *jedesmal, wenn*) und zum anderen so viel wie *vorausgesetzt, dass*. Nur in der zweiten Bedeutung (*vorausgesetzt, dass*) handelt es sich um eine konditionale Konjunktion, die stets den *Subjuntivo* nach sich zieht. In der ersten Bedeutung (*immer, wenn*) handelt es sich um eine temporale Konjunktion, die eine Gewohnheit oder Regelmäßigkeit ausdrückt und deshalb im Indikativ steht.

Es wäre also zu einfach und deshalb falsch zu sagen, dass nach *siempre que* immer der *Subjuntivo* steht; richtig ist es vielmehr zu sagen, dass nach *siempre que* in der konditionalen Bedeutung (*vorausgesetzt, dass*), so wie in der Tabelle auf Seite 159 angegeben, immer der *Subjuntivo* steht.

Spanische Konjunktion	Modus/Tempus	Deutsche Konjunktion	Grund	Struktur
siempre que	*Presente de Indicativo*	jedesmal, wenn (temporal)	Gewohnheit, Tatsache	HS: *Presente de Indicativo* NS: *Presente de Indicativo*
siempre que	*Presente de Subjuntivo*	vorausgesetzt, dass (konditional)	Bedingung, Möglichkeit in der Zukunft	HS: *Futuro* NS: *Presente de Subjuntivo*

Nachfolgend für beide Bedeutungen je zwei Beispielsätze:

    5.3.28a *Siempre que la vemos está de prisa.* (Temporalsatz)
    5.3.28b *Immer, wenn wir sie sehen, ist sie in Eile.*
    5.3.29a *La invitaré siempre que estés de acuerdo.* (Konditionalsatz)
    5.3.29b *Ich werde sie einladen, vorausgesetzt, dass du einverstanden bist.*

---

[3] Das Hilfsverb *poder* steht in diesen Fällen im *Presente de Indicativo*, da es ohnehin schon eine Möglichkeit ausdrückt; vgl. Beispielsatz 3.2.6.a.

5.3 Der *Subjuntivo* in Verbindung mit Konjunktionen

5.3.30a *Siempre que mi abuela está en Alemania me visita.* (Temporalsatz)
5.3.30b *Jedesmal, wenn meine Großmutter in Deutschland ist, besucht sie mich.*
5.3.31a *Me visitará siempre que tenga tiempo.* (Konditionalsatz)
5.3.31b *Er wird mich besuchen, vorausgesetzt, dass er Zeit hat.*

5.3.2.8 Die spanische Konjunktion *cada vez que*

Bei der Konjunktion *cada vez que* sind zwei Fälle zu unterscheiden. Im ersten Fall wird sie mit Indikativ verwendet; dann geht es um Gewohnheiten oder um Sachverhalte, die auf die Vergangenheit bezogen sind. Im zweiten Fall steht das Verb in dem durch *cada vez que* eingeleiteten Nebensatz im *Subjuntivo*, so dass die Handlung im Hauptsatz als nachzeitig zur Handlung im Nebensatz markiert ist; dann geht es um Sachverhalte, die sich erst in der Zukunft als Möglichkeit ergeben können. Im ersteren Fall (*cada vez que* mit Indikativ) handelt es sich um einen Temporalsatz und wir übersetzen *cada vez que* mit *jedesmal, wenn*. Im zweiten Fall (*cada vez que* mit *Subjuntivo*) handelt es sich um einen Konditionalsatz und wir übersetzen mit *jedesmal, wenn* oder auch mit *sobald*.

Spanische Konjunktion	Modus/Tempus	Deutsche Konjunktion	Grund	Struktur
cada vez que	PPS (Indefinido) oder Imperfecto de Indicativo	jedesmal, wenn	Gewohnheit, Tatsache	HS: *Presente de Indicativo* NS: *Presente de Indicativo*
cada vez que	*Presente de Subjuntivo*	jedesmal, wenn sobald	Bedingung, Möglichkeit in der Zukunft	HS: *Futuro / Imperativ* NS: *Presente de Subjuntivo*

Die folgenden Beispiele sollen das Schema verdeutlichen:

5.3.32a *Me sentía mal cada vez que estaba en casa de Almudena.* (Temporalsatz)
5.3.32b *Ich fühlte mich jedesmal schlecht, wenn ich bei Almudena (zu Hause) war.*
5.3.33a *Cada vez que veas una rosa, pensarás en mí.* (Temporalsatz)
5.3.33b *Jedesmal, wenn du eine Rose siehst, wirst du an mich denken.*
5.3.34a *¡Recuérdame cada vez que veas la luna!* (Konditionalsatz)
5.3.34b *Erinnere dich an mich jedesmal, wenn du den Mond siehst!*
5.3.34c *Erinnere dich meiner, sobald du den Mond siehst!*

Merke: Bei allen bisher behandelten Konjunktionen, die mit Indikativ und Subjuntivo *verbunden werden können, gilt eine feste Regel:*
a) *Der Indikativ steht, wenn die Handlung im Nebensatz in der Gegenwart oder Vergangenheit liegt (also Gleichzeitigkeit oder Vorzeitigkeit vorliegt). Die Faktizität der Handlung steht dadurch fest.*
b) *Der* Subjuntivo *steht, wenn die Handlung im Nebensatz in der Zukunft liegt (also Nachzeitigkeit vorliegt). Die Nicht-Faktizität der Handlung steht dadurch fest.*
Die subjektive Sprechereinstellung spielt für die Wahl des Modus hierbei keine Rolle.

5.3.2.9 Die spanischen Konjunktionen *así que*

Bei der Konjunktion *así que* sind drei Fälle zu unterscheiden. Im ersten Fall wird sie als konsekutive Konkunktion verwendet; dann folgt stets der Indikativ. Als konsekutive Konjunktion, die auf die Folge oder Konsequenz einer Handlung verweist, kommt *así que* auch in der Variante *así es que* vor. Für die Übersetzung bietet sich die deutsche Konjunktion *so dass* an; in einigen Fällen ist auch *also* eine gute Übersetzung.

Im zweiten Fall wird sie als temporale Konjunktion verwendet, die eine Gewohnheit ausdrückt; dann folgt ebenfalls der Indikativ. Nur im dritten Fall, wenn *así que* als temporale Konjunktion sich auf eine nachzeitige Handlung bezieht, wird sie mit *Subjuntivo* verbunden. Wird *así que* als temporale Konjunktion (Fall 2 und 3) verwendet, dann bietet sich die Übersetzung mit *sobald* an.

Spanische Konjunktion	Modus/Tempus	Deutsche Konjunktion	Grund	Struktur
así que así es que	*Indicativo*	so dass	Konsekutive Konjunktion, Konsequenz	HS: Tempus im *Indicativo* NS: Tempus im *Indicativo*
así que	*Indicativo*	sobald	Temporalsatz, Gewohnheit	HS: Tempus im *Indicativo* NS: Tempus im *Indicativo*
así que	*Subjuntivo*	sobald	Temporalsatz, nachzeitige Handlung	HS: Tempus im *Futuro* NS: Tempus im *Subjuntivo*

Die folgenden Beispiele sollen das Schema verdeutlichen:

5.3.35a *Así que entro en casa, me quito los zapatos.* (Gewohnheit)
5.3.35b *Sobald ich das Haus betrete, ziehe ich mir die Schuhe aus.*
5.3.36a *Vuelve a casa así que salgas del trabajo.* (nachzeitige Handlung)
5.3.36b *Komm nach Hause, sobald du die Arbeit verlässt.*
5.3.37a *Todos los días me llama así que llega a la oficina.* (Gewohnheit)
5.3.37b *Er ruft mich jeden Tag an, sobald er im Büro ankommt.*
5.3.38a *Así que cumpla los cincuenta, haré una fiesta con todos mis amigos.* (nachzeitige Handlung)
5.3.38b *Sobald ich fünfzig werde, mache ich ein Fest mit allen meinen Freunden.*
5.3.39a *Todavía no lo he visto, así que no le he podido dar tu mensaje.* (Konsequenz)
5.3.39b *Ich habe ihn noch nicht gesehen, so dass ich ihm deine Nachricht noch nicht geben konnte.*
5.3.40a *No tengo dinero, así es que no voy mucho al cine.* (Konsequenz)
5.3.40b *Ich habe kein Geld, so dass ich nicht oft ins Kino gehe.*

5.3 Der *Subjuntivo* in Verbindung mit Konjunktionen

5.3.2.10 Die spanischen Konjunktionen *de modo que, de manera que, de forma que*

Auch bei den hier aufgeführten drei Konjunktionen *de modo que, de manera que* und *de forma que* sind jeweils drei Fälle zu unterscheiden. Im ersten Fall können Sie als finale Konjunktionen mit *Subjuntivo* verwendet werden; dann weisen sie auf eine Absicht oder einen Zweck hin. Im zweiten Fall können sie als konsekutive Konjunktionen mit Indikativ verwendet werden; dann weisen sie auf die Folgen oder Konsequenzen einer Handlung hin, die tatsächlich eintreten oder schon eingetreten sind. Im dritten Fall könne sie als konsekutive Konjunktionen mit *Subjuntivo* verbunden werden; dann handelt es sich um hypothetische Folgen oder Konsequenzen, also solche, die möglicherweise eintreten könnten.

Neben der gebräuchlicheren Variante *de modo que* findet sich auch die seltenere Variante *de modo de que* mit zusätzlichem *de*.

Beispiele:

5.3.41a *No le pagaban bien en aquella empresa; de modo que se marchó de un día para otro.* (konsekutive Konjunktion, tatsächliche Konsequenz)

5.3.41b *In jener Firma bezahlten sie ihn nicht gut; so dass er von einem Tag auf den anderen gegangen ist.*

5.3.42a *El habló de manera que todos pudieron entender su explicación* (konsekutive Konjunktion, tatsächliche Konsequenz)

5.3.42b *Er sprach so, dass alle seine Erläuterung (tatsächlich) verstanden.*

5.3.43a *El habló de manera que todos pudieran entender su explicación* (finale Konjunktion, Absicht)

5.3.43b *Er sprach so, dass alle seine Erläuterung verstanden (so wie er es sich vorgenommen hatte).*

5.3.44a *Si el material es insuficiente. de modo que existan dudas sobre la culpabilidad de los acusados, el juez debe abstenerse de condenarlo.* (konsekutive Konjunktion, hypothetische Konsequenz)

5.3.44b *Wenn das Beweismaterial nicht ausreicht, so dass (vielleicht noch) Zweifel über die Schuld der Angeklagten bleiben, dann sollte sie der Richter nicht verurteilen.*

5.3.45a *Las instalaciones se construyan de modo que existan medidas adecuadas para limitar las posibles consecuencias radiológicas para el medio ambiente.* (konsekutive Konjunktion, hypothetische Konsequenz)

5.3.45b *Die Anlagen sind so zu bauen, dass angemessene Maßnahmen zur Begrenzung möglicher radiologischer Folgen für die Umwelt existieren.*

5.3.46a *¿Cómo hablar de forma que la gente te quiera oír?* (konsekutive Konjunktion, hypothetische Konsequenz)

5.3.46b *Wie (sollst du) reden, so dass die Leute dich hören wollen?*

In den Sätzen 5.3.42 und 5.3.43 sind es keine »harten« grammatischen Fakten oder Regeln, die für die Wahl des Modus entscheidend sind, sondern ausschließlich die subjektive Sprechereinstellung.

Spanische Konjunktion	Modus / Tempus	Deutsche Konjunktion	Grund	Struktur
de modo que de manera que de forma que	*Indicativo*	so, dass	konsekutive Konjunktion, tatsächliche Konsequenz	HS: Tempus im *Indicativo* NS: *Tempus im Indicativo*
de modo que de manera que de forma que	*Subjuntivo*	so, dass	konsekutive Konjunktion, hypothetische Konsequenz	HS: Tempus im *Indicativo* NS: Tempus im *Subjuntivo*
de modo que de manera que de forma que	*Subjuntivo*	so, dass	finale Konjunktion, Absicht	HS: Tempus im *Indicativo* NS: Tempus im *Subjuntivo*

Merke: *Bei den Konjunktionen, die sowohl als finale Konjunktion wie auch als konsekutive Konjunktion verwendet werden können, wirkt die subjektive Sprechereinstellung zum einen als Unterscheidungskriterium (final/konsekutiv) und zum anderen ist sie entscheidend für die Auswahl des Modus (Subjuntivo/Indikativ).*

6 Übungen zum *Subjuntivo*

6.1 Einsetzübung 1: *Presente de Subjuntivo*

Setzen Sie in die folgenden Übungssätze bitte ausschließlich die passende Verbform des *Presente de Subjuntivo* ein. Geben Sie in der Spalte „Grund" an, weshalb der *Subjuntivo* zu verwenden ist.

6.1.1 Einsetzübung 1: Aufgaben

Nr.	Satzbeispiel	Grund
1	¡Que se .... (mejorar)!	
2	¿Le molesta que .... (fumar)?	
3	Confío en que usted .... (arreglar) el asunto.	
4	En caso de que .... (nevar), no saldré.	
5	Es imposible que .... (haber) paz en el mundo.	
6	¡Llámame por teléfono antes de que .... (venir) a verme!	
7	¡Ojalá .... (aprobar) el examen!	
8	Es lástima que no .... (poder) asistir a la fiesta	
9	Es lógico que no .... (hacer) progresos si no estudias.	
10	Es mejor que .... (hacer) ustedes este ejercicio en casa.	
11	Es mejor que te .... (quedar) aquí.	
12	Es natural que a su edad .... (tener) novia.	
13	¡Que Dios se lo .... (pagar)!	
14	¡Que .... (disfrutar) de su estancia!	
15	Es necesario que .... (tomar, 2. Pers. Pl.) una rápida decisión.	
16	Es probable que .... (volver) tarde.	
17	Haré gazpacho para que tú lo .... (probar).	
18	Le he dicho que no se .... (desanimar).	
19	Le ruego (que) me lo .... (decir).	
20	Les recomiendo que .... (visitar) las ruinas mayas en Yucatán.	

6.1.2 Einsetzübung 1: Lösungen

Nr.	Satzbeispiel	Grund
1	¡Que se **mejore**!	Wunsch
2	¿Le molesta que **fume**?	subjektive Bewertung
3	Confío en que usted **arregle** el asunto.	Ausdruck der Willensäußerung
4	En caso de que **nieve**, no saldré.	Konjunktion
5	Es imposible que **haya** paz en el mundo.	unpersönlicher Ausdruck
6	¡Llámame por teléfono antes de que **vengas** a verme!	Konjunktion
7	¡Ojalá **apruebes** el examen!	Wunsch
8	Es lástima que no **puedas** asistir a la fiesta	subjektive Bewertung
9	Es lógico que no **hagas** progresos si no estudias.	unpersönlicher Ausdruck
10	Es mejor que **hagan** ustedes este ejercicio en casa.	unpersönlicher Ausdruck
11	Es mejor que te **quedes** aquí.	unpersönlicher Ausdruck
12	Es natural que a su edad **tenga** novia.	subjektive Bewertung
13	¡Que Dios se lo **pague**!	Wunsch
14	¡Que **disfrute** de su estancia!	Wunsch
15	Es necesario que **toméis** una rápida decisión.	unpersönlicher Ausdruck
16	Es probable que **volvamos** tarde.	unpersönlicher Ausdruck
17	Haré gazpacho para que tú lo **pruebes**.	Konjunktion
18	Le he dicho que no se **desanime**.	Willensäußerung
19	Le ruego (que) me lo **diga**.	Ausdruck der Willensäußerung
20	Les recomiendo que **visiten** las ruinas mayas en Yucatán.	Ausdruck der Willensäußerung

6.2 Einsetzübung 2: *Presente de Subjuntivo*

Setzen Sie in die folgenden Übungssätze bitte ausschließlich die passende Verbform des *Presente de Subjuntivo* ein. Geben Sie in der Spalte „Grund" an, weshalb der *Subjuntivo* zu verwenden ist.

6.2.1 Einsetzübung 2: Aufgaben

Nr.	Satzbeispiel	Grund
1	¡Que lo .... (pasar) bien en Madrid!	
2	¡Que se .... (divertir)!	
3	Más vale que no .... (decir) nada.	
4	Me alegro de que .... (poder) ir conmigo.	
5	Me fastidia que .... (poner) en duda mis buenas intenciones.	
6	Me sorprende que no lo .... (saber).	
7	Mi padre insiste en que .... (terminar) mis estudios.	
8	No afirmo que este problema .... (ser) fácil de resolver.	
9	¡................... (ir) una lluvia!	
10	¡................... (venir) el dinero!	
11	No creo que .... (llover) esta tarde.	
12	No hace falta que lo .... (escribir) otra vez.	
13	Por fácil que .... (ser) el examen, no lo aprobará.	
14	Quieren que .... (hablar) más despacio.	
15	Quizá no lo .... (saber).	
16	*ojo:* A lo mejor no lo .... (saber).	
17	Siento que .... (estar) enferma.	
18	Te ayudaremos, ... (suceder) lo que .... (suceder).	
19	Te deseo que .... (tener) mucho éxito.	
20	Voy a realizar este proyecto, ... (costar) lo que .... (costar).	

6.2.2 Einsetzübung 2: Lösungen

Nr.	Satzbeispiel	Grund
1	¡Que lo **pase** bien en Madrid!	Wunsch
2	¡Que se **diviertan**!	Wunsch
3	Más vale que no **digas** nada.	unpersönlicher Ausdruck
4	Me alegro de que **puedas** ir conmigo.	Gefühlsäußerung
5	Me fastidia que **pongas** en duda mis buenas intenciones.	subjektive Bewertung
6	Me sorprende que no lo **sepas**.	subjektive Bewertung
7	Mi padre insiste en que **termine** mis estudios.	Ausdruck der Willensäußerung
8	No afirmo que este problema **sea** fácil de resolver.	verneinte pers. Stellungnahme
9	¡**Vaya** una lluvia!	Redewendung
10	¡**Venga** el dinero!	Redewendung
11	No creo que **llueva** esta tarde.	verneinte pers. Stellungnahme
12	No hace falta que lo **escribas** otra vez.	unpersönlicher Ausdruck
13	Por fácil que **sea** el examen, no lo aprobará.	Konjunktion
14	Quieren que **hables** más despacio.	Ausdruck der Willensäußerung
15	Quizá no lo **sepan**.	wegen *quizá*
16	*ojo:* A lo mejor no lo **saben**.	Indikativ wegen *A lo mejor*
17	Siento que **estés** enferma.	Gefühlsäußerung
18	Te ayudaremos, **suceda** lo que **suceda**.	Einräumen eines Zugeständnisses
19	Te deseo que **tengas** mucho éxito.	Ausdruck der Willensäußerung
20	Voy a realizar este proyecto, **cueste** lo que **cueste**.	Einräumen eines Zugeständnisses

6.3 Einsetzübung 3: *Perfecto de Subjuntivo* und *Imperfecto de Subjuntivo*

Setzen Sie in die folgenden Übungssätze die passende Verbform entweder des *Perfecto de Subjuntivo* oder *Imperfecto de Subjuntivo* ein. Geben Sie in der Spalte „Grund" an, (a) weshalb überhaupt der *Subjuntivo* zu verwenden ist und (b) weshalb die von Ihnen gewählte Verbform (Tempus) des *Subjuntivo* einzusetzen ist. Für den Übungszweck ist die Auswahl auf zwei der vier gängigen *Subjuntivo*-Formen eingeschränkt.

6.3.1 Einsetzübung 3: Aufgaben

Nr.	Satzbeispiel	Grund
1	Te agradecemos que nos .... (ayudar).	
2	Lamento que no .... (venir).	
3	¡Qué raro que no .... (venir)!	
4	Me extraña que no te .... (llamar).	
5	Me extraña que no te .... (preguntar).	
6	¿Crees que .... (terminar) ya?	
7	No creo que te .... (portar) bien.	
8	Me fastidia que te .... (equivocar).	
9	Me alegro (de) que .... (venir).	
10	No creía que te .... (comportar) como se debe.	
11	Puede ser que me .... (equivocar).	
12	Dudo que el gobierno .... (tomar) las medidas necesarias.	
13	Parece mentira que lo .... (perder) todo.	
14	Me aconsejaron que .... (tomar) este curso.	
15	Nos pidieron que no .... (llegar) tarde.	
16	Le exigían que .... (hablar) alemán.	
17	Nunca pensé que .... (ganar) tanto dinero.	
18	El no afirmó que .... (saber) toda la verdad.	
19	No dije que .... (ser) fácil aprender idiomas.	
20	Era necesario que te .... (tomar) esta medicina.	

6.3.2 Einsetzübung 3: Lösungen

Nr.	Satzbeispiel	Grund
1	Te agradecemos que nos **hayas ayudado**.	(a) Gefühlsäußerung (b) HS mit Gegenwartszeit
2	Lamento que no **hayas venido**.	(a) Gefühlsäußerung (b) HS mit Gegenwartszeit
3	¡Qué raro que no **hayan venido / vinieran**!	(a) Gefühlsäußerung/unpersönl. Ausdruck (b) HS ohne Verb
4	Me extraña que no te **hayan llamado**.	(a) Gefühlsäußerung (b) HS mit Gegenwartszeit
5	Me extraña que no te **hayan preguntado**.	(a) subjektive Bewertung (b) HS mit Gegenwartszeit
6	¿Crees que **hayan terminado** ya?	(a) Willensäußerung (b) HS mit Gegenwartszeit
7	No creo que te **hayas portado** bien.	(a) Willensäußerung (b) HS mit Gegenwartszeit
8	Me fastidia que te **hayas equivocado**.	(a) subjektive Bewertung (b) HS mit Gegenwartszeit
9	Me alegro (de) que **hayáis venido**.	(a) Gefühlsäußerung (b) HS mit Gegenwartszeit
10	No creía que te **comportaras** como se debe.	(a) verneinte pers. Stellungnahme (b) HS mit Vergangenheitszeit
11	Puede ser que me **haya equivocado**.	(a) unpersönlicher Ausdruck (b) HS mit Gegenwartszeit
12	Dudo que el gobierno **haya tomado** las medidas necesarias.	(a) Willensäußerung (b) HS mit Gegenwartszeit
13	Parece mentira que lo **haya perdido** todo.	(a) Willensäußerung (b) HS mit Gegenwartszeit
14	Me aconsejaron que **tomara** este curso.	(a) Willensäußerung (b) HS mit Vergangenheitszeit
15	Nos pidieron que no **llegáramos** tarde.	(a) Willensäußerung (b) HS mit Vergangenheitszeit
16	Le exigían que **hablara** alemán.	(a) Willensäußerung (b) HS mit Vergangenheitszeit
17	Nunca pensé que **ganaras** tanto dinero.	(a) verneinte pers. Stellungnahme (b) Vergangenheitszeit
18	El no afirmó que **supiera** toda la verdad.	(a) verneinte pers. Stellungnahme (b) Vergangenheitszeit
19	No dije que **fuera** fácil aprender idiomas.	(a) verneinte pers. Stellungnahme (b) Vergangenheitszeit
20	Era necesario que te **tomaras** esta medicina.	(a) unpersönliche Stellungnahme (b) Vergangenheitszeit

6.4 Einsetzübung 4: *Perfecto, Imperfecto* und *Pluscuamperfecto de Subjuntivo*

Setzen Sie in die folgenden Übungssätze die passende Verbform entweder des *Perfecto de Subjuntivo, Imperfecto de Subjuntivo* oder *Pluscuamperfecto de Subjuntivo* ein. Geben Sie in der Spalte „Grund" an, (a) weshalb überhaupt der *Subjuntivo* zu verwenden ist und (b) weshalb die von Ihnen gewählte Verbform (Tempus) des *Subjuntivo* einzusetzen ist.

6.4.1 Einsetzübung 4: Aufgaben

Nr.	Satzbeispiel	Grund
1	Los niños se acostaron antes de que .... (llegar).	
2	Quebraron el cristal sin que me .... (dar) cuenta.	
3	Siento que no la .... (encontrar).	
4	¿Te ha perdonado que no le .... (informar)?	
5	Un día lamentarás que se .... (enterar).	
6	No creía que lo .... (saber).	
7	Nos pidió que no se lo .... (decir) a nadie.	
8	Les había dicho que no .... (tocar) los instrumentos.	
9	Esperábamos que nos .... (ver).	
10	Sintió que no .... (venir) antes.	
11	Nunca me había perdonado que le .... (mentir).	
12	Me tratan como si .... (ser) un niño.	
13	¡Que curioso que nadie se .... (dar) cuenta!	
14	El ministro lamentó que .... (ocurrir) semejantes incidentes.	
15	El médico le aconsejó que .... (trabajar) menos.	
16	El presidente negó que .... (estar) al corriente.	
17	No recuerdo que lo .... (ver) antes.	
18	*ojo:* Recuerdo que lo .... (ver) antes.	
19	Quizá .... (perder) el tren.	
20	Probablemente .... (pasar) algo inesperado.	

6.4.2 Einsetzübung 4: Lösungen

Nr.	Satzbeispiel	Grund
1	Los niños se acostaron antes de que **llegáramos**.	(a) Konjunktion (b) HS mit Vergangenheitszeit
2	Quebraron el cristal sin que me **diera** cuenta.	(a) Konjunktion (b) HS mit Vergangenheitszeit
3	Siento que no la **haya encontrado**.	(a) Gefühlsäußerung, vorzeitig (b) HS mit Gegenwartszeit
4	¿Te ha perdonado que no le **hayas informado**?	(a) Willensäußerung, vorzeitig (b) HS mit Gegenwartszeit
5	Un día lamentarás que se **haya enterado**.	(a) Gefühlsäußerung, vorzeitig (b) HS mit Gegenwartszeit
6	No creía que lo **supieran**.	(a) verneinte persönliche Stellungnahme, gleichzeitig (b) HS mit Vergangenheitszeit
7	Nos pidió que no se lo **dijéramos** a nadie.	(a) Willensäußerung, gleichzeitig (b) HS mit Vergangenheitszeit
8	Les había dicho que no **tocaran** los instrumentos.	(a) Willensäußerung, gleichzeitig (b) HS mit Vergangenheitszeit
9	Esperábamos que nos **hubieran visto** / **hubiéramos visto**. Esperábamos que nos **vieran** /**viéramos**.	(a) Willensäußerung, vorzeitig (b) HS mit Vergangenheitszeit (a) Willensäußerung, gleichzeitig (b) HS mit Vergangenheitszeit
10	Sintió que no **hubiera venido** antes.	(a) Gefühlsäußerung, vorzeitig (b) HS mit Vergangenheitszeit
11	Nunca me había perdonado que le **hubiera mentido**.	(a) Willensäußerung, vorzeitig (b) HS mit Vergangenheitszeit
12	Me tratan como si **fuera** un niño.	(a) wegen *como si* (b) irreale Bedingung
13	¡Qué curioso que nadie se **haya dado** / **diera** / **hubiera dado** cuenta!	(a) Gefühlsäußerung (b) HS ohne Verb
14	El ministro lamentó que **ocurrieran** semejantes incidentes.	(a) Gefühlsäußerung (b) HS mit Vergangenheitszeit
15	El médico le aconsejó que **trabajara** menos.	(a) Willensäußerung (b) HS mit Vergangenheitszeit
16	El presidente negó que **estuviera** al corriente.	(a) Willensäußerung (b) HS mit Vergangenheitszeit
17	No recuerdo que lo **haya visto** antes.	(a) verneinte pers. Stellungnahme (b) HS mit Gegenwartszeit
18	*ojo:* Recuerdo que lo **he visto** antes.	HS ist bejaht, deshalb Indikativ
19	Quizá **pierda** / **perdiera** / **haya perdido** / **hubiera perdido** el tren.	(a) wegen *quizá;* alle vier *Subjuntivo*-Tempora möglich
20	Probablemente **haya pasado** / **hubiera pasado** algo inesperado.	(a) wegen *probablemente* alle vier *Subjuntivo*-Tempora möglich

6.5 Einsetzübung 5: Der *Subjuntivo* in Nebensätzen

Setzen Sie in die folgenden Übungssätze eine passende *Subjuntivo*-Form ein. Geben Sie in der Spalte „Grund" an, (a) weshalb überhaupt der *Subjuntivo* zu verwenden ist und (b) weshalb die von Ihnen gewählte Verbform des *Subjuntivo* einzusetzen ist.

6.5.1 Einsetzübung 5: Aufgaben

Nr.	Satzbeispiel	Grund
1	Busco una secretaria que .... (saber) portugués.	
2	Escríbanse diez frases que .... (contener) el subjuntivo.	
3	Necesito un fontanero que .... (arreglar) la ducha.	
4	No hay nadie que lo .... (saber).	
5	No hay quien .... (poder) con él.	
6	No dijo nada que .... (poder) interesaros.	
7	No conozco ningún diccionario que .... (registrar) esta palabra.	
8	(Antes de la votación:) El que se .... (oponer) a esta propuesta, que levante la mano.	
9	(Después de la votación:) El que se .... (oponer) a esta propuesta, que levante la mano otra vez.	
10	La guardia se dirige a los mirones: "El que .... (ver) el atraco, que venga para prestar declaración."	
11	*Ojo:* El comisario se dirige a la guardia que ha hablado con los mirones: "El que .... (ver) el atraco, que venga para prestar declaración."	
12	Quienquiera que lo .... (decir), no creo que sea verdad.	
13	Cualquiera que .... (ser) la respuesta, hay que aceptarla.	
14	Comoquiera que .... (ser), encontraremos una solución.	
15	¡Dime cuanto .... (saber)!	
16	¡Hazlo como .... (querer)!	
17	No sabemos nada de tí. ¡Háblanos de los clubes donde .... (jugar)!	
18	Lo que .... (querer).	
19	Lo haremos todo como .... (querer).	
20	Lo haremos todo como tú .... (decir).	

6.5.2 Einsetzübung 5: Lösungen

Nr.	Satzbeispiel	Grund
1	Busco una secretaria que **sepa** portugués.	(a) RS mit Bedingung (b) HS mit Gegenwartszeit
2	Escríbanse diez frases que **contengan** el subjuntivo.	(a) RS mit Bedingung (b) HS mit Gegenwartszeit
3	Necesito un fontanero que **arregle** la ducha.	(a) RS mit Bedingung (b) HS mit Gegenwartszeit
4	No hay nadie que lo **sepa**.	(a) HS verneint (b) HS mit Gegenwartszeit
5	No hay quien **pueda** con él.	(a) HS verneint (b) HS mit Gegenwartszeit
6	No dijo nada que **pudiera** interesaros.	(a) HS verneint (b) HS mit Vergangenheitszeit
7	No conozco ningún diccionario que **registre** esta palabra.	(a) HS verneint (b) HS mit Gegenwartszeit
8	(Antes de la votación:) El que se **oponga** a esta propuesta, que levante la mano.	(a) Nominalgruppe unbestimmt (b) HS mit Imperativ
9	(Después de la votación:) El que se **opone** a esta propuesta, que levante la mano otra vez.	(a) Nominalgruppe durch Vorwissen bestimmt, deshalb Indikativ (b) HS mit Imperativ
10	La guardia se dirige a los mirones: "El que **haya visto** el atraco, que venga para prestar declaración."	(a) Nominalgruppe unbestimmt (b) HS mit Imperativ
11	Ojo: El comisario se dirige a la guardia que ha hablado con los mirones: "El que **ha visto** el atraco, que venga para prestar declaración."	(a) Nominalgruppe durch Vorwissen bestimmt, deshalb Indikativ (b) HS mit Imperativ
12	Quienquiera que lo **haya dicho** / **diga** / **vaya a decir**, no creo que sea verdad.	(a) wegen *quienquiera* (b) HS mit Gegenwartszeit
13	Cualquiera que **sea** la respuesta, hay que aceptarla.	(a) wegen *cualquiera* (b) HS mit Gegenwartszeit
14	Comoquiera que **sea**, encontraremos una solución.	(a) wegen *comoquiera* (b) HS mit Gegenwartszeit
15	¡Dime cuanto **sepas**!	(a) unbestimmter Bezug (b) HS mit Imperativ
16	¡Hazlo como **quieras**!	(a) unbestimmter Bezug (b) HS mit Imperativ
17	No sabemos nada de tí. ¡Háblanos de los clubes donde **hayas jugado**!	(a) unbestimmter Bezug (b) HS mit Imperativ
18	Lo que **quiera**.	feste Wendung
19	Lo haremos todo como **quiera**.	feste Wendung
20	Lo haremos todo como tú **digas**.	feste Wendung

6.6 Einsetzübung 6: Der *Subjuntivo* in Nebensätzen

Setzen Sie in die Übungssätze eine passende Verbform im *Subjuntivo* ein und begründen Sie Ihre Wahl.

6.6.1 Einsetzübung 6: Aufgaben

Nr.	Satzbeispiel	Grund
1	Que yo .... (saber), ...	
2	Que yo .... (ver), ...	
3	Si lo .... (saber), te lo diría.	
4	Si .... (hacer) buen tiempo, saldríamos de excursión.	
5	Si yo .... (estar) en tu lugar, no lo haría.	
6	Necesitamos una mesa que .... (ser) muy grande.	
7	*ojo:* Tenemos una casa que .... (ser) muy grande.	
8	La primera persona que se .... (presentar) tendrá el puesto.	
9	Pablo es siempre la primera persona que se .... (presentar).	
10	Quienquiera que .... (ser), no abriremos la puerta.	
11	Dondequiera que .... (estar), lo encontraremos.	
12	Carlos seguirá investigando, hasta que .... (saber) la verdad.	
13	*ojo:* Carlos siguió investigando, hasta que .... (saber) la verdad.	
14	Lo que te .... (parecer).	
15	Como te .... (parecer).	
16	Lo voy a hacer según me .... (decir) usted.	
17	*ojo:* Lo voy a hacer según me .... (decir) usted.	
18	Me mentiste. De ahí que ya no te .... (creer) más.	
19	Muchos padres trabajan para que sus hijos .... (tener) una vida mejor.	
20	Callaos, no sea que los niños se .... (despertar).	

6.6.2 Einsetzübung 6: Lösungen

Nr.	Satzbeispiel	Grund
1	Que yo **sepa**, …	feste Wendung
2	Que yo **vea**, …	feste Wendung
3	Si lo **supiera (supiese)**, te lo diría.	irreale Hypothese in der Vgh; *im si-Satz nie Futur oder Konditional*
4	Si **hiciera (hiciese)** buen tiempo, saldríamos de excursión.	irreale Hypothese in der Vgh
5	Si yo **estuviera (estuviese)** en tu lugar, no lo haría.	irreale Hypothese in der Vgh
6	Necesitamos una mesa que **sea** muy grande.	RS mit Eigenschaft/Bedingung
7	*ojo:* Tenemos una casa que **es** muy grande.	*das Haus ist bekannt*
8	La primera persona que se **presente** tendrá el puesto.	RS mit Eigenschaft/Bedingung
9	Pablo es siempre la primera persona que se **presenta**.	*Pablo ist bekannt*
10	Quienquiera que **sea**, no abriremos la puerta.	wegen *quienquiera*
11	Dondequiera que **esté**, lo encontraremos.	wegen *dondequiera*
12	Carlos seguirá investigando, hasta que **sepa** la verdad.	adv. NS, Konj. d. Zeit, *Ereignis ungewiss*
13	*ojo:* Carlos siguió investigando, hasta que **supo** la verdad.	*Ereignis gewiss*
14	Lo que te **parezca**.	feste Wendung
15	Como te **parezca**.	feste Wendung
16	Lo voy a hacer según me **diga** usted.	*Er hat es noch nicht gesagt.*
17	*ojo:* Lo voy a hacer según me **dice** usted.	*Er hat es bereits gesagt.*
18	Me mentiste. De ahí que ya no te **crea** más.	wegen *de ahí que*
19	Muchos padres trabajan para que sus hijos **tengan** una vida mejor.	*para que*
20	Callaos, no sea que los niños se **despierten**.	*no sea que*

6.7 Einsetzübung 7: *Subjuntivo* nach Konjunktionen

Setzen Sie in die Übungssätze eine passende Verbform ein und begründen Sie Ihre Wahl.

6.7.1 Einsetzübung 7: Aufgaben

Nr.	Satzbeispiel	Grund
1	Te escribiré *cuando* .... (tener) tiempo Ich werde Dir schreiben, *sobald* ich Zeit habe.	
2	Te escribí *cuando* .... (llegar) a Granada. Ich schrieb dir, *als* ich in Granada ankam.	
3	Escribo cartas *cuando* .... (tener) tiempo. Ich schreibe Briefe, *immer wenn* ich Zeit habe.	
4	*Después de que* .... (regresar) del trabajo, descansaré un poco. Wenn ich von der Arbeit zurückkomme, werde ich mich eine Weile ausruhen.	
5	*Después de que* .... (regresar) del trabajo, descansé un poco. Nachdem ich von der Arbeit zurückkam, habe ich mich eine Weile ausgeruht.	
6	*Después de que* .... (regresar) del trabajo, descanso un poco. Wenn ich von der Arbeit zurückkomme, ruhe ich mich eine Weile aus.	
7	Trabajará *hasta que* el bebé .... (nacer). Sie wird arbeiten, bis das Baby geboren wird.	
8	Nadó *hasta que* se .... (cansar). Er schwamm, bis er müde wurde.	
9	Nada *hasta que* se .... (cansar). Er schwimmt, bis er müde wird.	

6.7.2 Einsetzübung 7: Lösungen

Nr.	Satzbeispiel	Grund
1	Te escribiré *cuando* **tenga** tiempo Ich werde Dir schreiben, *sobald* ich Zeit habe.	*Subjuntivo*: Handlung in der Zukunft.
2	Te escribí *cuando* **llegué** a Granada. Ich schrieb dir, *als* ich in Granada ankam.	Indikativ / PPS *(Indefinido)*: Handlung in der Vergangenheit.
3	Escribo cartas *cuando* **tengo** tiempo. Ich schreibe Briefe, *immer wenn* ich Zeit habe.	Indikativ / Präsens: Gewohnheit
4	*Después de que* **regrese** del trabajo, descansaré un poco. Wenn ich von der Arbeit zurückkomme, werde ich mich eine Weile ausruhen.	*Subjuntivo*: Handlung in der Zukunft.
5	*Después de que* **regresé** del trabajo, descansé un poco. Nachdem ich von der Arbeit zurückkam, habe ich mich eine Weile ausgeruht.	Indikativ / PPS *(Indefinido)*: Handlung in der Vergangenheit.
6	*Después de que* **regreso** del trabajo, descanso un poco. Wenn ich von der Arbeit zurückkomme, ruhe ich mich eine Weile aus.	Indikativ / Präsens: Gewohnheit
7	Trabajará *hasta que* el bebé **nazca**. Sie wird arbeiten, bis das Baby geboren wird.	*Subjuntivo*: Handlung in der Zukunft.
8	Nadó *hasta que* se **cansó**. Er schwamm, bis er müde wurde.	Indikativ / PPS *(Indefinido)*: Handlung in der Vergangenheit.
9	Nada *hasta que* se **cansa**. Er schwimmt, bis er müde wird.	Indikativ / Präsens: Gewohnheit

6.8 Einsetzübung 8: *Subjuntivo* nach Konjunktionen

Setzen Sie in die Übungssätze eine passende Verbform ein und begründen Sie Ihre Wahl.

6.8.1 Einsetzübung 8: Aufgaben

Nr.	Satzbeispiel	Grund
1	*Aunque* Ana .... (trabajar) mucho, ganará poco. Selbst wenn Ana viel arbeitet, wird sie wenig verdienen.	
2	*Aunque* Ana .... (trabajar) mucho, gana poco. Obwohl Ana viel arbeitet, verdient sie wenig.	
3	*Por mucho que* .... (comer), no engordas. Selbst wenn du viel isst, nimmst du nicht zu.	
4	*Por mucho que* .... (comer), no engordas. Soviel du auch isst, du nimmst nicht zu.	
5	*Mientras* no .... (hacer) los deberes, no podrás jugar. Solange du die Hausaufgaben nicht machst, kannst du nicht spielen.	
6	*Mientras* .... (hacer) la cena, escuchas las noticias. Während ich das Abendessen mache, hörst du die Nachrichten.	
7	*Mientras* yo .... (estar) de viaje, puedes usar mi coche. Solange ich verreist bin, kannst du mein Auto benutzen.	
8	*Mientras* yo .... (estar) de viaje, puedes usar mi coche. Während ich verreist bin, kannst du mein Auto benutzen.	

6.8.2 Einsetzübung 8: Lösungen

Nr.	Satzbeispiel	Grund
1	*Aunque* Ana **trabaje** mucho, ganará poco. Selbst wenn Ana viel arbeitet, wird sie wenig verdienen.	*Subjuntivo*: Möglichkeit (Ich weiß nicht, ob sie viel arbeitet.)
2	*Aunque* Ana **trabaja** mucho, gana poco. Obwohl Ana viel arbeitet, verdient sie wenig.	*Subjuntivo*: Tatsache (Ich weiß, dass sie viel arbeitet.)
3	*Por mucho que* **comas**, no engordas. Selbst wenn du viel isst, nimmst du nicht zu.	*Subjuntivo*: Möglichkeit (Ich weiß nicht, ob du viel isst.)
4	*Por mucho que* **comes**, no engordas. Soviel du auch isst, du nimmst nicht zu.	*Subjuntivo*: Tatsache (Ich weiß, dass du viel isst.)
5	*Mientras* no **hagas** los deberes, no podrás jugar. Solange du die Hausaufgaben nicht machst, kannst du nicht spielen.	*Subjuntivo*: Bedingung
6	*Mientras* **hago** la cena, escuchas las noticias. Während ich das Abendessen mache, hörst du die Nachrichten.	Indikativ: Tatsache, Gleichzeitige Handlung,
7	*Mientras* yo **esté** de viaje, puedes usar mi coche. Solange ich verreist bin, kannst du mein Auto benutzen.	*Subjuntivo*: Bedingung, Möglichkeit in der Zukunft
8	*Mientras* yo **estoy** de viaje, puedes usar mi coche. Während ich verreist bin, kannst du mein Auto benutzen.	Indikativ: Tatsache

6.9 Einsetzübung 9: *Subjuntivo* oder Indikativ nach Konjunktionen

Setzen Sie in die Übungssätze eine passende Verbform im *Subjuntivo* oder Indikativ ein und begründen Sie Ihre Wahl.

6.9.1 Einsetzübung 9: Aufgaben

Nr.	Satzbeispiel	Grund
1	*Cuando* .... (estar) enfermo, no salgo de casa. Wenn ich krank bin, verlasse ich nicht das Haus.	
2	*Cuando* yo .... (tener) tu edad, viajaba mucho. Als ich so alt war wie du, reiste ich viel.	
3	*Cuando* .... (llegar) a casa, me sentía muy cansado. Als ich zu Hause ankam, fühlte ich mich sehr müde.	
4	*Cuando* los .... (ver), me escondí detrás de un árbol. Als ich sie erblickte, versteckte ich mich hinter einem Baum.	
5	*Cuando* nos .... (preguntar), les diremos que no sabemos nada. Wenn Sie uns fragen (sollten), werden wir sagen, dass wir nichts wissen.	
6	*Cuando* .... (aprobar) el examen, nos casaremos. Sobald du die Prüfung bestanden hast, werden wir heiraten.	
7	*Mientras* mi madre .... (preparar) la cena, mi padre leía el periódico. Während meine Mutter das Abendessen zubereitete, las mein Vater die Zeitung.	
8	*Mientras* .... (hacer) los deberes, yo arreglaré tu bicicleta. Solange du Hausaufgaben machst, werde ich dein Fahrrad reparieren.	
9	*Después de que* .... (haber) estallado la guerra, muchos trataron de abandonar el país. Nachdem der Krieg ausgebrochen war, versuchten viele das Land zu verlassen.	
10	*Después de que* .... (terminar) la conferencia, iremos a dar un paseo. Wenn der Vortrag vorbei ist, werden wir einen Spaziergang machen.	

6.9.2 Einsetzübung 9: Lösungen

Nr.	Satzbeispiel	Grund
1	*Cuando* **estoy** enfermo, no salgo de casa. Wenn ich krank bin, verlasse ich nicht das Haus.	Indikativ / Präsens: Gewohnheit
2	*Cuando* yo **tenía** tu edad, viajaba mucho. Als ich so alt war wie du, reiste ich viel.	Indikativ / Imperfekt: Handlung in der Vgh.
3	*Cuando* **llegué** a casa, me sentía muy cansado. Als ich zu Hause ankam, fühlte ich mich sehr müde.	Indikativ / PPS (Indefinido): Handlung in der Vgh.
4	*Cuando* los **vi**, me escondí detrás de un árbol. Als ich sie erblickte, versteckte ich mich hinter einem Baum.	Indikativ / PPS (Indefinido): Handlung in der Vgh.
5	*Cuando* nos **pregunten**, les diremos que no sabemos nada. Wenn Sie uns fragen (sollten), werden wir sagen, dass wir nichts wissen.	*Subjuntivo*: Handlung in der Zukunft
6	*Cuando* **hayas aprobado** el examen, nos casaremos. Sobald du die Prüfung bestanden hast, werden wir heiraten.	*Subjuntivo*: Handlung in der Zukunft
7	*Mientras* mi madre **preparaba** la cena, mi padre leía el periódico. Während meine Mutter das Abendessen zubereitete, las mein Vater die Zeitung.	Indikativ: Tatsache (Gewohnheit)
8	*Mientras* **hagas** los deberes, yo arreglaré tu bicicleta. Solange du Hausaufgaben machst, werde ich dein Fahrrad reparieren.	*Subjuntivo*: Bedingung
9	*Después de que* **hubo** estallado la guerra, muchos trataron de abandonar el país. Nachdem der Krieg ausgebrochen war, versuchten viele das Land zu verlassen.	Indikativ: Handlung in der Vergangenheit
10	*Después de que* **termine** la conferencia, iremos a dar un paseo. Wenn der Vortrag vorbei ist, werden wir einen Spaziergang machen.	*Subjuntivo*: Handlung in der Zukunft

6.10 Einsetzübung 10: *Subjuntivo* oder Indikativ nach Konjunktionen

Setzen Sie in die Übungssätze eine passende Verbform im *Subjuntivo* oder Indikativ ein und begründen Sie Ihre Wahl.

6.10.1 Einsetzübung 10: Aufgaben

Nr.	Satzbeispiel	Grund
1	Esperamos siempre *hasta que* nuestra hija .... (volver) a casa. Wir warten immer, bis unsere Tochter nach Hause kommt.	
2	¡Espera *hasta que* .... (venir) Luis! Warte, bis Luis kommt!	
3	Carlos seguirá investigando *hasta que* .... (saber) la verdad. Carlos macht so lange mit seinen Nachforschungen weiter, bis er die Wahrheit kennt.	
4	Carlos siguió investigando *hasta que* .... (saber) la verdad. Carlos machte so lange mit seinen N. weiter, bis er die Wahrheit erfuhr.	
5	*Cuando* .... (llegar) la primavera, te pondrás bien. Wenn der Frühling kommt, wirst du gesund werden.	
6	*Cuando* .... (llegar) la primavera, vuelven los cigüeñas a Cáceres. Wenn der Frühling kommt, kehren die Störche nach Cáceres zurück.	
7	*Por mucho que* se .... (esforzar), no nos convencerá. Wenn er sich auch noch so bemüht, er wird uns nicht überzeugen.	
8	Te llamaré *cuando* .... (venir) *mi padre*. Ich werde dich anrufen, *sobald* mein Vater kommt.	
9	*Aunque* .... (tener) tiempo, no voy a ver la exposición. *Auch wenn* ich Zeit habe, gehe ich nicht in die Ausstellung.	
10	*Aunque* .... (tener) tiempo, no voy a ver la exposición. *Obwohl* ich Zeit habe, gehe ich nicht in die Ausstellung.	

6.10.2 Einsetzübung 10: Lösungen

Nr.	Satzbeispiel	Grund
1	Esperamos siempre *hasta que* nuestra hija **vuelve** a casa. Wir warten immer, bis unsere Tochter nach hause kommt.	Indikativ / Präsens: Gewohnheit
2	¡Espera *hasta que* **venga** Luis! Warte, bis Luis kommt!	*Subjuntivo:* Handlung in der Zukunft
3	Carlos seguirá investigando *hasta que* **sepa** la verdad. Carlos macht so lange mit seinen Nachforschungen weiter, bis er die Wahrhheit kennt.	*Subjuntivo:* Handlung in der Zukunft
4	Carlos siguió investigando *hasta que* **supo** la verdad. Carlos machte so lange mit seinen N. weiter, bis er die Wahrheit kannte.	Indikativ / PPS *(Indefinido)*: Handlung in der Vgh.
5	*Cuando* **llegue** la primavera, te pondrás bien. Wenn der Frühling kommt, wirst du gesund werden.	*Subjuntivo:* Handlung in der Zukunft
6	*Cuando* **llega** la primavera, vuelven los cigüeñas a Cáceres. Wenn der Frühling kommt, kehren die Störche nach Cáceres zurück.	Indikativ / Präsens: Gewohnheit
7	*Por mucho que* se **esfuerce**, no nos convencerá. Wenn er sich auch noch so bemüht, er wird uns nicht überzeugen.	*Subjuntivo:* Möglichkeit
8	Te llamaré *cuando* **venga** *mi padre.* Ich werde dich anrufen, *sobald* mein Vater kommt.	*Subjuntivo:* Handlung in der Zukunft
9	*Aunque* **tenga** tiempo, no voy a ver la exposición. *Auch wenn* ich Zeit habe, gehe ich nicht in die Ausstellung.	*Subjuntivo:* Handlung nicht entscheidend (Ich hab's noch nicht geprüft.)
10	*Aunque* **tengo** tiempo, no voy a ver la exposición. *Obwohl* ich Zeit habe, gehe ich nicht in die Ausstellung.	Indikativ: Gegensatz (Ich hab's schon geprüft.)

6.11 Einsetzübung 11: *Subjuntivo* oder Indikativ nach Konjunktionen

Setzen Sie in die Übungssätze eine passende Verbform im *Subjuntivo* oder Indikativ ein und begründen Sie Ihre Wahl.

6.11.1 Einsetzübung 11: Aufgaben

Nr.	Satzbeispiel	Grund
1	¿De modo que .... (poder) vivir todavía? Er könnte also noch leben?	
2	Judas fue inspirado por el diablo, *de modo que* la traición .... (ser) un acto satánico. Judas wurde vom Teufel inspiriert, so dass der Verrat ein satanischer Akt war.	
3	Aquello podría ser peligroso, *así que* el obispo Mahoney .... (decidir) consultar con el cardenal Lienart. Das könnte gefährlich werden, so dass Bischof Mahoney sich entschloss, sich mit Kardinal Lienhart zu beraten.	
4	Debía tomar una decisión, *así que* .... (volver) a marcar el número de teléfono de su amigo. Er musste eine Entscheidung treffen, so dass er wieder die Telefonnummer seines Freundes wählte.	
5	No quiero sorpresas, *así que* .... (hacer) su trabajo. Ich will keine Überraschungen, machen Sie also ihre Arbeit.	
6	El evangelio estaba guardado en su caja fuerte desde hacía algunos días, *así que* posiblemente .... (estar) buscando otra cosa. Das Evangelium war seit einigen Tagen in seinem Safe verwahrt, so dass sie wohl etwas anderes suchten.	
7	El Podcasting consiste en publicar archivos audio *de forma que* se .... (poder) descargar por otros usuarios. Podcasting besteht in der Veröffentlichung von Audiodateien, so dass sie von anderen Usern heruntergeladen werden können.	
8	El humo de los cigarrillos daña los cilios de la tráquea *de forma que* no .... (poder) moverse. Der Zigarettenrauch schädigt die Flagellen der Luftröhre, so dass sie sich nicht bewegen können.	
9	Habló *de manera que* todos .... (salir) convencidos. Er sprach so, dass wir alle überzeugt fortgingen.	
10	Les enseñó a labrar la tierra *de modo que* .... (dar) ricas cosechas. Er lehrte sie die Erde zu bearbeiten, so dass sie reiche Ernten geben würde.	

6.11.2 Einsetzübung 11: Lösungen

Nr.	Satzbeispiel	Grund
1	¿De modo que **puede** vivir todavía? Er könnte also noch leben?	Tatsächliche Konsequenz
2	Judas fue inspirado por el diablo, *de modo que* la traición **fue** un acto satánico. Judas wurde vom Teufel inspiriert, so dass der Verrat ein satanischer Akt war.	Tatsächliche Konsequenz
3	Aquello podría ser peligroso, *así que* el obispo Mahoney **decidió** consultar con el cardenal Lienart. Das könnte gefährlich werden, so dass Bischof Mahoney sich entschloss, sich mit Kardinal Lienhart zu beraten.	Tatsächliche Konsequenz
4	Debía tomar una decisión, *así que* **volvió** a marcar el número de teléfono de su amigo. Er musste eine Entscheidung treffen, so dass er wieder die Telefonnummer seines Freundes wählte.	Tatsächliche Konsequenz
5	No quiero sorpresas, *así que* **haga** su trabajo. Ich will keine Überraschungen, machen Sie also ihre Arbeit.	Nachzeitige Handlung
6	El evangelio estaba guardado en su caja fuerte desde hacía algunos días, *así que* posiblemente **estuviesen** buscando otra cosa. Das Evangelium war seit einigen Tagen in seinem Safe verwahrt, so dass sie wohl etwas anderes suchten.	Hypothetische Konsequenz
7	El Podcasting consiste en crear y publicar archivos audio *de forma que* se **puedan** descargar por otros usuarios. Podcasting besteht in der Erstellung und Veröffentlichung Audiodateien, so dass sie von anderen Usern heruntergeladen werden können.	Hypothetische Konsequenz
8	El humo de los cigarrillos daña los cilios de la tráquea *de forma que* no **pueden** moverse. Der Zigarettenrauch schädigt die Flagellen der Luftröhre, so dass sie sich nicht bewegen können.	Tatsächliche Konsequenz
9	Habló *de manera que* todos **salimos** convencidos. Er sprach so, dass wir alle überzeugt fortgingen.	Tatsächliche Konsequenz
10	Les enseñó a labrar la tierra *de modo que* **diera** ricas cosechas. Er lehrte sie die Erde zu bearbeiten, so dass sie reiche Ernten geben würde.	Hypothetische Konsequenz

7 Die Zeitenfolge beim *Subjuntivo*

7.1 Schema der Zeitenfolge beim *Subjuntivo*

Die Grundregel der Zeitenfolge besagt, dass Haupt- und Nebensatz in derselben Zeitstufe stehen (vgl. Kapitel 2.1.3). Dies gilt auch, wenn im Nebensatz eine *Subjuntivo*-Form zu verwenden ist. Steht im Hauptsatz eine Zeit der Gegenwartsstufe (also: *Presente, Futuro, Perfecto*) oder der *Imperativo*, dann können im Nebensatz nur *Presente de Subjuntivo* oder *Perfecto de Subjuntivo* folgen. Findet die Handlung im Nebensatz gleichzeitig oder nachzeitig zur Handlung des Hauptsatzes statt, folgt *Presente de Subjuntivo*; findet die Handlung im Nebensatz vorzeitig zur Handlung des Hauptsatzes statt, folgt *Perfecto de Subjuntivo*.

Die gleiche Logik der Zeitverhältnisse gilt auch für die Vergangenheitsstufe. Stehen *Imperfecto, PPS (Indefinido), Pluscuamperfecto* oder das *Condicional (I oder II)*, dann können im Nebensatz nur *Imperfecto de Subjuntivo* oder *Pluscuamperfecto de Subjuntivo* folgen. Auch hier gilt: Bei Gleich- oder Nachzeitigkeit steht das *Imperfecto de Subjuntivo*, bei Vorzeitigkeit steht das *Pluscuamperfecto de Subjuntivo*.

In der folgenden Tabelle ist das Schema der Zeitenfolge beim *Subjuntivo* zusammenfassend dargestellt.

Schema der Zeitenfolge beim *Subjuntivo*		
Gegenwartsstufe		
Zeit im Hauptsatz	**bei**	**Zeit im Nebensatz**
Presente *Futuro* *Perfecto* *Imperativo*	Gleichzeitigkeit oder Nachzeitigkeit	*Presente de Subjuntivo*
Presente *Futuro* *Perfecto* *Imperativo*	Vorzeitigkeit	*Perfecto de Subjuntivo*
Vergangenheitsstufe		
Zeit im Hauptsatz	**bei**	**Zeit im Nebensatz**
Imperfecto *PPS (Indefinido)* *Pluscuamperfecto* *Condicional I* *Condicional II*	Gleichzeitigkeit oder Nachzeitigkeit	*Imperfecto de Subjuntivo*
Imperfecto *PPS (Indefinido)* *Pluscuamperfecto* *Condicional I* *Condicional II*	Vorzeitigkeit	*Pluscuamperfecto de Subjuntivo*

Es gibt einige Ausnahmen von der Grundregel, dass Haupt- und Nebensatz in derselben Zeitstufe stehen (vgl. Kapitel 2.1.3). Bei der Behandlung der Zeitenfolge beim *Subjuntivo* können wir von den Ausnahmen absehen, die mit Verben des Sagens und Meinens verbunden sind. Die wichtigste, hier zu behandelnde Ausnahme betrifft die Konjunktionen *como si* und *cual si*. Wie in Kapitel 5.3.1 dargestellt, folgt ihnen ausnahmslos das *Imperfecto de Subjuntivo* (bei Vorzeitigkeit ausnahmslos das *Pluscuamperfecto de Subjuntivo*). Dies gilt unabhängig von der im Hauptsatz verwendeten Zeit. Es kommt häufig vor, dass im Hauptsatz z. B. *Presente* steht und der *como-si*-Satz mit dem *Imperfecto de Subjuntivo* gebildet wird.

7.2 Beispiele zur Zeitenfolge beim *Subjuntivo*

Die folgenden Beispielsätze sollen die Zeitenfolge beim *Subjuntivo* verdeutlichen. Das Tempus des im Nebensatz stehenden Verbs im *Subjuntivo* hängt von dem Tempus des Verbes im Hauptsatz ab. Dabei wird zusätzlich unterschieden, ob der Nebensatz gleichzeitig, vorzeitig oder nachzeitig zum Hauptsatz steht. In den folgenden Beispielsätzen sehen wir von den oben erwähnten Ausnahmen von der Zeitenfolge ab.

7.2.1 Die Zeitenfolge in der Gegenwartsstufe

Nr.	Spanischer Beispielsatz	Deutsche Übersetzung
1	*Es* indispensable que le **ayudemos**.	Es ist unabdingbar, dass wir ihm helfen.
2	*Lamento* que hoy no **tengas** tiempo.	Ich bedauere sehr, dass du heute keine Zeit hast.
3	Le *ha pedido* a Juan que me **conteste** lo más pronto posible.	Ich habe Juan gebeten, mir so schnell wie möglich zu antworten.
4	*Dime* que esta noche nos **veamos**.	Sag mir, dass wir uns heute Nacht sehen!
5	Pedro todavía no *conoce* a nadie que **haya podido** ayudarle.	Pedro kennt noch niemanden, der ihm hätte helfen können.
6	Nunca *pensaré* que el mundo se ha parado o que los problemas han desaparecido de la superficie del planeta.	Ich werde niemals denken, dass die Welt stehen geblieben ist oder die Probleme von der Erdoberfläche verschwunden sind.
7	Me *he alegrado* que te **hayas acordado** de mí.	Ich habe mich gefreut, dass du dich an mich erinnert hast.
8	*Dime* que no me **hayas traicionado**.	Sag mir, dass du mich nicht verraten hast!

7.2.2 Die Zeitenfolge in der Vergangenheitsstufe

Nr.	Spanischer Beispielsatz	Deutsche Übersetzung
1	*Era* indispensable que le **ayudáramos**.	Es war unabdingbar, dass wir ihm halfen.
2	*Lamenté* que ayer no **tuvieras** tiempo.	Ich bedauerte, dass du gestern keine Zeit hattest.
3	Le *había pedido* a Juan que me **contestara** lo más pronto posible.	Ich bat Juan, mir so schnell wie möglich zu antworten.

7.2 Beispiele zur Zeitenfolge beim *Subjuntivo*

4	*Querría* que hoy nos **viéramos**, es por eso que te llamo.	Ich wollte, dass wir uns heute sehen, deshalb rufe ich dich an.
5	*Habría sido* posible que se **resolviera** ese problema.	Es hätte möglich sein können, dass dieses Problem gelöst wird.
6	Pedro no *conocía* a nadie que **hubiera podido** ayudarle.	Pedro kannte niemanden, der ihm hätte helfen können.
7	*Me alegré* que te **hubieras graduado**.	Ich habe mich gefreut, dass du deinen Hochschulabschluss gemacht hast.
8	Me *hubiera gustado* que ayer nos hubiéramos encontrado.	Ich hätte es gut gefunden, wenn wir uns gestern getroffen hätten.
9	*Podría* ser que Pedro **hubiera dicho** la verdad.	Es könnte sein, dass Pedro die Wahrheit gesagt hat.
10	Si aquello no **hubiera pasado**, no *haría podido* andar el camino que me ha llevado hasta aquí.	Wenn das nicht geschehen wäre, hätte ich den Weg nicht gehen können, der mich bis hierher geführt hat.

7.2.3 Vermischte Beispiele zur Zeitenfolge

Nr.	Spanischer Beispielsatz	Deutsche Übersetzung	Grund
1	Me *gustaría* que nos **encontráramos** mañana.	Ich fände es gut, wenn wir uns morgen treffen würden.	Willensäußerung, Bezug auf Zkt
2	*Temí* que no **llegáramos** a tiempo.	Ich habe befürchtet, dass wir nicht rechtzeitig ankommen würden.	Gefühlsäußerung
3	No *pensé* que **fuera** tan grave.	Ich dachte nicht, dass es so schlimm wäre.	Verneinte persönl. Stellungnahme
4	*Podría* ser que no nos **volviéramos** a ver.	Es könnte sein, dass wir uns nicht wieder sehen.	Möglichkeit
5	Le *di* el juguete al niño para que **dejara** de gritar.	Ich gab dem Kind das Spielzeug, damit es aufhörte zu schreien.	Konjunktion
6	*Podría ser* que el mundo **esté** cambiando ya.	Es könnte sein, dass die Welt schon dabei ist, sich zu ändern.	Unpersönlicher Ausdruck
7	Me *hubiera gustado* que el informe **fuera** más claro con respecto a este tema	Es hätte mir gefallen, wenn der Bericht hinsichtlich dieses Themas klarer wäre.	Willensäußerung
8	Me *hubiera gustado* que Villa se **quedara** en el Barça.	Es hätte mir gefallen, wenn Villa bei Barça geblieben wäre.	Willensäußerung
9	Si Pedro **hubiera dicho** la verdad, no *habría tenido* tantos problemas.	Wenn Pedro die Wahrheit gesagt hätte, hätte er nicht so viele Probleme gehabt.	Irrealer Bedingungssatz
10	Si le **hubiera dicho** la verdad, ella *habría colgado*.	Wenn ich ihr die Wahrheit gesagt hätte, hätte sie aufgehängt.	Irrealer Bedingungssatz

7.3 Auswahlübung 1: Zeitenfolge mit Indikativ oder *Subjuntivo*

Welche der beiden vorgeschlagenen (grau unterlegten) Verbformen ist richtig? Bei der Bearbeitung ist sowohl auf den Modus als auch auf das Tempus zu achten. Es kann jeweils nur eine Lösung richtig sein.

7.3.1 Auswahlübung 1: Aufgaben

Nr.	Spanischer Beispielsatz	Deutsche Übersetzung
1	Yo no me esperaba que Alejandra no tenía / tuviera tiempo.	Ich rechnete nicht damit, dass Alexandra keine Zeit hätte.
2	Quería que te quedabas / quedaras en casa.	Ich wollte, dass du zu Hause bleibst.
3	Era increíble que llovía / lloviera tanto tiempo.	Es war unglaublich, dass es so lange regnete.
4	Le pedí que venía / viniera ayer.	Ich habe ihn gestern gebeten zu kommen.
5	Me alegré de que lo hiciste / hicieras ayer.	Ich freute mich, dass du es gestern gemacht hast.
6	Deseaba que nos veían / viéramos pronto.	Ich wünschte mir, dass wir uns bald wieder sehen.
7	Le habían exigido que aprende / aprendiera alemán.	Sie hatten von ihm verlangt, dass er Deutsch lernte.
8	Me gustaría que nos encontraríamos / encontráramos a cenar.	Ich fände es schön, wenn wir uns zum Essen treffen würden.
9	Quisiera que terminabas / terminaras cuanto antes tu trabajo.	Ich hätte gern, dass du heute deine Arbeit so schnell wie möglich beendest.
10	Les gustaría que iríamos / fuéramos todas juntas.	Sie hätten gern, dass wir alle zusammen hingehen.
11	Me encantaría que salíamos / saliéramos esta noche a cenar.	Ich fände es toll, wenn wir heute Abend essen gehen würden.
12	No creo que Juan se haya comido / había comido toda la pizza.	Ich glaube nicht, dass Juan die ganze Pizza aufgegessen hat.
13	No creía que Juan se haya comido / hubiera comido toda la pizza.	Ich glaubte nicht, dass Juan die ganze Pizza aufgegessen hatte.
14	Me habría gustado que fuéramos / hubiéramos ido al cine.	Es hätte mir gefallen, wenn wir zusammen ins Kino gegangen wären.
15	Me gustaría que fuéramos / hubiéramos ido al cine.	Es würde mir gefallen, wenn wir zusammen ins Kino gingen.

7.3 Auswahlübung 1: Zeitenfolge mit Indikativ oder *Subjuntivo*

7.3.2 Auswahlübung 1: Lösungen

Nr.	Spanischer Beispielsatz	Deutsche Übersetzung
1	Yo no me esperaba que Alejandra no tenía / **tuviera** tiempo.	Ich rechnete nicht damit, dass Alexandra keine Zeit hätte.
2	Quería que te quedabas / **quedaras** en casa.	Ich wollte, dass du zu Hause bleibst.
3	Era increíble que llovía / **lloviera** tanto tiempo.	Es war unglaublich, dass es so lange regnete.
4	Le pedí que venía / **viniera** ayer.	Ich habe ihn gestern gebeten zu kommen.
5	Me alegré de que lo hiciste / **hicieras** ayer.	Ich freute mich, dass du es gestern gemacht hast.
6	Deseaba que nos veían / **viéramos** pronto.	Ich wünschte mir, dass wir uns bald wieder sehen.
7	Le habían exigido que aprende / **aprendiera** alemán.	Sie hatten von ihm verlangt, dass er Deutsch lernte.
8	Me gustaría que nos encontraríamos / **encontráramos** a cenar.	Ich fände es schon, wenn wir uns zum Essen treffen würden.
9	Quisiera que terminabas / **terminaras** cuanto antes tu trabajo.	Ich hätte gern, dass du heute deine Arbeit so schnell wie möglich beendest.
10	Les gustaría que iríamos / **fuéramos** todas juntas.	Sie hätten gern, dass wir alle zusammen hingehen.
11	Me encantaría que salíamos / **saliéramos** esta noche a cenar.	Ich fände es toll, wenn wir heute Abend essen gehen würden.
12	No creo que Juan se **haya comido** / había comido toda la pizza.	Ich glaube nicht, dass Juan die ganze Pizza aufgegessen hat.
13	No creía que Juan se haya comido / **hubiera comido** toda la pizza.	Ich glaubte nicht, dass Juan die ganze Pizza aufgegessen hatte.
14	Me habría gustado que fuéramos / **hubiéramos ido** al cine.	Es hätte mir gefallen, wenn wir zusammen ins Kino gegangen wären.
15	Me gustaría que **fuéramos** / hubiéramos ido al cine.	Es würde mir gefallen, wenn wir zusammen ins Kino gingen.

7.4 Auswahlübung 2: Zeitenfolge mit Indikativ oder *Subjuntivo*

Welche der beiden vorgeschlagenen (grau unterlegten) Verbformen ist richtig? Bei der Bearbeitung ist sowohl auf den Modus als auch auf das Tempus zu achten. Es kann jeweils nur eine Lösung richtig sein.

7.4.1 Auswahlübung 2: Aufgaben

Nr.	Spanischer Beispielsatz	Deutsche Übersetzung
1	¡Qué pena que no me acompañaste / acompañaras!	Schade, dass du mich nicht begleitet hast.
2	Yo te aconsejaría que pensarías / pensaras antes de hablar.	Ich würde dir raten, nachzudenken, bevor du sprichst.
3	Le rogué que llamará / llamara mañana sin falta.	Ich bat ihn, morgen unbedingt anzurufen.
4	Quería que hayas venido / vinieras a verme.	Ich wollte, dass du mich besuchen kommst.
5	Me pidió que le prestaría / prestara un poco de dinero.	Er hat mich gebeten, ihm ein bisschen Geld zu leihen.
6	El jefe exigió que le tuviéramos / tuvimos informado.	Der Chef forderte, dass wir ihn regelmäßig informieren.
7	El redactor dijo que le mandaras / mandaste el manuscrito mañana.	Der Redakteur sagte, dass du ihm das Manuskript morgen schicken sollst.
8	Se fueron enamorado sin que ella se diera / dio cuenta.	Sie verliebten sich, ohne dass sie es merkte.
9	Te llamé para que me dijeras / digas cuándo ibas a venir.	Ich habe dich angerufen, um zu erfahren, wann du kommst.
10	Quiero / Quería tener todo listo antes de que llegaba / llegara Berta.	Ich wollte alles fertig machen, bevor Berta kam.
11	Después de que se lo pidiera tres veces, finalmente me devolvió / devuelve el libro.	Nachdem ich ihn drei Mal darum gebeten hatte, hat er mir das Buch schließlich zurückgegeben.
12	Faltó / Faltara poco para que mi padre ganara la lotería.	Es hat nur wenig gefehlt und mein Vater hätte im Lotto gewonnen.
13	Sé que Adela se ha ido / haya ido.	Ich weiß, dass Adela gegangen ist.
14	Temo que Adela se ha ido / haya ido.	Ich fürchte, dass Adela gegangen ist.
15	Es posible que Nora ha estado / haya estado en casa.	Es ist möglich, dass Nora bei uns gewesen ist.

7.4.2 Auswahlübung 2: Lösungen

Nr.	Spanischer Beispielsatz	Deutsche Übersetzung
1	¡Qué pena que no me ~~acompañaste~~ / **acompañaras**!	Schade, dass du mich nicht begleitet hast.
2	Yo te aconsejaría que ~~pensarías~~ / **pensaras** antes de hablar.	Ich würde dir raten, nachzudenken, bevor du sprichst.
3	Le rogué que ~~llamará~~ / **llamara** mañana sin falta.	Ich bat ihn, morgen unbedingt anzurufen.
4	Quería que ~~hayas venido~~ / **vinieras** a verme.	Ich wollte, dass du mich besuchen kommst.
5	Me pidió que le ~~prestaría~~ / **prestara** un poco de dinero.	Er hat mich gebeten, ihm ein bisschen Geld zu leihen.
6	El jefe exigió que le **tuviéramos** / ~~tuvimos~~ informado.	Der Chef forderte, dass wir ihn regelmäßig informieren.
7	El redactor dijo que le **mandaras** / ~~mandaste~~ el manuscrito mañana.	Der Redakteur sagte, dass du ihm das Manuskript morgen schicken sollst.
8	Se fueron enamorado sin que ella se **diera** / ~~dio~~ cuenta.	Sie verliebten sich, ohne dass sie es merkte.
9	Te llamé para que me **dijeras** / ~~digas~~ cuándo ibas a venir.	Ich habe dich angerufen, um zu erfahren, wann du kommst.
10	~~Quiero~~ / **Quería** tener todo listo antes de que ~~llegaba~~ / **llegara** Berta.	Ich wollte alles fertig machen, bevor Berta kam.
11	Después de que se lo pidiera tres veces, finalmente me **devolvió** / ~~devuelve~~ el libro.	Nachdem ich ihn drei Mal darum gebeten hatte, hat er mir das Buch schließlich zurückgegeben.
12	**Faltó** / ~~Faltara~~ poco para que mi padre ganara la lotería.	Es hat nur wenig gefehlt und mein Vater hätte im Lotto gewonnen.
13	Sé que Adela se **ha ido** / ~~haya ido~~.	Ich weiß, dass Adela gegangen ist.
14	Temo que Adela se ~~ha ido~~ / **haya ido**.	Ich fürchte, dass Adela gegangen ist.
15	Es posible que Nora ~~ha estado~~ / **haya estado** en casa.	Es ist möglich, dass Nora bei uns gewesen ist.

7.5 Auswahlübung 3: Zeitenfolge beim *Subjuntivo*

Welche der beiden vorgeschlagenen (grau unterlegten) Verbformen ist richtig? Bei der Bearbeitung ist sowohl auf den Modus als auch auf das Tempus zu achten. Es kann jeweils nur eine Lösung richtig sein.

7.5.1 Auswahlübung 3: Aufgaben

Nr.	Spanischer Beispielsatz	Deutsche Übersetzung
1	No puedo imaginarme que Graciela comprenda / haya comprendido lo que dijimos.	Ich kann mir nicht vorstellen, dass Graciela verstanden hat, was wir gesagt haben.
2	No puedo imaginarme que Graciela sepa / haya sabido de lo que estams hablando.	Ich kann mir nicht vorstellen, dass Graciela weiß, worüber wir gerade reden.
3	Esperamos que el nuevo colaborador trabaje / haya trabajado en los últimos años en el extranjero.	Wir erwarten, dass der neue Mitarbeiter in den vergangenen Jahren im Ausland gearbeitet hat.
4	Esperamos que la nueva colabordora trabaje / haya trabajado en los próximos años en el extranjero.	Wir erwarten, dass die neue Mitarbeiterin in den nächsten Jahren im Ausland arbeitet.
5	A mis padres les habría gustado que mi hermano terminara / hubiera terminado los estudios.	Meine Eltern hätten sich gewünscht, dass mein Bruder sein Studium beendet hätte.
6	En aquel momento no podíamos creer que un atleta haya alcanzado / hubiera alcanzado esa marca.	Damals konnten wir nicht glauben, dass ein Sportler so ein Ergebnis erzielt hätte.
7	Fue una pena que Elvira se hubiera quedado / haya quedado en casa.	Es war schade, dass Elvira zu Hause geblieben war.
8	Tuve miedo de que hayas tenido / hubieras tenido un accidente.	Ich hatte Angst, du hättest einen Unfall gehabt.
9	Nunca pensé que Cuca quisiera / hubiera querido ser abogada.	Ich dachte nie, dass Cuca Rechtsanwältin hätte werden wollen.
10	Habría sido imposible que hayamos terminado / hubiéramos terminado ayer.	Es wäre unmöglich gewesen, gestern damit fertig zu werden.
11	Me siento como si comiera / hubiera comido una tonelada de piedras.	Ich fühle mich, als ob ich eine Tonne Steine gegessen hätte.
12	No sabía de nadie que había mencionado / hubiera mencionado esta historia antes.	Ich kannte niemanden, der diese Geschichte früher erwähnt hätte.
13	No creí que Juan escribiera / haya escrito esa carta.	Ich glaubte nicht, dass Juan diesen Brief schreiben würde.
14	No creí que Juan escribiera / hubiera escrito esa carta.	Ich glaubte nicht, dass Juan diesen Brief geschrieben hatte.
15	Buscábamos una secretaria que viviera / hubiera vivido en Buenos Aires.	Wir suchten eine Sekretärin, die in Buenos Aires gelebt hatte.

7.5 Auswahlübung 3: Zeitenfolge beim *Subjuntivo* — 199

7.5.2 Auswahlübung 3: Lösungen

Nr.	Spanischer Beispielsatz	Deutsche Übersetzung
1	No puedo imaginarme que Graciela ~~comprenda~~ / **haya comprendido** lo que dijimos.	Ich kann mir nicht vorstellen, dass Graciela verstanden hat, was wir gesagt haben.
2	No puedo imaginarme que Graciela **sepa** / ~~haya sabido~~ de lo que estamos hablando.	Ich kann mir nicht vorstellen, dass Graciela weiß, worüber wir gerade reden.
3	Esperamos que el nuevo colaborador ~~trabaje~~ / **haya trabajado** en los últimos años en el extranjero.	Wir erwarten, dass der neue Mitarbeiter in den vergangenen Jahren im Ausland gearbeitet hat.
4	Esperamos que la nueva colabordora **trabaje** / ~~haya trabajado~~ en los próximos años en el extranjero.	Wir erwarten, dass die neue Mitarbeiterin in den nächsten Jahren im Ausland arbeitet.
5	A mis padres les habría gustado que mi hermano ~~terminara~~ / **hubiera terminado** los estudios.	Meine Eltern hätten sich gewünscht, dass mein Bruder sein Studium beendet hätte.
6	En aquel momento no podíamos creer que un atleta ~~haya alcanzado~~ / **hubiera alcanzado** esa marca.	Damals konnten wir nicht glauben, dass ein Sportler so ein Ergebnis erzielt hätte.
7	Fue una pena que Elvira se **hubiera quedado** / ~~haya quedado~~ en casa.	Es war schade, dass Elvira zu Hause geblieben war.
8	Tuve miedo de que ~~hayas tenido~~ / **hubieras tenido** un accidente.	Ich hatte Angst, du hättest einen Unfall gehabt.
9	Nunca pensé que Cuca ~~quisiera~~ / **hubiera querido** ser abogada.	Ich dachte nie, dass Cuca Rechtsanwältin hätte werden wollen.
10	Habría sido imposible que ~~hayamos terminado~~ / **hubiéramos terminado** ayer.	Es wäre unmöglich gewesen, gestern damit fertig zu werden.
11	Me siento como si ~~comiera~~ / **hubiera comido** una tonelada de piedras.	Ich fühle mich, als ob ich eine Tonne Steine gegessen hätte.
12	No sabía de nadie que ~~había mencionado~~ / **hubiera mencionado** esta historia antes.	Ich kannte niemanden, der diese Geschichte früher erwähnt hätte.
13	No creí que Juan **escribiera** / ~~haya escrito~~ esa carta.	Ich glaubte nicht, dass Juan diesen Brief schreiben würde.
14	No creí que Juan ~~escribiera~~ / **hubiera escrito** esa carta.	Ich glaubte nicht, dass Juan diesen Brief geschrieben hatte.
15	Buscábamos una secretaria que ~~viviera~~ / **hubiera vivido** en Buenos Aires.	Wir suchten eine Sekretärin, die in Buenos Aires gelebt hatte.

7.6 Auswahlübung 4: Zeitenfolge beim *Subjuntivo*

Welche der beiden vorgeschlagenen (grau unterlegten) Verbformen ist richtig? Bei der Bearbeitung ist sowohl auf den Modus als auch auf das Tempus zu achten. Es kann jeweils nur eine Lösung richtig sein.

7.6.1 Auswahlübung 4: Aufgaben

Nr.	Spanischer Beispielsatz	Deutsche Übersetzung
1	Lamentamos que no habéis venido / hayáis venido.	Wir bedauern, dass ihr nicht gekommen seid.
2	Espero que hayáis hecho / hicierais los deberes.	Ich hoffe, ihr habt eure Hausaufgaben gemacht.
3	No creo que haya habido / hubieran habido tantos muertos como dicen.	Ich glaube nicht, dass es so viele Tote gegeben hat, wie behauptet wird.
4	Es importante que lo has dicho / hayas dicho personalmente.	Es ist wichtig, dass du es persönlich mitgeteilt hast.
5	¿Puede ser que nos hemos equivocado / hayamos equivocado de hora?	Kann es sein, dass wir uns in der Uhrzeit geirrt haben?
6	Dice que nos hemos equivocado / hayamos equivocado de hora.	Er sagt, dass wir uns in der Uhrzeit geirrt haben.
7	Pueden irse los que hayan terminado / terminen el trabajo.	Diejenigen, die mit der Arbeit fertig sind, können gehen.
8	Iré apenas recibiré / haya recibido la invitación.	Ich werde hingehen, sobald ich eine Einladung erhalten habe.
9	Es una pena que te hayas quedado / ha quedado en casa.	Es ist schade, dass du zu Hause geblieben bist.
10	Me extraña que Marisa y Sebastián se hayan separado / han separado.	Es wundert mich, dass Marisa und Sebastian sich getrennt haben.
11	¿Sabes que Clara y Diego hayan tenido / han tenido un bebé?	Weißt du schon, dass Clara und Diego ein Kind bekommen haben?
12	Creo que Gustavo haya regado / ha regado las plantas.	Ich glaube, dass Gustavo die Pflanzen gegossen hat.
13	Creo que Gustavo no haya regado / ha regado las plantas.	Ich glaube, dass Gustavo die Pflanzen nicht gegossen hat.
14	No creo que Gustavo haya regado / ha regado las plantas.	Ich glaube nicht, dass Gustavo die Pflanzen gegossen hat.
15	Me alegra que hayas venido / hubieras venido a verme.	Es freut mich, dass du mich besuchst.

7.6 Auswahlübung 4: Zeitenfolge beim *Subjuntivo*

7.6.2 Auswahlübung 4: Lösungen

Nr.	Spanischer Beispielsatz	Deutsche Übersetzung
1	Lamentamos que no ~~habéis venido~~ / **hayáis venido**.	Wir bedauern, dass ihr nicht gekommen seid.
2	Espero que **hayáis hecho** / ~~hicierais~~ los deberes.	Ich hoffe, ihr habt eure Hausaufgaben gemacht.
3	No creo que **haya habido** / ~~hubieran habido~~ tantos muertos como dicen.	Ich glaube nicht, dass es so viele Tote gegeben hat, wie behauptet wird.
4	Es importante que lo ~~has dicho~~ / **hayas dicho** personalmente.	Es ist wichtig, dass du es persönlich mitgeteilt hast.
5	¿Puede ser que nos ~~hemos equivocado~~ / **hayamos equivocado** de hora?	Kann es sein, dass wir uns in der Uhrzeit geirrt haben?
6	Dice que nos **hemos equivocado** / ~~hayamos equivocado~~ de hora.	Er sagt, dass wir uns in der Uhrzeit geirrt haben.
7	Pueden irse los que **hayan terminado** / ~~terminen~~ el trabajo.	Diejenigen, die mit der Arbeit fertig sind, können gehen.
8	Iré apenas ~~recibiré~~ / **haya recibido** la invitación.	Ich werde hingehen, sobald ich eine Einladung erhalten habe.
9	Es una pena que te **hayas quedado** / ~~ha quedado~~ en casa.	Es ist schade, dass du zu Hause geblieben bist.
10	Me extraña que Marisa y Sebastián se **hayan separado** / ~~han separado~~.	Es wundert mich, dass Marisa und Sebastian sich getrennt haben.
11	¿Sabes que Clara y Diego ~~hayan tenido~~ / **han tenido** un bebé?	Weißt du schon, dass Clara und Diego ein Kind bekommen haben?
12	Creo que Gustavo ~~haya regado~~ / **ha regado** las plantas.	Ich glaube, dass Gustavo die Pflanzen gegossen hat.
13	Creo que Gustavo no ~~haya regado~~ / **ha regado** las plantas.	Ich glaube, dass Gustavo die Pflanzen nicht gegossen hat.
14	No creo que Gustavo **haya regado** / ~~ha regado~~ las plantas.	Ich glaube nicht, dass Gustavo die Pflanzen gegossen hat.
15	Me alegra que **hayas venido** / ~~hubieras venido~~ a verme.	Es freut mich, dass du mich besuchst.

7.7 Auswahlübung 5: Zeitenfolge beim *Subjuntivo*

Welche der beiden vorgeschlagenen (grau unterlegten) Verbformen ist richtig? Bei der Bearbeitung ist sowohl auf den Modus als auch auf das Tempus zu achten. Es kann jeweils nur eine Lösung richtig sein.

7.7.1 Auswahlübung 5: Aufgaben

Nr.	Spanischer Beispielsatz	Deutsche Übersetzung
1	Espero que hayáis trabajado / trabajarais rápido.	Ich hoffe, dass ihr schnell gearbeitet habt.
2	¿Quieres irte antes de que hayamos visto / hubiéramos visto a Beto?	Willst du weggehen, bevor wir Beto gesehen haben?
3	Es una suerte que has aprobado / hayas aprobado el examen.	Es ist ein Glück, dass du die Prüfung bestanden hast.
4	Temí que Alfonsina haya ido / hubiera ido.	Ich befürchtete, dass Alfonsina weggegangen war.
5	Hoy estoy muy cansada, aunque duerma / haya dormido suficiente.	Heute bin ich sehr müde, obwohl ich heute Nacht genug geschlafen habe.
6	Me alegraba que prepararan / hubieran preparada una fiesta para mi regreso.	Es freute mich, dass sie ein Fest für meine Rückkehr vorbereitet hatten.
7	Me alegró que mi familia me haya ido / hubiera ido a esperar a aeropuerto.	Es freute mich, dass meine Familie zum Flughafen gefahren war, um mich abzuholen.
8	Me alegraría que hayas aprobado / hubiera aprobado el examen.	Es würde mich freuen, wenn er die Prüfung bestanden hätte.
9	Me habría alegrado que vinieras / hubieras venido comigo.	Es hätte mich gefreut, wenn du mit mir gekommen wärst.
10	Me había alegrado que me habías invitado / hubieran invitado a su casa.	Es hatte mich gefreut, dass sie mich zu sich nach Hause eingeladen hatten.
11	Me parece que Catalina se haya olvidado / ha olvidado de sacar a pasear al perro.	Ich glaube, Catalina hat vergessen, mit dem Hund Gassi zu gehen.
12	Estaré muy feliz cuando hayas acabado / harás acabado tu libro.	Ich werde sehr glücklich sein, wenn du dein Buch fertig geschrieben hast.
13	Me ha puesto negra que no has lavado / hayas lavado los platos.	Ich habe mich schwarz geärgert, dass du das Geschirr nicht abgewaschen hast.
14	Avísame cuando harás terminado / hayas terminado de cocinar.	Sag mir Bescheid, wenn du fertig bist mit Kochen.
15	Hubiera querido que estudiarías / hubieras estudiado.	Ich hätte mir gewünscht, dass du studierst.

7.7 Auswahlübung 5: Zeitenfolge beim *Subjuntivo*

7.7.2 Auswahlübung 5: Lösungen

Nr.	Spanischer Beispielsatz	Deutsche Übersetzung
1	Espero que **hayáis trabajado** / ~~trabajarais~~ rápido.	Ich hoffe, dass ihr schnell gearbeitet habt.
2	¿Quieres irte antes de que **hayamos visto** / ~~hubiéramos visto~~ a Beto?	Willst du weggehen, bevor wir Beto gesehen haben?
3	Es una suerte que ~~has aprobado~~ / **hayas aprobado** el examen.	Es ist ein Glück, dass du die Prüfung bestanden hast.
4	Temí que Alfonsina ~~haya ido~~ / **hubiera ido**.	Ich befürchtete, dass Alfonsina weggegangen war.
5	Hoy estoy muy cansada, aunque ~~duerma~~ / **haya dormido** suficiente.	Heute bin ich sehr müde, obwohl ich heute Nacht genug geschlafen habe.
6	Me alegraba que ~~prepararan~~ / **hubieran preparada** una fiesta para mi regreso.	Es freute mich, dass sie ein Fest für meine Rückkehr vorbereitet hatten.
7	Me alegró que mi familia me ~~haya ido~~ / **hubiera ido** a esperar a aeropuerto.	Es freute mich, dass meine Familie zum Flughafen gefahren war, um mich abzuholen.
8	Me alegraría que **haya aprobado** / ~~hubiera aprobado~~ el examen.	Es würde mich freuen, wenn er die Prüfung bestanden hätte.
9	Me habría alegrado que ~~vinieras~~ / **hubieras venido** comigo.	Es hätte mich gefreut, wenn du mit mir gekommen wärst.
10	Me había alegrado que me **habías invitado** / ~~hubieran invitado~~ a su casa.	Es hatte mich gefreut, dass sie mich zu sich nach Hause eingeladen hatten.
11	Me parece que Catalina se ~~haya olvidado~~ / **ha olvidado** de sacar a pasear al perro.	Ich glaube, Catalina hat vergessen, mit dem Hund Gassi zu gehen.
12	Estaré muy feliz cuando **hayas acabado** / ~~harás acabado~~ tu libro.	Ich werde sehr glücklich sein, wenn du dein Buch fertig geschrieben hast.
13	Me ha puesto negra que no ~~has lavado~~ / **hayas lavado** los platos.	Ich habe mich schwarz geärgert, dass du das Geschirr nicht abgewaschen hast.
14	Avísame cuando ~~harás terminado~~ / **hayas terminado** de cocinar.	Sag mir Bescheid, wenn du fertig bist mit Kochen.
15	Hubiera querido que ~~estudiarías~~ / **hubieras estudiado**.	Ich hätte mir gewünscht, dass du studierst.

7.8 Einsetzübung 1: Konjunktionen mit und ohne *Subjuntivo*

Setzen Sie die jeweils passenden Verbformen ein! Fertigen Sie zusätzlich eine deutsche Übersetzung des von Ihnen vervollständigten Beispielsatzes an!

7.8.1 Einsetzübung 1: Aufgaben

Nr.	Spanischer Beispielsatz	Deutsche Übersetzung
1	Cada vez que .... (usar) el secador, un prado se llenará de flores. (*Werbeslogan Energía verde*)	
2	El Gobierno se dirigió a una empresa de Burgos para que .... (fabricar) billetes.	
3	En caso de que no .... (poder) venir, avísame.	
4	Se firmará el tratado, siempre que los ministros .... (estar) de acuerdo.	
5	Probablemente iré a casa de Sergio después de clases, de modo que no me .... (esperar) para cenar.	
6	Te envío el artículo a fin de que lo .... (corregir).	
7	Juan comprará el nuevo libro de Carlos Ruiz Zafón aunque no .... (tener) dinero.	
8	Siempre que le llama a Rosa no .... (estar) en casa.	
9	Carmen desayuna mientras .... (escuchar) las noticias.	
10	Mientras .... (comer), sea lo que sea, tu abuela estará contenta.	
11	Ya se había hecho de noche, de modo que .... (tener) que quedarnos a dormir allí.	
12	Por mucho que .... (estudiar) no voy a conseguir nada.	
13	La zona de Salta tendría graves problemas en caso de que .... (llegar) una sequía.	
14	Hace dos años me empecé a sentir mal cada vez que estaba en la calle aunque no .... (andar) nadie.	
15	Yo sabía que iba a volver, aunque no .... (saber) exactamente cuando.	

7.8 Einsetzübung 1: Konjunktionen mit und ohne *Subjuntivo*

7.8.2 Einsetzübung 1: Lösungen

Nr.	Spanischer Beispielsatz	Deutsche Übersetzung
1	Cada vez que **uses** el secador, un prado se llenará de flores. (*Werbeslogan Energía verde*)	Jedesmal, wenn du den Trockner benutzt, füllt sich eine Wiese mit Blumen.
2	El Gobierno se dirigió a una empresa de Burgos para que **fabricara** (**fabricaran**) billetes.	Der Staat wandte sich an ein Unternehmen in Burgos, damit es (man) Geldscheine herstellen sollte.
3	En caso de que no **puedas** venir, avísame.	Falls du nicht kommen kannst, sag mir Bescheid.
4	Se firmará el tratado, siempre que los ministros **estén** de acuerdo.	Das Abkommen wird unterzeichnet, vorausgesetzt die Minister sind damit einverstanden.
5	Probablemente iré a casa de Sergio después de clases, de modo que no me **esperes** (**espere, esperen**) para cenar.	Wahrscheinlich gehe ich nach dem Unterricht noch zu Sergio, warte (warten Sie, wartet) also nicht mit dem Abendessen auf mich.
6	Te envío el artículo a fin de que lo **corrijas**.	Ich schicke dir den Artikel, damit du ihn korrigierst.
7	Juan comprará el nuevo libro de Carlos Ruiz Zafón aunque no **tenga** dinero.	Juan wird das neue Buch von Carlos Ruiz Zafón kaufen, auch wenn er kein Geld hat.
8	Siempre que le llama a Rosa no **está** en casa.	Jedes Mal, wenn er Rosa anruft, ist sie nicht zu Hause.
9	Carmen desayuna mientras **escucha** las noticias.	Carmen frühstückt, während sie die Nachrichten hört.
10	Mientras **comas**, sea lo que sea, tu abuela estará contenta.	Solange du isst, egal was, ist deine Oma zufrieden.
11	Ya se había hecho de noche, de modo que **tuvimos** que quedarnos a dormir allí.	Es war schon Nacht geworden, so dass wir zum Schlafen dort bleiben mussten.
12	Por mucho que **estudie** no voy a conseguir nada.	So viel ich auch lerne, ich erreiche einfach nichts.
13	La zona de Salta tendría graves problemas en caso de que **llegara** una sequía.	Das Gebiet um Salta würde große Probleme bekommen, falls eine Dürre käme.
14	Hace dos años me empecé a sentir mal cada vez que estaba en la calle aunque no **anduviera** (**andaba**) nadie.	Vor zwei Jahren fing ich an, mich schlecht zu fühlen, wenn ich auf der Straße war, auch wenn niemand unterwegs war.
15	Yo sabía que iba a volver, aunque no **supiera** exactamente cuando.	Ich wusste, dass ich wiederkommen würde, auch wenn ich nicht genau wusste wann.

7.9 Einsetzübung 2: Konjunktionen mit und ohne *Subjuntivo*

Setzen Sie die jeweils passenden Verbformen ein! Fertigen Sie zusätzlich eine deutsche Übersetzung des von Ihnen vervollständigten Beispielsatzes an!

7.9.1 Einsetzübung 2: Aufgaben

Nr.	Spanischer Beispielsatz	Deutsche Übersetzung
1	Siempre que .... (ganar) bastante dinero, podía aguantar un trabajo que no le gustaba.	
2	Una política europea en materia de inmigración ilegal es necesaria, con tal de que los países .... (dejar) de actuar independientemente.	
3	Da igual que empleo .... (ser) mientras que te .... (pagar).	
4	Necesito a alguien a quien contarle mis cosas sin que me .... (criticar).	
5	Yo no digo que no, pero con tal de que se .... (aplicar) otro método distinto.	
6	Mientras se .... (estar) negociando, resulta difícil hablar de ello.	
7	Voy a votar a favor de esta propuesta, aunque .... (creer) que es injusta e insuficiente.	
8	Las negociaciones deben iniciarse tan pronto como .... (ser) posible.	
9	De modo que .... (existir) otras alternativas exitosas.	
10	Aunque la mona se .... (vestir) de seda, mona se queda.	
11	Tengo que concentrarme mientras .... (trabajar).	
12	Aquí todo es diversión hasta que .... (salir) el sol.	
13	Extiende la pasta con un rodillo a fin de que .... (caber) mejor en el molde.	
14	Compraban todo los productos ofrecidos mientras que .... (caber) en el carrito de compras.	
15	Aunque es importante, nadie lo .... (considerar) así.	

7.9.2 Einsetzübung 2: Lösungen

Nr.	Spanischer Beispielsatz	Deutsche Übersetzung
1	Siempre que **ganara** bastante dinero, podía aguantar un trabajo que no le gustaba.	Vorausgesetzt, dass er genug Geld verdiente, konnte er eine Arbeit ertragen, die ihm nicht gefiel.
2	Una política europea en materia de inmigración ilegal es necesaria, con tal de que los países **dejen** de actuar independientemente.	Eine europäische Politik zur illegalen Einwanderung ist notwendig, vorausgesetzt, dass die Mitgliedstaaten nicht mehr im Alleingang handeln.
3	Da igual que empleo **sea** mientras que te **paguen**.	Es ist egal, was für eine Arbeit es ist, solange man dich dafür bezahlt.
4	Necesito a alguien a quien contarle mis cosas sin que me **critique**.	Ich brauche jemand, dem ich meine Dinge erzählen kann, ohne dass er mich kritisiert.
5	Yo no digo que no, pero con tal de que se **aplique** otro método distinto.	Ich sage nicht nein, vorausgesetzt aber, dass eine andere Methode angewendet wird.
6	Mientras se **está** negociando, resulta difícil hablar de ello.	Während der Verhandlungen ist es schwierig, darüber reden.
7	Voy a votar a favor de esta propuesta, aunque **creo** que es injusta e insuficiente.	Ich stimme für diesen Vorschlag, obwohl ich ihn für ungerecht und unzulänglich halte.
8	Las negociaciones deben iniciarse tan pronto como **sea** posible.	Die Verhandlungen müssen so bald wie möglich beginnen.
9	De modo que **existen** otras alternativas exitosas.	Es gibt also andere erfolgreiche Alternativen.
10	Aunque la mona se **vista** de seda, mona se queda.	Auch wenn die Äffin sich in Seide kleidet, bleibt sie eine Äffin. (besser: Ein Affe bleibt ein Aff', König oder Pfaff.)
11	Tengo que concentrarme mientras **trabajo**.	Ich muss mich konzentrieren, während ich arbeite.
12	Aquí todo es diversión hasta que **salga** el sol.	Hier geht es nur um den Spaß, bis die Sonne aufgeht.
13	Extiende la pasta con un rodillo a fin de que **quepa** mejor en el molde.	Rolle den Teig mit einem Nudelholz aus, damit er besser in die Backform passt.
14	Compraban todo los productos ofrecidos mientras que **cupieran** en el carrito de compras.	Sie kauften alle angebotenen Produkte, solange sie in den Einkaufswagen passten.
15	Aunque es importante, nadie lo **considera** así.	Obwohl es wichtig ist, betrachtet es niemand als wichtig.

7.10 Einsetzübung 3: Konjunktionen mit und ohne *Subjuntivo*

Setzen Sie die jeweils passenden Verbformen ein! Fertigen Sie zusätzlich eine deutsche Übersetzung des von Ihnen vervollständigten Beispielsatzes an!

7.10.1 Einsetzübung 3: Aufgaben

Nr.	Spanischer Beispielsatz	Deutsche Übersetzung
1	El sol, como .... (brillar) mediodía, brilla y calienta.	
2	Cuando .... (regresar), llámame.	
3	Como no te .... (tomar) las cosas con más tranquilidad te vas a poner malo.	
4	¿Qué vas a hacer cuando .... (venir) por ti?	
5	Inscribe a tus hijos en clases de natación tan pronto como .... (tener) suficiente edad.	
6	¿Sabéis lo que harían los gringos como .... (mandar) aquí?	
7	Como ya .... (ser) tarde me limitaré a formular algunas observaciones a modo de conclusión.	
8	Aunque suene un poco macabro, hagamos un ejercicio: Si nos .... (decir) mañana que nos quedan tres meses de vida, cuántas cosas de las que hacemos ahora .... (salvar)?	
9	Te llamaré tan pronto como .... (saber) algo.	
10	¿En qué pensamos cuando .... (pensar) en Educación?	
11	Como no .... (pensar) en nosotras nadie lo hará.	
12	Se fue sin que me .... (dar) cuenta.	
13	Mientras tú no te .... (meter) conmigo, no me importa lo que hagas.	
14	Aunque .... (andar) horas buscando comida, esa noche se fueron a dormir en ayunas.	
15	Nuestros planes eran que yo me quedara en casa cuando .... (nacer) nuestro primer hijo.	

7.10 Einsetzübung 3: Konjunktionen mit und ohne *Subjuntivo* — 209

7.10.2 Einsetzübung 3: Lösungen

Nr.	Spanischer Beispielsatz	Deutsche Übersetzung
1	El sol, como **es** mediodía, brilla y calienta.	Da es Mittag ist, scheint die Sonne und wärmt.
2	Cuando **regreses**, llámame.	Sobald du zurück bist, ruf mich an.
3	Como no te **tomes** las cosas con más tranquilidad te vas a poner malo.	Wenn du die Dinge nicht ruhiger angehst, wirst du noch krank.
4	¿Qué vas a hacer cuando **vengan** por ti?	Was wirst du tun, wenn sie wegen dir kommen?
5	Inscribe a tus hijos en clases de natación tan pronto como **tengan** suficiente edad.	Melde deine Kinder zum Schwimmunterricht an, sobald sie alt genug sind.
6	¿Sabéis lo que harían los gringos como **mandaran** aquí?	Wisst ihr, was die Gringos machen würden, wenn sie hier das Sagen hätten?
7	Como ya **es** tarde me limitaré a formular algunas observaciones a modo de conclusión.	Da es schon spät ist, beschränke ich mich auf einige Anmerkungen im Sinne einer Schlussbemerkung.
8	Aunque suene un poco macabro, hagamos un ejercicio: Si nos **dijeran** mañana que nos quedan tres meses de vida, cuántas cosas de las que hacemos ahora **salvaríamos**?	Auch wenn es ein bisschen makaber klingt, machen wir eine Übung: Wenn man uns morgen sagte, dass uns noch drei Monate zu leben bleiben, wie viele von den Dingen, die wir jetzt machen, würden wir jetzt retten?
9	Te llamaré tan pronto como **sepa** algo.	Ich rufe dich an, sobald ich etwas erfahre.
10	¿En qué pensamos cuando **pensamos** en Educación?	Woran denken wir, wenn wir an Bildung denken?
11	Como no **pensemos** en nosotras nadie lo hará.	Wenn wir nicht an uns denken, wird es niemand tun.
12	Se fue sin que me **diera** cuenta.	Er ging, ohne dass er mich bemerkt hätte.
13	Mientras tú no te **metas** conmigo, no me importa lo que hagas.	Solange du dich nicht mit mir anlegst, ist es mir egal, was du tust.
14	Aunque **anduvieron** horas buscando comida, esa noche se fueron a dormir en ayunas.	Obwohl sie stundenlang nach was Essbarem suchten, legten sie sich diese Nacht hungrig schlafen.
15	Nuestros planes eran que yo me quedara en casa cuando **naciera** nuestro primer hijo.	Unser Plan war, dass ich zu Hause bleiben sollte, sobald unser erstes Kind geboren würde.

7.11 Einsetzübung 4: Konjunktionen mit und ohne *Subjuntivo*

Setzen Sie die jeweils passenden Verbformen ein! Fertigen Sie zusätzlich eine deutsche Übersetzung des von Ihnen vervollständigten Beispielsatzes an!

7.11.1 Einsetzübung 4: Aufgaben

Nr.	Spanischer Beispielsatz	Deutsche Übersetzung
1	Aunque no .... (tener) dinero, tenía algunos activos muy grandes: mi mente y mi talento.	
2	Guardiola quiere dirigirse a sus nuevos jugadores y a los aficionados en la lengua de Goethe, de ahí que .... (estudiar) alemán.	
3	Pasan y pasan los días y tu regreso no llega y por mucho que te .... (esperar), no se cumplirá mi sueño.	
4	Mientras .... (comer), no realices ninguna otra actividad, ni siquiera ver la televisión o leer.	
5	La Comisión informará al Parlamento de su decisión tan pronto como se .... (adoptar).	
6	No se aprovecharán las oportunidades comerciales a menos que .... (existir) la infraestructura.	
7	Mientras Turquía .... (hacer) caso omiso de ese hecho, no habrá negociaciones de adhesión.	
8	Mañana me voy aunque .... (llover).	
9	De ahí que se .... (criticar) a los dispositivos DECT por su elevada contaminación electromagnética.	
10	Mientras yo no .... (tener) el libro, no puedo leerlo.	
11	El obispo amaba a la gente pobre y los abrazaba aunque .... (andar) sucios.	
12	Conozco un refugio en el que te puedes quedar siempre que .... (querer).	
13	Sebastián sufrió un grave accidente cuando .... (regresar) de Santiago.	
14	Putin dice que Edward Snowden dejará Moscú tan pronto como .... (poder).	
15	Lo mataron cuando .... (llegar) a su casa.	

7.11 Einsetzübung 4: Konjunktionen mit und ohne *Subjuntivo*

7.11.2 Einsetzübung 4: Lösungen

Nr.	Spanischer Beispielsatz	Deutsche Übersetzung
1	Aunque no **tenía** dinero, tenía algunos activos muy grandes: mi mente y mi talento.	Obwohl ich kein Geld hatte, hatte ich ein paar entscheidende Aktivposten: mein Köpfchen und mein Talent.
2	Guardiola quiere dirigirse a sus nuevos jugadores y a los aficionados en la lengua de Goethe, de ahí que **estudie** alemán.	Guardiola will sich in der Sprache Goethes an seine neuen Spieler und an die Fans wenden, so dass er Deutsch lernt.
3	Pasan y pasan los días y tu regreso no llega y por mucho que te **espere**, no se cumplirá mi sueño.	Die Tage vergehen und vergehen und du kommst nicht wieder, und so sehr ich dich auch erwarte, erfüllt sich mein Traum nicht.
4	Mientras **comas**, no realices ninguna otra actividad, ni siquiera ver la televisión o leer.	Solange du isst, mach nichts anderes, nicht einmal fernsehen oder lesen.
5	La Comisión informará al Parlamento de su decisión tan pronto como se **haya** adoptado.	Die Kommission wird das Parlament über ihre Entscheidung informieren, sobald sie getroffen wurde.
6	No se aprovecharán las oportunidades comerciales a menos que **exista** la infraestructura.	Handelschancen werden nicht genutzt, solange die entsprechende Infrastruktur fehlt.
7	Mientras Turquía **haga** caso omiso de ese hecho, no habrá negociaciones de adhesión.	Solange die Türkei diese ignoriert, kann es keine Beitrittsverhandlungen geben.
8	Mañana me voy aunque **llueva**.	Morgen gehe ich, auch wenn es regnet.
9	De ahí que se **critique** a los dispositivos DECT por su elevada contaminación electromagnética.	Daher werden die DECT-Geräte wegen ihrer hohen elektromagnetischen Strahlung kritisiert.
10	Mientras yo no **tenga** el libro, no puedo leerlo.	Solange ich das Buch nicht habe, kann ich es nicht lesen.
11	El obispo amaba a la gente pobre y los abrazaba aunque **anduvieran** sucios.	Der Bischof liebt die Armen und umarmte sie, auch wenn sie dreckig waren.
12	Conozco un refugio en el que te puedes quedar siempre que **quieras**.	Ich kenne eine Zuflucht, wo du bleiben kannst, wann immer du willst.
13	Sebastián sufrió un grave accidente cuando **regresaba** de Santiago.	Sebastián erlitt einen schweren Unfall, als er aus Santiago zurückkehrte.
14	Putin dice que Edward Snowden dejará Moscú tan pronto como pueda.	Putin sagt, dass Edward Snowden Moskau verlässt, sobald er kann.
15	Lo **mataron** cuando llegaba a su casa.	Sie töteten ihn, als er zu Hause ankam.

8 *Condicional* und *Futuro* als Modi

Die Sprachwissenschaftler sind sich nicht einig, wie *Condicional* und *Futuro* einzuordnen sind: ob als Tempus oder als Modus. Wir folgen der Mehrheitsmeinung und unterscheiden wie die Real Academia (NGLE 2010: 447-451) bei beiden Formen eine temporale von einer modalen Verwendungsweise. In diesem Kapitel geht es ausschließlich um die modalen Verwendungsweisen von *Condicional* und *Futuro*.

Das *Condicional* hat – wie bereits in Teil I, Kapitel 3.9 erwähnt – eine Zwitterstellung und wird im Spanischen sowohl als Tempus wie auch als Modus verwendet (vgl. Alarcos 1970: 95ff.). In diesem Kapitel geht es nur um seine modale Verwendung. Als Modus ist das *Condicional* durch die Kategorien inaktuell, unabgeschlossen, prospektiv und nachzeitig charakterisiert.

Wird das *Condicional* als Modus verwendet, geht es um die **Wahrscheinlichkeit** *(probabilidad)* oder Ungewissheit *(incertidumbre)* von nachzeitigen Handlungen oder Ereignissen. Dies hat das *Condicional* mit dem *Futuro* gemein. Während sich jedoch das *Futuro* auf die nachzeitige Gegenwart bezieht, wird das *Condicional* mit Bezug auf die nachzeitige Vergangenheit verwendet. Alonso/Ureña (1938: 232) bezeichnen das *Futuro* daher auch als *Presente de Probabilidad* und den *Condicional* als *Pretérito de Probabilidad*. Wegen der modalen Verwendung des *Condicional* bevorzugen einige Grammatiker für ihn die Bezeichnung Potenzial *(modo potencial)*.

Im Spanischen wird das *Condicional* verwendet, um theoretische oder hypothetische Möglichkeiten, Vermutungen (Wahrscheinlichkeiten), Wünsche, Ratschläge oder höfliche Bitten auszudrücken.

Das *Condicional* – in seinen modalen Verwendungsweisen – und der *Subjuntivo* lassen sich am besten anhand der Kriterien **Wahrscheinlichkeit für den *Condicional*** und **Nicht-Faktizität für den *Subjuntivo*** voneinander abgrenzen (vgl. Alarcos 1970: 101).

Während im Deutschen der Konditional den Konjunktiv ersetzen kann und ihn in der mündlichen Umgangssprache bereits *de facto* fast vollständig ersetzt, kann im Spanischen das *Condicional* niemals den *Subjuntivo* ersetzen (Alarcos 1970: 100).

Das *Futuro* hat eine ähnliche Zwitterstellung wie das *Condicional*. Als Modus ist das *Futuro* durch die Kategorien aktuell, unabgeschlossen, prospektiv und nachzeitig charakterisiert. Verglichen mit dem *Condicional* bedeutet dies, dass das Futuro sich auf die Nachzeitigkeit in der Gegenwartsstufe bezieht, während es beim *Condicional* um die Nachzeitigkeit in der Vergangenheitsstufe geht.

Die Real Academia (NGLE 2010: 448f. bzw. 450f.) bezeichnet die modale Funktion beider Formen auch als *Futuro de conjetura* bzw. als *Condicional de conjetura*. Die Bezeichnungen *Futuro de probabilidad* bzw. *Condicional de probabilidad* sind ebenso gebräuchlich. Selten sind die Bezeichnungen *Futuro epistémico* bzw. *Condicional epistémico*.

Die Attribute *Vermutung (conjetura)* und *Wahrscheinlichkeit (probabilidad)* zeigen sehr deutlich, dass die Sprecher *Futuro* und *Condicional* verwenden, um Aussagen zu machen, die in der Mitte zwischen Faktizität (Indikativ) und Nicht-Faktizität *(Subjuntivo)* stehen. Der Sprecher will weder die objektive Tatsächlichkeit noch die objektive Nichttatsächlichkeit des Ausgesagten behaupten, sondern lediglich auf deren Wahrscheinlichkeit hinweisen bzw. eine subjektive Vermutung ausdrücken.

8.1 Die Verwendung des *Condicional* als Modus

Für den spanischen *Condicional* werden in den einschlägigen Grammatiken in der Regel sechs verschiedene Fälle aufgelistet, die unserer Auffassung zufolge als modal einzustufen sind.

1) Der spanische *Condicional* wird verwendet, um eine **theoretische Möglichkeit** auszudrücken.

    8.1.1a   *Estaría mejor con menos sal.*
    8.1.1b   *Es wäre besser mit weniger Salz.*

Der Konjunktiv II im Deutschen hat hier dieselbe Funktion wie das *Condicional* im Spanischen. Er dient nämlich hier als Zeichen dafür, dass der Sprecher seine Aussage nicht als Aussage über Wirkliches, sondern als eine gedankliche Konstruktion über hypothetische Möglichkeiten verstanden wissen will. Er gibt zu verstehen, dass das Gegenteil von dem, was der entsprechende Aussagesatz im Indikativ ausdrückt, aus seiner Sicht eher wahrscheinlich oder zumindest nicht auszuschließen ist (Potenzialität, Eventualität).

    8.1.2a   **Sería** *bien si viniera.*
    8.1.2b   *Es wäre schön, wenn sie käme. (Aber sie wird nicht kommen.)*
    8.1.2c   *Es wäre schön, wenn sie kommen würde. (Aber sie wird nicht kommen.)*

Satz 8.1.2b (mit Konjunktiv) entspricht den Konventionen der deutschen Schriftsprache, während Satz 8.1.2c (mit Konditional) häufiger in der Umgangssprache verwendet wird.

    8.1.3a   *Si lo supiera te lo diría.*
    8.1.3b   *Wenn ich es wüsste, würde ich es dir sagen. (Aber ich weiß es nicht.)*

2) Man verwendet den *Condicional*, um einen **Wunsch** auszudrücken. Dies ist auch im Deutschen der Fall.

    8.1.4a   *Me encantaría visitar Latinoamérica.*
    8.1.4b   *Ich würde gerne nach Lateinamerika fahren.*

3) Außerdem verwendet man den *Condicional*, um einen **Ratschlag** zu geben.

    8.1.5a   *Yo no aceptaría la invitación.*
    8.1.5b   *Ich würde die Einladung nicht akzeptieren.*

Man könnte sich bei den Beispielsätzen 8.1.5a und 8.1.5b eine mit einem *si*-Satz (bzw. Wenn-Satz) ausgedrückte Bedingung hinzudenken, so dass der Ratschlag wie ein verkürztes irreales Bedingungsgefüge wirkt, bei dem der Bedingungssatz nicht versprachlicht ist:

    8.1.6a   *Si yo estuviera en tu lugar, no aceptaría la invitación.*
    8.1.6b   *Wenn ich an deiner Stelle wäre, würde ich die Einladung nicht akzeptieren.*

Solch nicht versprachlichte Bedingungen kann man sich bei den meisten mit *Condicional* ausgedrückten Ratschlägen hinzudenken. Weitere Ausführungen zu Bedingungsgefügen und Bedingungssätzen siehe unten Kapitel 9.

Im Deutschen verwendet man ebenfalls den Konditional *(würde + Infinitiv)*, um Ratschläge zu geben.

4) Das *Condicional* wird verwendet, um eine **höfliche Bitte** auszusprechen.

8.1.7a *Le importaría cerrar la ventana.*
8.1.7b *Würde es Ihnen etwas ausmachen, das Fenster zu schließen?*
8.1.7c *Würden Sie bitte das Fenster schließen.*

Im Deutschen wird der Konditional häufig in den Dienst der Höflichkeit genommen, z. B. zum Ausdruck einer höflichen, in die Form einer Frage gekleideten Bitte, die die direkte Aufforderung vermeiden möchte, oder einer vorsichtigen unaufdringlich-zurückhaltenden Feststellung, die den Partner nicht vor den Kopf stoßen soll.

5) Das *Condicional* wird außerdem verwendet, um eine **Vermutung** (oder Wahrscheinlichkeit) auszudrücken, die sich auf die Vergangenheit bezieht. Man spricht dann vom *Condicional de Conjetura* (NGLE 2010: 450).

8.1.8a *Tendría once años cuando regresé de Argentina.*
8.1.8b *Ich muss um die 11 Jahre alt gewesen sein, als ich aus Argentinien zurückkam.*

Das *Condicional* kann in diesen Fällen durch *probablemente* + *Imperfecto* oder durch *podía* + *Infinitiv* ersetzt werden.

8.1.9a *Probablemente tenía once años cuando regresé de Argentina.*
8.1.9b *Podía tener once años cuando regresé de Argentina.*

6) Das *Condicional* wird auch verwendet, um eine **hypothetische Möglichkeit** auszudrücken, also: Was man tun würde oder wie etwas sein könnte.

8.1.10a *Qué harías en mi situación? Me quedaría en casa.*
8.1.10b *Was würdest du an meiner Stelle machen? Ich würde zu Hause bleiben.*

Im Deutschen verwenden wir an dieser Stelle den Konjunktiv für das irreale (bzw. hypothetische) Bedingungsgefüge. Irreal ist der untergeordnete Bedingungssatz.

Merke: a) *Das* Condicional *wird im modalen Sinn verwendet, um Wahrscheinlichkeiten, Wünsche, Ratschläge, höfliche Bitten, Vermutungen, theoretische oder hypothetische Möglichkeiten auszudrücken.*

b) *Der deutsche Konjunktiv wird seltener mit dem spanischen* Subjuntivo *übersetzt, häufiger ist die Übersetzung mit dem spanischen* Condicional.

c) *In irrealen Bedingungssätzen wird das spanische* Condicional *durchgehend mit dem deutschen Konditional übersetzt.*

8.2 Die Verwendung des *Futuro* als Modus

Für das spanische *Futuro* werden in den einschlägigen Grammatiken in der Regel drei verschiedene Fälle aufgelistet, die unserer Auffassung zufolge als modal einzustufen sind. Eine Besonderheit des *Futuro* ist, dass die modale Bedeutung nur an bestimmte Personen geknüpft ist. Je nachdem, ob das Verb in der 1. Person (Singular oder Plural), der 2. Person (Singular oder Plural) oder der 3. Person (Singular oder Plural) steht, ergibt sich eine andere Interpretation des Gemeinten.

Im Folgenden beschränken wir uns auf Bespiele mit dem *Futuro simple*. Die modalen Interpretationen gelten aber *mutandis mutatis* auch für das *Futuro compuesto*.

8.2 Die Verwendung des *Futuro* als Modus

1) Das *Futuro* wird verwendet, um eine **feste Zusage** auszudrücken. Dies geschieht stets in Verbindung mit der **1. Person** Singular (ich) oder der 1. Person Plural (wir), da nur ein Ich oder Wir für sich sprechen und eine feste Zusage geben kann.

8.1.11a *Lo haré.*
8.1.11b *Ich mach' das.*
8.1.11c *Ich mach' das, klar.*
8.1.12a *Lo haremos.*
8.1.12b *Wir machen das.*
8.1.12c *Wir machen das, versprochen.*

Um den modalen Sinn der festen Zusage in den Beispielsätzen 6.2.a und 6.2.d wiederzugeben, könnte man auch zu einer überdeutlichen Übersetzung greifen:

8.1.12d *Das ist gebongt.*
8.1.12e *Versprochen.*

Eine »wörtliche« oder strukturgleiche Übersetzung des spanischen *Futuro* mit dem deutschen Futur verfehlt in der Regel dessen modalen Sinn einer festen Zusage. Das deutsche Futur ist so interpretationsoffen, dass man als Leser nie genau weiß, wie ernst die Aussage gemeint ist. Erst durch die Verwendung von Adverbien wird die Bedeutung schärfer eingegrenzt: *Ich werde es dir bestimmt sagen* meint etwas anderes als *Ich werde es dir schon sagen*. Deshalb ist es ratsam, in den Fällen, wo ein modaler Charakter des *Futuro* vorliegt, zu einer überdeutlichen Übersetzung, z. B. mit Hilfe von Adverbien zu greifen:

8.1.13a *Te lo diré.*
8.1.13b *Ich werde es dir sagen.*
8.1.13c *Ich werde es dir bestimmt sagen.*
8.1.13d *Ich verspreche dir fest, es dir sagen.*
8.1.14a *Te visitaremos, ¡no te preocupes!*
8.1.14b *Wir werden dich besuchen, keine Sorge.*
8.1.14c *Mach dir keine Gedanken, wir werden dich auf jeden Fall besuchen.*

2) Das *Futuro* wird verwendet, um einen **Befehl** (oder abgeschwächt: eine Anweisung, Bitte, Empfehlung, Drohung oder Warnung) auszudrücken, auf den man keinen Widerspruch duldet. Da der Imperativ einer der klassischen Modi ist, wird bei dieser Verwendungsweise der modale Sinn des *Futuro* besonders deutlich. Befehle richten sich stets an eine andere Person. Deshalb tritt der Befehlscharakter des *Futuro* stets in Verbindung mit der **2. Person** Singular (du) oder der 2. Person Plural (ihr) auf. Befehle an Personen, die man siezt, werden üblicherweise nicht mit *Futuro* formuliert.

8.1.15a *¡Lo harás!*
8.1.15b *Du machst das!*
8.1.16a *¡Lo haréis!*
8.1.16b *Ihr macht das!*

Um die Intensität des Befehls, die im Spanischen zumeist durch die Stimmführung markiert ist, wiederzugeben, könnte man den Befehl durch Zusätze wie *Ist das klar?!* oder *Verstanden?!* ergänzen.

Die modale Verwendungsweise des *Futuro* als Befehl oder Anweisung kann ebenfalls nicht durch eine »wörtliche« oder strukturgleiche Übersetzung mit dem deutschen Futur wiedergegeben werden. In diesem Fall kann das spanische *Futuro* also nicht mit deutschem Futur übersetzt werden. Der Befehlscharakter muss im Deutschen durch den Imperativ – oder durch eine überdeutliche Übersetzung – ausgedrückt werden.

8.1.17a *¡Tú dirás la verdad!*
*8.1.17b *Du wirst die Wahrheit sagen!*
8.1.17c *Sag die Wahrheit!*
8.1.17d *Ich befehle dir, die Wahrheit zu sagen!*

Wie das Sternchen vor Beispielsatz *8.1.17b andeutet, gibt er nicht die Bedeutung des spanischen Satzes 8.1.17a treffend wieder. Die deutsche »Übersetzung« ist eher im Sinne einer Vorhersage oder einer Drohung zu verstehen: *Du wirst die Wahrheit schon noch sagen!* Diese Formulierung mit *schon* beinhaltet aber gerade keinen Befehl.

Den Befehlscharakter des *Futuro* kann man im Deutschen auch durch eine Aussage im Präsens mit anschließender Frage wiedergeben. Wobei durch die Dopplung von Frage- und Ausrufezeichen klargestellt wird, dass die Frage nur ein *Ja* als Antwort duldet.

8.1.18a *¡Vosotros haréis los deberes!*
8.1.18b *Ihr macht die Hausaufgaben, ist das klar?!*
8.1.18c *Ich befehle euch, die Hausaufgaben zu machen!*

Einige Beispiele für die abgeschwächten Formen dieser modalen Verwendungsweise des *Futuro* sind den folgenden Sätzen zu entnehmen.

8.1.19a *Te harás daño.*
8.1.19b *Du wirst dir wehtun. (warnender Hinweis)*
8.1.20a *Un calmante te sentará bien.*
8.1.20b *Ein Beruhigungsmittel wird dir gut tun. (Empfehlung)*
8.1.21a *Estas notas, Manolo, ¿las pondrás en limpio para mí?*
8.1.21b *Manolo, kannst du diese Notizen für mich ins Reine schreiben? (Bitte)*

3) Das *Futuro* wird verwendet, um eine **Vermutung** auszudrücken. Diese Verwendung wird auch als *Futuro de Conjetura* bezeichnet (NGLE 2010: 448). Da man zumeist Vermutungen über abwesende Personen äußert, tritt diese Verwendungsweise des *Futuro* stets in Verbindung mit der **3. Person** Singular *(er, sie, es)* oder der 3. Person Plural *(sie)* auf. Die Vermutung kann sich entweder auf eine zeitgleiche Handlung (an einem anderen, nicht einsehbaren Ort) oder auf eine nachzeitige Handlung beziehen, das wird erst durch den Kontext deutlich.

Der Vermutungscharakter kann im Deutschen sehr gut mit dem Adverb *wohl* ausgedrückt werden. Durch den Zusatz von *gerade* oder *noch* kann näher spezifiziert werden, ob sich die Vermutung auf eine gleichzeitige oder nachzeitige Handlung beziehen soll. Die Adverbkombinationen *dann wohl* oder *dann wohl noch* drücken ebenfalls Nachzeitigkeit aus.

8.1.22a *Lo hará.*
8.1.22b *Er wird das wohl gerade machen. (Gleichzeitig)*
8.1.22c *Er macht das wohl gerade. (Gleichzeitig)*
8.1.22d *Er wird das wohl noch machen. (Nachzeitig)*
8.1.22e *Er macht das dann wohl (noch). (Nachzeitig)*

Wenn der zeitliche Aspekt eindeutig durch den Kontext festgelegt ist, genügt es, den Vermutungscharakter durch Adverbien wie *wohl* oder *vermutlich* auszudrücken. Beide Adverbien können mit Futur oder Präsens verbunden werden.

8.2 Die Verwendung des *Futuro* als Modus

8.1.23a *Dónde está mi marido? Estará en el bar.*
8.1.23b *Wo ist mein Mann? Er wird wohl in der Bar sein.*
8.1.23c *Wo ist mein Mann? Er ist wohl in der Bar.*
8.1.23d *Wo ist mein Mann? Er wird vermutlich in der Bar sein.*
8.1.23e *Wo ist mein Mann? Er ist vermutlich in der Bar.*

4) Eine gewisse Schwierigkeit bereitet der Unterschied zwischen dem *Futuro simple (cantaré)* und dem periphrastischen Futur, das als *Futuro próximo (voy a cantar)* bezeichnet wird. Wie eingangs erwähnt, sind einige Sprachwissenschaftler der Meinung, das *Futuro* habe lediglich eine modale Funktion (Zusage, Befehl, Vermutung) und keine temporale Funktion (Nachzeitigkeit).

Die Mehrheit der Sprachwissenschaftler geht wie die Real Academia von einer modalen und einer temporalen Komponente oder Funktion des *Futuro* aus, weil auch die modale Verwendungsweise des *Futuro* eine temporale Komponente aufweist, insofern die im *Futuro* ausgedrückte Handlung in der Regel nachzeitig zum Sprechzeitpunkt liegt.

Wir wollen und können den Meinungsstreit nicht entscheiden, müssen aber eine für die Sprachpraxis wichtige Konsequenz hervorheben: Das *Futuro simple* wird in der heutigen Umgangssprache hauptsächlich modal verwendet, so dass es kaum noch rein temporal verstanden wird. Wenn ein Sprecher des Spanischen seinem Gesprächspartner (oder Leser) deshalb deutlich machen will, dass er das Gesagte temporal im Sinne der Nachzeitigkeit verstanden wissen will, dann würde er zum *Futuro próximo* greifen. Dies gilt vor allem für Fälle in der 3. Person (Singular oder Plural).

Für die Real Academia (NGLE 2010: 541) hat das *Futuro próximo* einen grundlegend temporalen Wert. Wie es scheint, haben sich aber in den letzten Jahrzehnten zunehmend modale Komponenten in die Verwendung des *Futuro próximo* gemischt. Das hat Auswirkungen für die Abgrenzung von *Futuro próximo* und *Futuro simple*, wobei man jeweils noch die drei personenspezifischen Interpretationen (Zusage, Befehl, Vermutung) berücksichtigen muss.

Während das *Futuro simple* in der 1. Person (Singular oder Plural) mit der Bedeutungsnuance subjektiver *Gewissheit* verknüpft ist, verbindet sich mit dem periphrastischen *Futuro próximo* in der 1. Person (Singular oder Plural) die Bedeutungsnuance des *Vorhabens*.

8.1.24a *Voy a ir a España el año que viene.*
8.1.24b *Nächstes Jahr habe ich vor, nach Spanien zu gehen.*
8.1.25a *El año que viene iré a España.*
8.1.25b *Ich gehe nächstes Jahr nach Spanien, das ist ganz sicher.*

Die Bedeutungsnuance subjektiver Gewissheit ist nur mit der 1. Person (Singular oder Plural) des *Futuro simple* verbunden. Sollen Aussagen subjektiver Gewissheit über andere Personen gemacht werden, muss dies mit den unpersönlichen Ausdrücke *es cierto que* oder *es seguro que* erfolgen. Fragen an die Gesprächspartner des Sprechers, die daher in der 2. Person (Singular oder Plural) formuliert sind, funktionieren wie Aussagen in der 1. Person; d. h., sie haben den modalen Charakter subjektiver Gewissheit.

8.1.26a *¿Vas a ir a Alemania el mes que viene?*
8.1.26b *Hast du vor, nächsten Monat nach Deutschland zu gehen?*
8.1.27a *Tú irás a Alemania el mes que viene.*
8.1.27b *Du gehst nächsten Monat nach Deutschland, keine Widerrede!*

8.1.28a Presumablemente estés en España el año que viene.
8.1.28b Du bist wahrscheinlich nächstes Jahr in Spanien.
8.1.29a Es cierto que el año que viene estás en España.
8.1.29b Du bist nächstes Jahr ganz sicher in Spanien.

Die verschiedenen Verbformen in den Beispielsätzen thematisieren eine Frage nach dem Vorhaben (Satz 8.1.26a), einen Befehl (Satz 8.1.27a), eine Vermutung (Satz 8.1.28a) und eine Gewissheit (Satz 8.1.29a), die jeweils mit einem Du verknüpft ist. Im letzten Satz (8.1.29a) wäre auch das *Futuro próximo (vas a estar)* möglich, das *Futuro simple (estarás)* hingegen würde keine Verwendung finden, da dessen Befehlscharakter mit dem einleitenden *es cierto* kollidiert: Wenn es sicher ist, muss kein Befehl mehr erteilt werden; und wenn ein Befehl nötig ist, ist es wiederum noch nicht sicher.

Die folgenden Beispielsätze sollen die Bedeutungsnuancen von *Futuro simple* und *Futuro próximo* in der 3. Person verdeutlichen.

8.1.30a *Van a visitar a mi abuelo en Francia.*
8.1.30b *Sie haben vor meinen Großvater in Frankreich zu besuchen.*
8.1.31a *Visitarán a mi abuelo en Francia.*
8.1.31b *Sie besuchen wohl gerade meinen Großvater in Frankreich.*
8.1.32a *Dentro de un año visitarán a mi abuelo en Francia.*
8.1.32b *Innerhalb eines Jahres werden sie vermutlich meinen Großvater in Frankreich besuchen.*
8.1.33a *Es seguro que dentro de un año van a visitar a mi abuelo en Francia.*
8.1.33b *Es ist sicher, dass sie innerhalb eines Jahres meinen Großvater in Frankreich besuchen (werden).*

Durch den Zusatz von Adverbien wie *posiblemente* oder *presumablemente* kann die mit dem *Futuro simple* ausgedrückte subjektive Gewissheit zu einer Wahrscheinlichkeit abgeschwächt werden.

8.1.34a *El año que viene presumablemente yo estaré en España.*
8.1.34b *Wahrscheinlich werde ich nächstes Jahr in Spanien sein.*
8.1.34c *Vermutlich bin ich nächstes Jahr in Spanien.*

Merke: a) *Das* Futuro *wird in Verbindung mit der 1. Person (ich, wir) in der Regel dazu verwendet, feste Zusagen auszudrücken.*

b) *Das* Futuro *wird in Verbindung mit der 2. Person (du, ihr) in der Regel dazu verwendet, Befehle auszudrücken.*

c) *Das* Futuro *wird in Verbindung mit der 3. Person (er, sie, es; sie) in der Regel dazu verwendet, Vermutungen auszudrücken.*

d) *Der modale Charakter des* Futuro *ist am besten durch Hinzufügung geeigneter Adverbien (z. B.* wohl*) ins Deutsche zu übersetzen.*

8.3 Übungen zu *Condicional* und *Futuro*

8.3.1 Einsetzübung 1 zum *Condicional*

8.3.1.1 Einsetzübung 1: Aufgaben

Setzen Sie die jeweils passenden Verbformen ein! Fertigen Sie zusätzlich eine deutsche Übersetzung des von Ihnen vervollständigten Beispielsatzes an!

Nr.	Spanischer Satz	Deutsche Übersetzung
1	¿Te .... (importar) traerme la mantequilla?	
2	Me .... (encantar) poder pasar las vacaciones contigo.	
3	Le pregunté que le .... (gustar) hacer si tuviera tiempo libre.	
4	Jamás .... (decir) diría una tontería como esa.	
5	El encargado nos aseguró que .... (arreglar) el problema.	
6	¿Con qué deportista te .... (apetecer) salir de jarana?	
7	¿Quién si no un genio se .... (poner) esa chaqueta?	
8	Me .... (gustar) salir ahora.	
9	En esta situación pensé que algo .... (ocurrir).	
10	Mejor .... (ser) que te afeitaras la barba.	
11	Lo extraño .... (ser) que aprobara.	
12	¿Le .... (molestar) que su hija se casara con un extranjero?	
13	Yo .... (vivir) feliz aquí.	
14	¿Qué .... (hacer) tú con un millón de euros?	
15	Me .... (gustar) decírselo, pero no me atrevo a hacerlo.	

8.3.1.2 Einsetzübung 1: Lösungen

Nr.	Spanischer Satz	Deutsche Übersetzung
1	¿Te **importaría** traerme la mantequilla?	Würde es dir etwas ausmachen, mir die Butter zu reichen? / Würdest du mir die Butter reichen?
2	Me **encantaría** poder pasar las vacaciones contigo.	Es würde mich freuen, die Ferien mit dir zu verbringen.
3	Le pregunté que le **gustaría** hacer si tuviera más tiempo libre.	Ich habe ihn gefragt, was er gerne machen würde, wenn er mehr Freizeit hätte.
4	Jamás **diría** una tontería como esa.	Ich würde nie so einen Blödsinn sagen.
5	El encargado nos aseguró que **arreglaría** el problema.	Der Angestellte versicherte uns, dass er das Problem beheben würde.
6	¿Con qué deportista te **apetecería** salir de jarana?	Mit welchem Sportler würdest du gerne mal einen drauf machen?
7	¿Quién si no un genio se **pondría** esa chaqueta?	Wer, wenn kein Genie, würde dieses Jackett anziehen?
8	Me **gustaría** salir ahora.	Ich würde jetzt gerne gehen.
9	En esta situación pensé que algo **ocurría**.	In dieser Situation glaubte ich, dass etwas geschehen würde.
10	Mejor **sería** que te afeitaras la barba.	Besser wär's, du rasiertest (würdest) dir den Bart (rasieren).
11	Lo extraño **sería** que aprobara.	Es wäre seltsam, wenn er bestünde.
12	¿Le **molestaría** que su hija se casara con un extranjero?	Würde es Ihnen etwas ausmachen, wenn ihre Tochter einen Ausländer heiratete (heiraten würde)?
13	Yo **viviría** feliz aquí.	Ich würde (könnte) hier glücklich leben.
14	¿Qué **harías** tú con un millón de euros?	Was würdest du mit einer Million Euro anfangen?
15	Me **gustaría** decírselo, pero no me atrevo a hacerlo.	Ich würde es ihm (ihr) gerne sagen, aber ich trau mich nicht es zu tun.

8.3.2 Einsetzübung 2 zum *Condicional*

8.3.2.1 Einsetzübung 2: Aufgaben

Setzen Sie die jeweils passenden Verbformen ein! Fertigen Sie zusätzlich eine deutsche Übersetzung des von Ihnen vervollständigten Beispielsatzes an!

Nr.	Spanischer Satz	Deutsche Übersetzung
1	Me .... (gustar) verle otra vez.	
2	.... (ser) bueno multiplicar las escuelas.	
3	Dijo que .... (llegar) al día siguiente.	
4	.... (fumar) donde pudiese.	
5	Anunció que .... (venir).	
6	.... (ser) las diez.	
7	¡Quién me .... (mandar) salir a estas horas de la noche!	
8	Cuando llegó, ... (ser) aproximadamente las cuatro de la tarde.	
9	.... (desear) hablar con el doctor.	
10	Dos días después .... (morir).	
11	Me prometió que me .... (llamar).	
12	Me .... (encantar) viajar a la Patagonia.	
13	.... (haber) querido hablar con usted un momentito.	
14	No .... (saber) decir quién va ganando.	
15	Yo no .... (andar) muy lejos.	

8.3.2.2 Einsetzübung 2: Lösungen

Nr.	Spanischer Satz	Deutsche Übersetzung
1	Me **gustaría** verle otra vez.	Ich würde ihn lieber ein andermal sehen.
2	**Sería** bueno multiplicar las escuelas.	Es wäre gut, die Zahl der Schulen zu erhöhen.
3	Dijo que **llegaría** al día siguiente.	Er sagte, er käme am folgenden Tag.
4	**Fumaría** donde pudiese.	Er würde rauchen, wo er könnte.
5	Anunció que **vendría**.	Er kündigte an, dass er käme (kommen würde).
6	**Serían** las diez.	Es müsste 10 Uhr gewesen sein.
7	¡Quién me **mandaría** salir a estas horas de la noche!	Wer jagt mich um diese nächtliche Stunde aus dem Haus?!
8	Cuando llegó, **serían** aproximadamente las cuatro de la tarde.	Als er kam, muss es ungefähr vier Uhr nachmittags gewesen sein.
9	**Desearía** hablar con el doctor.	Ich würde gerne den Doktor sprechen.
10	Dos días después **moriría**.	Zwei Tage später sollte er sterben.
11	Me prometió que me **llamaría**.	Er versprach mir, dass er mich anrufen würde.
12	Me **encantaría** viajar a la Patagonia.	Ich würde gerne nach Patagonien reisen.
13	**Habría** querido hablar con usted un momentito.	Ich hätte gerne mit Ihnen einen Augenblick gesprochen.
14	No **sabría** decir quién va ganando.	Man wüsste nicht zu sagen, wer gerade gewinnt.
15	Yo no **andaría** muy lejos.	Ich würde nicht weit weg gehen.

8.3.3 Auswahlübung 1 zum *Condicional*

8.3.3.1 Auswahlübung 1: Aufgaben

Wählen Sie die jeweils passende Verbform aus! Fertigen Sie danach zusätzlich eine deutsche Übersetzung des Beispielsatzes an!

Nr.	Spanischer Satz	Deutsche Übersetzung
1	Habríamos preferido / Preferiríamos que nos hubiera ofrecido ir con él.	
2	Habría sido / Había sido mejor que hubierais abierto las ventanas.	
3	Afirmaron que cuando llegara el invierno habrían recogido / recogerían la cosecha.	
4	Uno no habría sabido / sabría decir qué le aterrorizaba más, si el inmenso reptil o su propio hijo.	
5	Después de conducir todo el día, estarían / habrían estados cansados.	
6	Podríamos / habríamos podido ir al cine. ¿Qué te parece?	
7	Te habría traído / traería el libro, pero lo olvidé.	
8	Clara no estuve en clase. Habría ido / iría a casa.	
9	Creí que habríamos dicho / diríamos que no.	
10	El próximo año, a Mónica le encantería / haría encantado estudiar en la Universidad de Salamanca.	
11	Siempre diríamos / haríamos dicho la verdad.	
12	¿Qué traerías / harías traído a una isla desierta?	
13	Me gustaría / haría gustado que la opinión pública cambiara.	
14	Ana me dijo que cumpliríais / haríais cumplido vuestra promesa.	
15	Sería / haría sido maravilloso saber bailar.	

8.3.3.2 Auswahlübung 1: Lösungen

Nr.	Spanischer Satz	Deutsche Übersetzung
1	**Habríamos preferido** / ~~Preferiríamos~~ que nos hubiera ofrecido ir con él.	Es wäre uns lieber gewesen, wenn er uns angeboten hätte, mit ihm zu fahren.
2	**Habría sido** / ~~Había sido~~ mejor que hubierais abierto las ventanas.	Es wäre besser gewesen, wenn ihr die Fenster aufgemacht hättet.
3	Afirmaron que cuando llegara el invierno **habrían recogido** / ~~recogerían~~ la cosecha.	Sie behaupteten, dass sie die Ernte eingebracht haben würden, sobald der Winter käme.
4	Uno no **habría sabido** / ~~sabría~~ decir qué le aterrorizaba más, si el inmenso reptil o su propio hijo.	Man hätte nicht zu sagen gewusst, was ihn mehr erschreckte, das enorme Reptil oder sein eigener Sohn.
5	Después de conducir todo el día, **estarían** / ~~habrían estados~~ cansados.	Nachdem sie den ganzen Tag gefahren sind, müssten sie müde gewesen sein.
6	**Podríamos** / ~~habríamos podido~~ ir al cine. ¿Qué te parece?	Wir könnten ins Kino gehen.
7	Te **habría traído** / ~~traería~~ el libro, pero lo olvidé.	Ich hätte dir das Buch mitgebracht aber ich vergaß es.
8	Clara no estuve en clase. **Habría ido** / ~~iría~~ a casa.	Clara war nicht im Unterricht. Sie wird wohl nach Hause gegangen sein.
9	Creí que **habríamos dicho** / ~~diríamos~~ que no.	Ich glaube, wir hätten nein sagen können.
10	El próximo año, a Mónica le **encantería** / ~~haría encantado~~ estudiar en la Universidad de Salamanca.	Nächstes Jahr würde Mónica gern an der Universität von Salamanca studieren.
11	Siempre **diríamos** / ~~haríamos dicho~~ la verdad.	Wir würden immer die Wahrheit sagen.
12	¿Qué **traerías** / ~~harías traído~~ a una isla desierta?	Was würdest du auf eine verlassene Insel mitnehmen?
13	Me **gustaría** / ~~haría gustado~~ que la opinión pública cambiara.	Ich hätte gerne, dass die öffentliche Meinung sich ändert.
14	Ana me dijo que **cumpliríais** / ~~haríais cumplido~~ vuestra promesa.	Ana sagte mir, ihr würdet euer Versprechen halten.
15	**Sería** / ~~haría sido~~ maravilloso saber bailar.	Es wäre wunderbar tanzen zu können.

8.3.4 Einsetzübung 1 zum *Futuro*

Die folgende Aufgabe umfasst gemischte Übungssätze zum modal und temporal verwendeten *Futuro* und zu der temporal verwendeten Verbalperiphrase *ir + a + infinitivo*.

8.3.4.1 Einsetzübung 1: Aufgaben

Bitte setzen Sie in die folgenden Sätze eine passende Verbform ein. Die überdeutliche deutsche Übersetzung soll Ihnen die entsprechenden Hinweise geben, ob *Futuro Simple* oder die Verbalperiphrase *ir + a + infinitivo* zu verwenden ist.

Nr.	Spanischer Satz	Überdeutliche deutsche Übersetzung
1	.... (ir) a Mallorca.	Ich habe vor, nach Mallorca zu gehen.
2	Dentro de un mes mi hija .... (estudiar) en Barcelona.	In einem Monat wird meine Tochter vermutlich in Barcelona studieren.
3	Hija, ¡.................. (estudiar) en la clase de baile mañana!	Tochter, du gehst morgen zum Tanzunterricht! Ende der Diskussion.
4	¿Dónde .... (estar) mis hijas dentro de un año?	Wo werden meine Töchter wohl in einem Jahr sein?
5	Mi amiga .... (estudiar) en Madrid a partir del mes que viene.	Meine Freundin wird ab nächstem Monat in Madrid studieren. (Sie hat den Studienplatz.)
6	Te prometo que .... (hablar) con ella.	Ich verspreche dir mit ihm zu sprechen.
7	¿Qué .... (hacer) el mes que viene?	Was hast du nächsten Monat vor?
8	¡Ahora lo .... (hacer) como te lo he dicho!	Du machst das jetzt so, wie ich es dir gesagt habe, verstanden?!
9	Seguramente .... (echar) solicitudes para este trabajo tan guay.	Sie werden sich ganz sicher für diesen tollen Job bewerben.
10	Los chicos, ¿dónde están? .... (estar) en el instituto haciendo sus deberes.	Wo mögen nur die Kinder sein? Sie sind vermutlich in der Schule und machen ihre Hausaufgaben.
11	Te puedes fiar de mí. A las diez .... (estar) en la estación de tren para recogerte.	Du kannst dich auf mich verlassen. Um zehn Uhr bin ich am Bahnhof, um dich abzuholen!
12	Ahora .... (hacer) mis deberes.	Ich habe vor, jetzt meine Hausaufgaben zu machen.
13	Ahora .... (hacer) mis deberes.	Ich mache jetzt meine Hausaufgaben, versprochen!
14	¿.................. (hacer) lo que te digo?	Willst du es so machen, wie ich es dir sage?
15	¡.................. (hacer) lo que te digo!	Mach, was ich dir sage!

8.3.4.2 Einsetzübung 1: Lösungen

Nr.	Spanischer Satz	Deutsche Übersetzung
1	**Voy a ir** a Mallorca.	Ich habe vor, nach Mallorca zu gehen.
2	Dentro de un mes mi hija **estudiará** en Barcelona.	In einem Monat wird meine Tochter vermutlich in Barcelona studieren.
3	Hija, **estarás** en la clase de baile mañana.	Tochter, du gehst morgen zum Tanzunterricht! Ende der Diskussion.
4	Dónde **estarán** mis hijas dentro de un año?	Wo werden meine Töchter wohl in einem Jahr sein?
5	Mi amiga **va a estudiar** en Madrid a partir del mes que viene.	Meine Freundin wird ab nächstem Monat in Madrid studieren. (Sie hat den Studienplatz.)
6	Te prometo que **hablaré** con ella.	Ich verspreche dir mit ihm zu sprechen.
7	¿Qué **vas a hacer** el mes que viene?	Was hast du nächsten Monat vor?
8	¡Ahora lo **harás** como te lo he dicho!	Du machst das jetzt so, wie ich es dir gesagt habe, verstanden?!
9	Seguramente **van a echar** solicitudes para este trabajo tan guay.	Sie werden sich ganz sicher für diesen tollen Job bewerben.
10	Los chicos, dónde están? **Estarán** en el instituto haciendo sus deberes.	Wo mögen nur die Kinder sein? Sie sind vermutlich in der Schule und machen ihre Hausaufgaben.
11	Te puedes fiar de mí. A las diez **estaré** en la estación de tren para recogerte.	Du kannst dich auf mich verlassen. Um zehn Uhr bin ich am Bahnhof, um dich abzuholen!
12	Ahora **voy a hacer** mis deberes.	Ich habe vor, jetzt meine Hausaufgaben zu machen.
13	Ahora **haré** mis deberes.	Ich mache jetzt meine Hausaufgaben, versprochen!
14	¿**Vas a hacer** lo que te digo?	Willst du es so machen, wie ich es dir sage?
15	¡**Harás** lo que te digo!	Mach, was ich dir sage!

8.3.5 Übersetzungsübung 1 zum *Futuro*

Die folgende Aufgabe umfasst gemischte Übungssätze zum modal und temporal verwendeten *Futuro* und zu der temporal verwendeten Verbalperiphrase *ir + a + infinitivo*.

8.3.5.1 Übersetzungsübung 1: Aufgaben

Bitte übersetzen Sie die folgenden Sätze aus dem Deutschen ins Spanische. Achten Sie darauf, die im Deutschen – vor allem durch Adverbien angegebene – modale oder temporale Bedeutung durch eine passende Verbform (entweder *Futuro Simple* oder Verbalperiphrase *ir + a + infinitivo*) auszudrücken.

Nr.	Spanische Übersetzung	Deutscher Satz
1		Wo ist mein Vater? Vermutlich ist er wieder bei Mutter.
2		Wie oft wirst du mich nächstes Jahr um Hilfe bitten?
3		Du machst jetzt deine Hausaufgaben!
4		Wann, denkst du, hat er vor, sein Studium zu beenden?
5		Er wird sein Studium vermutlich nie beenden.
6		Ich helfe dir morgen das Auto zu reparieren, versprochen!
7		Wann hast du vor, mir zu helfen?
8		Du hilfst mir morgen! Und damit basta!
9		Wir haben vor, nächstes Jahr nach Spanien zu gehen.
10		Denkst du, er wird es schaffen?
11		María wird morgen wieder nach Hause kommen, ganz sicher!
12		Um ganz sicher zu gehen, dass das nie wieder passiert, wirst du dich bei ihr entschuldigen!
13		Wahrscheinlich ist sie ziemlich böse und möchte nichts mehr mit mir zu tun haben.
14		Ich habe vor sie zu besuchen und ihr zu sagen, was ich von ihr halte.
15		Du wirst dich jetzt benehmen und dafür sorgen, dass ich mich nicht deiner schämen muss!

8.3.5.2 Übersetzungsübung 1: Lösungen

Nr.	Spanische Übersetzung	Deutscher Satz
1	¿Dónde está mi padre? **Estará** en casa de mamá.	Wo ist mein Vater? Vermutlich ist er wieder bei Mutter.
2	¿Cuántas veces me **vas a preguntar** por ayudo el año que viene?	Wie oft wirst du mich nächstes Jahr um Hilfe bitten?
3	¡**Harás** tus deberes!	Du machst jetzt deine Hausaufgaben!
4	¿Cuándo, piensas tú, que **va a terminar** sus estudios?	Wann, denkst du, hat er vor, sein Studium zu beenden?
5	Nunca **terminará** sus estudios.	Er wird sein Studium vermutlich nie beenden.
6	¡Te **ayudaré** de arreglar el coche!	Ich helfe dir morgen das Auto zu reparieren, versprochen!
7	¿Cuándo me **vas a ayudar**?	Wann hast du vor, mir zu helfen?
8	¡Mañana me **ayudarás**!	Du hilfst mir morgen! Und damit basta!
9	El año que viene **vamos a ir** a España.	Wir haben vor, nächstes Jahr nach Spanien zu gehen.
10	¿Piensas que él lo **va a lograr**?	Denkst du, er wird es schaffen?
11	Mañana María **va a volver** a casa, ¡seguro!	María wird morgen wieder nach Hause kommen, ganz sicher!
12	Para asegurarme de que nunca jamás **va a pasar**, te **disculparás** con ella.	Um ganz sicher zu gehen, dass das nie wieder passiert, wirst du dich bei ihr entschuldigen!
13	**Estará** muy enfadada y ya no quiere tener contacto conmigo.	Wahrscheinlich ist sie ziemlich böse und möchte nichts mehr mit mir zu tun haben.
14	**Voy a visitarle** para decirle lo que pienso de ella.	Ich habe vor sie zu besuchen und ihr zu sagen, was ich von ihr halte.
15	Te **comportarás** y **verás** que yo no tengo que avergonzarme de ti.	Du wirst dich jetzt benehmen und dafür sorgen, dass ich mich nicht deiner schämen muss!

9 Bedingungssätze

In der Regel unterscheidet man drei Arten von Bedingungssätzen (Konditionalsätze) je nachdem, ob die Bedingungen **real, irreal** (bzw. unwahrscheinlich) oder **unerfüllbar** (bzw. nicht mehr erfüllbar) sind.

Als konditionale Konjunktionen, die einen Bedingungssatz einleiten können, gelten im Spanischen vor allem *si*, aber auch *en caso de que* und im Deutschen *wenn* und *falls*.

9.1 Reale Bedingungen

9.1.1 Reale Bedingungen in der Gegenwartsstufe

Wenn im *si-Satz* eine reale Bedingung in der Gegenwartsstufe ausgedrückt wird, so steht im Hauptsatz eine der folgenden Indikativ-Zeiten: *Futuro*, *Presente* oder der Imperativ. Als real gilt eine Bedingung, wenn sie realisierbar ist oder vom Sprecher als realisierbar eingeschätzt wird. Auch Regelmäßigkeiten oder gesetzmäßige Zusammenhänge gelten in diesem Sinne als reale Bedingungen. Im *si-Satz* wird **niemals** *Futuro* odas *Condicional* verwendet.

9.1.1a *Si estudias más aprobarás el examen.*
9.1.1b *Wenn du mehr lernst, wirst du die Prüfung bestehen.*
9.1.2a *Si hace buen tiempo voy a pasear con mi perrito.*
9.1.2b *Wenn es schön ist, gehe ich mit meinem Hündchen spazieren.*
9.1.3a *Si tienes tiempo dímelo.*
9.1.3b *Wenn Du Zeit hast, sag es mir.*

In einem **realen Bedingungssatz** steht im Spanischen der Indikativ im Präsens, in dem darauf folgenden Hauptsatz steht das *Futuro*, *Futuro Próximo* (*ir + a + infinitivo*) oder ebenfalls der Indikativ im Präsens.

9.1.4a *Si Enrique tiene dinero me va a llamar.*
9.1.4b *Wenn er Geld hat, ruft er mich an.*

Hier ist die durch den Nebensatz ausgedrückte Bedingung real: Sobald die Bedingung eintrifft – und es ist wahrscheinlich, dass sie eintrifft –, wird er mich anrufen.

9.1.2 Reale Bedingungen in der Vergangenheitsstufe

Wenn im *si-Satz* eine reale Bedingung in der Vergangenheitsstufe ausgedrückt wird, so stehen sowohl im Hauptsatz als auch im Bedingungssatz (*si*-Satz) *Imperfecto* oder *PPS* (*Indefinido*).

Steht der reale Bedingungssatz in der Vergangenheit, geht es in der Regel um Gewohnheiten oder andere Regelmäßigkeiten. Im Spanischen kann hier anstatt der Konjunktion *si* auch die Konjunktion *cuando* benutzt werden. Beide Konjunktionen können in diesem Kontext mit *immer wenn* übersetzt werden.

9.1.5a *Si (Cuando) Enrique tenía dinero, iba al cine.*
9.1.5b *Immer wenn Enrique Geld hatte, ging er ins Kino.*

9.1.6a   *Si (Cuando) te llamé fue porque no tenía noticias tuyas.*
9.1.6b   *Wenn ich dich anrief, so deshalb, weil ich keine Nachricht von dir hatte.*
9.1.6c   *Als ich dich anrief, war es deshalb, weil ich keine Nachricht von dir hatte.*

Im Deutschen ist die Formulierung realer Bedingungssätze in der Vergangenheit mit *wenn* (wie in Satz 9.1.6b) etwas aus der Mode gekommen, gilt aber nicht als veraltet. Statt dessen wird inzwischen die temporale Konjunktion *als* bevorzugt (wie in Satz 9.1.6.c).

Merke: *In realen Bedingungssätzen stehen ausschließlich Tempora im Indikativ.*

Im si-Satz steht Presente, wenn eine reale Bedingung in der Gegenwartsstufe vorliegt.

Im si-Satz steht Imperfecto oder PPS (Indefinido), wenn eine reale Bedingung in der Vergangenheitsstufe vorliegt.

9.1.3   Hypothetische Bedingungen

Hypothetische Bedingungen sind Bedingungen, die im Augenblick als nicht erfüllbar erscheinen, aber irgendwann einmal noch erfüllt werden könnten. Liegt eine hypothetische Bedingung vor, so steht im *si-Satz* das *Imperfecto de Subjuntivo* und im Hauptsatz das *Condicional Simple*.

9.1.7a   *Si estudiaras aprobarías el examen.*
9.1.7b   *Wenn du mehr lerntest, würdest du die Prüfung bestehen.*
9.1.8a   *Si Conchita tuviera dinero compraría una casa.*
9.1.8b   *Wenn Conchita Geld hätte, würde sie ein Haus kaufen.*
9.1.9a   *Si tuviera tiempo lo haría.*
9.1.9b   *Wenn ich Zeit hätte, würde ich es machen.*

Bei den hypothetischen Bedingungssätzen geht es meist um das Gedankenspiel „Was wäre, wenn", mit dem man das eine oder andere Szenario hypothetisch durchspielt.

In der Umgangssprache kommt es vor, dass im Hauptsatz das *Condicional I* durch das *Imperfecto* im Indikativ ersetzt wird. Diese Variante ist in der mündlichen Kommunikation zwar weit verbreitet, gehört aber zu den Substandardvarietäten des Spanischen und ist in der Schriftsprache kaum gebräuchlich.

9.1.10a   *Si tuviera tiempo lo hacía.*
9.1.10b   *Wenn ich Zeit hätte, würde ich es machen.*

In der Regel liegt bei hypothetischen Bedingungssätzen Gleichzeitigkeit vor: Was wäre die Folge, wenn diese Bedingung gegeben wäre? Aber manchmal fallen Bedingung und Folge zeitlich auseinander. Dann geht es um Fälle der Vorzeitigkeit: Was wäre die Folge für heute, wenn diese Bedingung früher gegeben gewesen wäre? Solche Fälle treten häufig auf, wenn wir z. B. in der Rückschau auf unser Leben über vertane Chancen nachdenken.

9.1.11a   *Si hubiéramos emigrado a Argentina, ahora no viviríamos en tanta miseria.*
9.1.11b   *Wenn wir nach Argentinien ausgewandert wären, würden wir jetzt nicht in so großem Elend leben.*

Merke: *Hypothetische Bedingungssätze weisen die folgende Struktur auf:* **Imperfecto de Subjuntivo** *im si-Satz und im Hauptsatz* **Condicional I.**

9.1 Reale Bedingungen

Fallen Bedingung und Folge zeitlich auseinander (Vorzeitigkeit) ersetzt das Pluscuamperfecto de Subjuntivo *das* Imperfecto de Subjuntivo.

9.1.4 Irreale Bedingungen

Irreale Bedingungen sind Bedingungen, die nicht (mehr) erfüllt werden können oder deren Erfüllung zwar prinzipiell möglich ist, aber unter den gegebenen Umständen als unmöglich angesehen wird. Liegt eine irreale Bedingung vor, steht im *si*-Satz das *Pluscuamperfecto de Subjuntivo* und im Hauptsatz das *Condicional II*:

9.1.12a *Si hubieras estudiado habrías aprobado el examen.*
9.1.12b *Wenn du mehr gelernt hättest, hättest du die Prüfung bestanden.*
9.1.13a *Si Conchita hubiera tenido dinero, habría comprado una casa.*
9.1.13b *Wenn Conchita Geld gehabt hätte, hätte sie ein Haus gekauft.*
9.1.14a *Si hubiera tenido tiempo lo habría hecho.*
9.1.14b *Wenn ich Zeit gehabt hätte, hätte ich es gemacht.*

In der Umgangssprache kommt es vor, dass im Hauptsatz das *Condicional II* durch das *Pluscuamperfecto de Subjuntivo* ersetzt wird. Diese Variante gehört zu den Substandardvarietäten des Spanischen und ist in der Schriftsprache kaum gebräuchlich.

9.1.15a *Si hubiera tenido tiempo lo hubiera hecho.*
9.1.15b *Wenn ich Zeit gehabt hätte, hätte ich es gemacht.*

Merke: *Irreale Bedingungssätze weisen immer die folgende Struktur auf:* Pluscuamperfecto de Subjuntivo *im* si-*Satz und im Hauptsatz* Condicional II.

9.1.5 Schema der Zeitenfolge in Bedingungssätzen

Schema der Zeitenverwendung in Bedingungssätzen		
Bedingung	**Tempus im Hauptsatz**	**Tempus im Nebensatz (*si-Satz*)**
real	*Gegenwartsstufe:* *Futuro, Presente* oder *Imperativo* *Vergangenheitsstufe* *PPS (Indefinido)* oder *Imperfecto*	*Presente* *PPS (Indefinido)* oder *Imperfecto*
hypothetisch (wahrscheinlich)	*Condicional I* *(Condicional Simple)*	*Imperfecto de Subjuntivo*
irreal (unerfüllbar)	*Condicional II* *(Condicional Compuesto)*	*Pluscuamperfecto de Subjuntivo*

Merke: **Im si-*Satz wird niemals* Futuro *oder* Condicional *verwendet.***

9.2 Übungen zu Bedingungssätzen

9.2.1 Einsetzübung 1: Indikativ und *Subjuntivo* im *si*-Satz

Setzen Sie die jeweils passenden Verbformen ein! Fertigen Sie zusätzlich eine deutsche Übersetzung des von Ihnen vervollständigten Beispielsatzes an!

9.2.1.1 Einsetzübung 1: Aufgaben

Nr.	Spanischer Satz	Deutsche Übersetzung
1	Si .... (ganar) el gordo, hacemos una fiesta.	
2	Si .... (ganar) el gordo, haríamos una fiesta.	
3	Si .... (ganar) el gordo, habríamos hecho una fiesta.	
4	Si .... (venir) Conchi, vamos a la playa.	
5	Si .... (venir) Almudena, iríamos a la playa.	
6	En caso de que Laura .... (venir), habríamos ido a la playa.	
7	Si .... (tener) un coche, iría a Valladolid.	
8	Si .... (tener) tiempo, te hubiéramos visitado.	
9	Si .... (tener) un coche, habría ido a Burgos.	
10	Si .... (comprar) la casa, ahora viviríamos en Salobreña.	
11	Le pregunté que le gustaría hacer si .... (tener) tiempo libre.	
12	Si a su marido le .... (pasar) algo, Amparo se moriría de pena.	
13	¿Qué harías tú si .... (ganar) un millón de euros?	
14	Si Paco .... (poder) ayudarte, lo haría.	
15	Si .... (ser) legal probablemente ya estaría casado con una alita de pollo.	

9.2.1.2 Einsetzübung 1: Lösungen

Nr.	Spanischer Satz	Deutsche Übersetzung
1	Si **ganamos** el gordo, hacemos una fiesta.	Wenn wir den Gordo gewinnen, machen wir ein Fest.
2	Si **ganáramos** el gordo, haríamos una fiesta.	Wenn wir den Gordo gewönnen, würden wir ein Fest machen.
3	Si **hubiéramos ganado** el gordo, habríamos hecho una fiesta.	Wenn wir den Gordo gewonnen hätten, hätten wir ein Fest gemacht.
4	Si **viene** Conchi, vamos a la playa.	Wenn Conchi kommt, gehen wir an den Strand.
5	Si **viniera** Almudena, iríamos a la playa.	Wenn Almudena käme, würden wir an den Strand gehen.
6	En caso de que Laura **hubiera venido**, habríamos ido a la playa.	Wenn Laura gekommen wäre, wären wir an den Strand gegangen.
7	Si **tuviera** un coche, iría a Valladolid.	Wenn ich ein Auto hätte, würde ich nach Valladolid fahren.
8	Si **hubiéramos tenido** tiempo, te hubiéramos visitado.	Wenn wir Zeit gehabt hätten, hätten wir dich besucht.
9	Si **hubiera tenido** un coche, habría ido a Burgos.	Wenn ich ein Auto gehabt hätte, wäre ich nach Burgos gefahren.
10	Si **hubiéramos comprado** la casa, ahora viviríamos en Salobreña.	Wenn wir das Haus gekauft hätten, würden wir jetzt in Salobreña wohnen.
11	Le pregunté que le gustaría hacer si **tuviera** más tiempo libre.	Ich habe ihn gefragt, was er machen würde, wenn er mehr Freizeit hätte.
12	Si a su marido le **pasara** algo, Amparo se moriría de pena.	Wenn ihrem Ehemann etwas passierte, würde Amparo vor Schmerz sterben.
13	¿Qué harías tú si **ganaras** un millón de euros?	Was würdest du tun, wenn du eine Million Euro gewönnest (gewinnen würdest)?
14	Si Paco **pudiera** ayudarte, lo haría.	Wenn Paco dir helfen könnte, würde er es tun.
15	Si **fuera** legal probablemente ya estaría casado con una alita de pollo.	Wenn es legal wäre, wäre er wahrscheinlich schon im Handumdrehen verheiratet.

9.2.2 Einsetzübung 2: Indikativ und *Subjuntivo* im *si*-Satz

Setzen Sie in die folgenden Übungssätze die passende Verbform ein. Geben Sie in der Spalte „Bedingung" den Grund an, weshalb Indikativ oder *Subjuntivo* zu verwenden ist, also ob es sich um eine reale, hypothetische oder irreale Bedingung handelt.

9.2.2.1 Einsetzübung 2: Aufgaben

Nr.	Satzbeispiel	Bedingung
1	Si .... (poder), salimos todas las noches.	
2	Si .... (aparcar) aquí, te pondrán una multa.	
3	Si .... (llover), haremos la fiesta dentro.	
4	Si .... (tener) hambre, come algo.	
5	Si le .... (llamar), tendré noticias suyas.	
6	Si le .... (llamar), fue porque no tenía noticias suyas.	
7	Si le .... (llamar), tendría noticias suyas.	
8	Si .... (venir) aquel día, se lo habría dicho.	
9	Si .... (trabajar), ganarás dinero.	
10	Si .... (trabajar), ganarías dinero.	
11	Si se .... (querer), se casarán.	
12	Si se .... (querer), se casarían.	
13	Si le .... (ver), se lo digo.	
14	Si le .... (ver), se lo diría.	
15	Si no .... (hacer) tanto frío, de seguro que te acompañaría.	
16	Yo, si .... (poder), no trabajaría.	
17	Yo iría al cine si .... (tener) tiempo.	
18	¿Qué pasaría si .... (crecer) la contaminación en el país?	
19	Si .... (comprar) esta casa, diseñaría el jardín de otra forma.	
20	Me grita como si yo no .... (oír).	

9.2 Übungen zu Bedingungssätzen

9.2.2.2 Einsetzübung 2: Lösungen

Nr.	Satzbeispiel	Bedingung
1	Si **podemos**, salimos todas las noches.	real, in der Gegenwart
2	Si **aparcas** aquí, te pondrán una multa.	real, in der Gegenwart
3	Si **llueve**, haremos la fiesta dentro.	real, in der Gegenwart
4	Si **tienes** hambre, come algo.	real, in der Gegenwart
5	Si le **llamo**, tendré noticias suyas.	real, in der Gegenwart
6	Si le **llamé**, fue porque no tenía noticias suyas.	real, in der Vergangenheit
7	Si le **llamara**, tendría noticias suyas.	hypothetisch
8	Si **hubiera venido** aquel día, se lo habría dicho.	irreal
9	Si **trabajas**, ganarás dinero.	real, in der Gegenwart
10	Si **trabajaras**, ganarías dinero.	hypothetisch
11	Si se **quieren**, se casarán.	real, in der Gegenwart
12	Si se **quisieran**, se casarían.	hypothetisch
13	Si le **veo**, se lo digo.	real, in der Gegenwart
14	Si le **viera**, se lo diría.	hypothetisch
15	Si no **hiciera** tanto frío, de seguro que te acompañaría.	hypothetisch
16	Yo, si **pudiera**, no trabajaría.	hypothetisch
17	Yo iría al cine si **tuviera** tiempo.	hypothetisch
18	¿Qué pasaría si **creciera** la contaminación en el país?	hypothetisch
19	Si **comprara** esta casa, diseñaría el jardín de otra forma.	hypothetisch
20	Me grita como si yo no **oyera**.	wegen *como si*

9.2.3 Einsetzübung 3: Indikativ und *Subjuntivo* im *si*-Satz

Setzen Sie in die folgenden Übungssätze die passende Verbform ein. Geben Sie in der rechten Spalte eine passende deutsche Übersetzung an.

9.2.3.1 Einsetzübung 3: Aufgaben

Nr.	Spanischer Satz	Deutsche Übersetzung
1	Si Óscar .... (tener) coche, te llevaría al aeropuerto.	
2	Si .... (terminar) este trabajo para el viernes, nos harían un gran favor.	
3	Si sus amigos se .... (ir) más tarde, Verónica podría irse con ellos.	
4	Llamaría a Juan si .... (tener) su número de teléfono.	
5	Si .... (ser) tan importante, me habrían pedido que asistiera.	
6	Julio gasta dinero como si .... (ser) millonario.	
7	Si .... (estar) enferma como tú ahora, me quedaría en cama.	
8	Si .... (estudiar), sabría ahora más.	
9	Si .... (tener) dinero, habría viajado a Argentinia.	
10	Habla castellano como si .... (ser) chilena.	
11	Habla la variante chilena como si .... (nacer) en Chile.	
12	Vive hablando de leyes como si .... (ser) abogado.	
13	Yo también me sentiría muy mal si se .... (ir) sin decir adiós.	
14	Si los libros .... (hablar), aprender sería más divertido.	
15	Como si .... (ser) algo normal.	

9.2 Übungen zu Bedingungssätzen

9.2.3.2 Einsetzübung 3: Lösungen

Nr.	Spanischer Satz	Deutsche Übersetzung
1	Si Óscar **tuviera** coche, te llevaría al aeropuerto.	Wenn Oskar ein Auto hätte, würde er dich zum Flughafen bringen.
2	Si **terminaran** este trabajo para el viernes, nos harían un gran favor.	Wenn Sie diese Arbeit bis Freitag abschließen würden, täten Sie uns einen großen Gefallen.
3	Si sus amigos se **fueran** más tarde, Verónica podría irse con ellos.	Wenn ihre Freunde später abfahren würden, könnte Veronika mit ihnen fahren.
4	Llamaría a Juan si **tuviera** su número de teléfono.	Ich würde Juan anrufen, wenn ich seine Nummer hätte.
5	Si **hubiera sido** tan importante, me habrían pedido que asistiera.	Wenn es so wichtig gewesen wäre, hätten sie mich gebeten, daran teilzunehmen.
6	Julio gasta dinero como si **fuera** millonario.	Julio gibt Geld aus, als ob er ein Millionär wäre.
7	Si **estuviera** enferma como tú ahora, me quedaría en cama.	Wenn ich so krank wäre wie du jetzt, würde ich im Bett bleiben.
8	Si **hubiera estudiado**, sabría ahora más.	Wenn ich studiert hätte, wüsste ich jetzt mehr.
9	Si **hubiera tenido** dinero, habría viajado a Argentinia.	Wenn ich Geld gehabt hätte, wäre ich nach Argentinien gefahren.
10	Habla castellano como si **fuera** chilena.	Sie spricht Spanisch, als ob sie Chilenin wäre.
11	Habla la variante chilena como si **hubiera nacido** en Chile.	Sie spricht die chilenische Variante, als ob sie in Chile geboren wäre.
12	Vive hablando de leyes como si **fuera** abogado.	Er spricht ständig über Gesetze, als ob er Rechtsanwalt wäre.
13	Yo también me sentiría muy mal si se **hubiera ido** sin decir adiós.	Auch ich würde mich sehr schlecht fühlen, wenn er abgereist wäre, ohne sich zu verabschieden.
14	Si los libros **hablaran**, aprender sería más divertido.	Wenn die Bücher sprächen (sprechen könnten), wäre lernen viel vergnüglicher.
15	Como si **fuera** algo normal.	Als wäre es etwas Normales.

9.2.4 Einsetzübung 4: Indikativ und *Subjuntivo* im *si*-Satz

Setzen Sie in die folgenden Übungssätze die passende Verbform ein. Geben Sie in der rechten Spalte eine passende deutsche Übersetzung an.

9.2.4.1 Einsetzübung 4: Aufgaben

Nr.	Spanischer Satz	Deutsche Übersetzung
1	Vives como si .... (ser) millonario.	
2	Tocó como si no .... (practicar) nunca.	
3	Si Enrique .... (tener) dinero, iría al cine.	
4	Si Enrique .... (tener) dinero, iba al cine.	
5	Si no .... (ser) tan tonto, admitiría que está equivocado.	
6	Estaríamos muy agradecidos si .... (poder) facilitarnos los detalles del procedimiento a seguir.	
7	Eso tendría sentido, si .... (caber) la vida en un poema.	
8	¿Si .... (salir) un album nuevo de Victor Jara que nombre le pondría?	
9	Si .... (mantener) su nivel hubiera ganado.	
10	No me hables conmigo como si .... (importar) lo que haga.	
11	Si .... (vivir) todavía el Ché, ¿qué diría?	
12	Si .... (poner) tu dinero en un calcetín, seguramente, nacionalizarían los calcetines.	
13	Estarían muy contentos si .... (poder) suprimir el Parlamento Europeo.	
14	Rigoberto habla de México como si .... (vivir) allá toda su vida.	
15	Es como si .... (molestar) todo lo que "huele a pasado"	

9.2.4.2 Einsetzübung 4: Lösungen

Nr.	Spanischer Satz	Deutsche Übersetzung
1	Vives como si **fueras** millonario.	Du lebst, als ob du ein Millionär wärest.
2	Tocó como si no **hubiera practicado** nunca.	Er spielte, als ob er niemals geübt hätte.
3	Si Enrique **tuviera** dinero, iría al cine.	Wenn Enrique Geld hätte, würde er ins Kino gehen.
4	Si Enrique **tenía** dinero, iba al cine.	Immer wenn Enrique Geld hatte, ging er ins Kino.
5	Si no **fuera** tan tonto, admitiría que está equivocado.	Wenn er nicht so dumm wäre, würde er zugeben, dass er sich geirrt hat.
6	Estaríamos muy agradecidos si **pudiera** facilitarnos los detalles del procedimiento a seguir.	Wir wären Ihnen sehr dankbar, wenn Sie uns die Angaben zur weiteren Vorgehensweise zukommen lassen könnten.
7	Eso tendría sentido, si **cupiera** la vida en un poema.	Das hätte Sinn, wenn das Leben in ein Gedicht passte.
8	¿Si **saliera** un album nuevo de Victor Jara que nombre le pondría?	Wenn ein neues Album von Victor Jara herauskäme, wie würde er es nennen?
9	Si **hubiera mantenido** su nivel hubiera ganado.	Wenn er sein Niveau beibehalten hätte, hätte er gewonnen.
10	No me hables conmigo como si **importara** lo que haga.	Sprich nicht mit mir als ob es von Bedeutung wäre, was ich mache.
11	Si **viviera** todavía el Ché, ¿qué diría?	Wenn der Ché noch leben würde, was würde er sagen?
12	Si **pusieras** tu dinero en un calcetín, seguramente, nacionalizarían los calcetines.	Wenn du dein Geld in einen Strumpf stecktest, würden sie gewiss die Strümpfe verstaatlichen.
13	Estarían muy contentos si **pudieran** suprimir el Parlamento Europeo.	Sie wären zufrieden, wenn sie das Europäische Parlament abschaffen könnten.
14	Rigoberto habla de México como si **hubiera vivido** allá toda su vida.	Rigoberta spricht von Mexiko als ob sie ihr ganzes Leben dort gelebt hätte.
15	Es como si **molestara** todo lo que "huele a pasado"	Es ist, als ob alles störte (stören würde), was „nach Vergangenheit riecht".

10 Bibliografie

10.1 Primärliteratur

Alarcón, Pedro Antonio de (1883): Viajes por España. Online verfügbar unter: http://www.gutenberg.org/ebooks/26314 [letzter Aufruf: 01.06.2016].

Banco de España (2012): Informe de Estabilidad. Online verfügbar unter: http://www.bde.es/webbde/es/secciones/informes/boletines/Informe_de_Estab/anoactual/ [letzter Aufruf: 01.06.2016].

Carbonell, Miguel S. (2008): Bolívar. In: Nelson 2008: 506-507.

Chumaceiro, Irma / Álvarez, Alexandra (2004): El español, lengua de América. Caracas: Editorial CEC.

Martín Gaite, Carmen (2012): Entre visillos. Madrid: Ediciones Siruela.

Mateo Sanz, Mercedes (2010): Abanico español – Spanien in kleinen Geschichten. Herausgegeben und übersetzt von Birgirt Heerde. München: dtv Verlagsgesellschaft.

Mera, Juan L. (2008): Una mañana en los Andes. In: Nelson 2008: 195-196.

Nelson, Ernesto (2008): Heath's Modern Language Series: The Spanish American Reader (Spanish version). Online verfügbar unter: http://www.gutenberg.org/ebooks/39647 [letzter Aufruf: 01.06.2016].

Pérez Galdós, Benito (1878/2007): Cádiz. Online verfügbar unter: http://www.gutenberg.org/ebooks/21906 [letzter Aufruf: 01.06.2016].

Portillo y Rojas, José López (2008): En diligencia. In: Nelson 2008: 224-225.

Sabato, Ernesto (1948): El túnel. Barcelona: Seix Barral. Online verfügbar unter: http://biblio3.url.edu.gt/Libros/sabato/tunel.pdf [letzter Aufruf: 01.06.2016].

Unamuno, Miguel de (2013): Abel Sánchez. Online verfügbar unter: http://www.gutenberg.org/ebooks/44512 [letzter Aufruf: 01.06.2016].

10.2 Sekundärliteratur

Alarcos Llorach, Emilio (1970): Estudios de gramática funcional del español. Madrid: Gredos.

Alonso, Amado / Henríquez Ureña, Pedro (1938): Gramática castellana. 2 Bände. Buenos Aires: Losada.

Becker, Martin (2010): Die Ingredienzen des romanischen Imperfekts. In: Linguistische Berichte 221(2010): 79-108.

Bello, Andrés (1847): Gramática de la lengua castellana destinada al uso de los americanos. Santiago de Chile: Imprenta del Progreso.

Benveniste (1966): Problèmes de linguistique générale, Band 1. Paris: Gallimard.

Bosque, Ignacio (Hrsg.) (1990a): Tiempo y aspecto en español. Madrid: Gredos.

Bosque, Ignacio (Hrsg.) (1990b): Indicativo y subjuntivo. Madrid: Taurus.

Bosque, Ignacio / Demonte, Violeta (Hrsg.) (1999): Gramática descriptiva de la lengua española. 3 Bände. Madrid: Espasa.

Bußmann, Hadumod (2008): Lexikon der Sprachwissenschaft. Stuttgart: Kröner.

Cartagena, Nelson (1978): Acerca de las categorías de tiempo y aspecto en el sistema verbal del español. In: Revista española de lingüística 8(1978): 373-408.

Cartagena, Nelson (1994): Das Tempussystem der spanischen Gegenwartssprache. In: Thieroff/Ballweg 1994: 173-190.
Cartagena, Nelson / Gauger, Hans-Martin (1989): Vergleichende Grammatik Spanisch-Deutsch. Band 1 und 2. Mannheim: Dudenverlag.
Coseriu, Eugenio (1976): Das romanische Verbalsystem. Tübingen: Narr.
de Bruyne, Jacques (2002): Spanische Grammatik. Tübingen: Niemeyer.
Duden (2006): Band 4: Die Grammatik. Mannheim: Dudenverlag.
Duden (2007): Band 9: Richtiges und gutes Deutsch. Mannheim: Dudenverlag.
Esbozo (1973) = Real Academia Española (1973): Esbozo de una nueva gramática de la lengua española. Madrid: Espasa Calpe.
García Fernández, Luis / Camus Bergareche, Bruno (Hrsg.) (2004): El pretérito imperfecto. Madrid: Gredos.
Lyons, John (1980): Semantik. Band 1. München: Beck.
Lyons, John (1983): Semantik. Band 2. München: Beck.
Navas Ruiz, Ricardo (1990): El subjuntivo castellano. Teoría y bibliografía crítica. In: Bosque (Hrsg.) (1990b): 107-141.
NGLE (2010) = Real Academia Española (2010): Nueva gramática de la lengua española. México: Editorial Planeta.
Palacio Alegre, Blanca: Indefinido e imperfecto se oponen ... ¡dentro de un contexto! In: Foro de profesores de E/LE, 3(2007): 177-184. Online verfügbar unter: https://dialnet.unirioja.es/servlet/articulo?codigo=4901471 [letzter Aufruf: 01.06.2016].
Pérez Saldanya, Manuel (2004): Los tiempos verbales: dificultades teóricas y terminológicas. In: García Fernández/Camus Bergareche 2004: 194-228.
Reichenbach, Hans (1947/²1966): Elements of Symbolic Logic. New York: Free Press.
Real Academia Española (1931): Gramática de la lengua española. Madrid: Espasa Calpe.
Real Academia Española (1973): siehe Esbozo.
Real Academia Española (2010): siehe NGLE.
Ridruejo, Emilio (1999): Modo y modalidad. El modo en las subordinadas sustantivas. In: Bosque/Demonte 1999: 3209-3251.
Rojo, Guillermo / Veiga, Alexandre (1999): El tiempo verbal. Los tiempos simples. In: Bosque/Demonte 1999: 2.2867-2975.
Siever, Holger (2013): Übersetzen Spanisch – Deutsch. Ein Arbeitsbuch. Tübingen: Narr.
Thieroff, Rolf / Ballweg, Joachim (Hrsg.) (1994): Tense Systems in European Languages. Tübingen: Niemeyer.
Vera Morales, José (2008): Spanische Grammatik. München: Oldenbourg.
Weinrich, Harald (1964): Tempus. Besprochene und erzählte Welt. Stuttgart: Kohlhammer.

10.3 Internetquellen

IQ 1   www.rae.es: Real Academia Española
    IQ 1.1 http://lema.rae.es/drae/?val=pret%C3%A9rito%20anterior
IQ 2   www.bde.es: Banco de España
    IQ 2.1 http://www.bde.es/webbde/es/secciones/informes/boletines/Informe_de_Estab/anoactual/
IQ 3   www.elmundo.es: El Mundo
    IQ 3.1 http://www.elmundo.es/elmundo/2012/08/17/cultura/1345192319.html
IQ 4   www.gutenberg.org: Gutenberg-Projekt
    IQ 4.1 http://www.gutenberg.org/ebooks/21906 (Pérez Galdós)

IQ 4.2 http://www.gutenberg.org/ebooks/26314 (Alarcón)
IQ 4.3 http://www.gutenberg.org/ebooks/39647 (Nelson)
IQ 4.4 http://www.gutenberg.org/ebooks/44512 (Unamuno)
IQ 5   www.url.edu.gt: Universidad Rafael Landívar (Guatemala)
   IQ 5.1 http://biblio3.url.edu.gt/Libros/sabato/tunel.pdf
IQ 6   dialnet.unirioja.es
   IQ 6.1 https://dialnet.unirioja.es/servlet/articulo?codigo=4901471

Holger Siever

Übersetzen Spanisch – Deutsch

Ein Arbeitsbuch

narr STUDIENBÜCHER
3., überarb. Auflage 2013
176 Seiten,
€[D] 18,–
ISBN 978-3-8233-6789-5

Wer aus dem Spanischen ins Deutsche übersetzt, bemerkt bald, dass es für bestimmte typisch spanische Satzkonstruktionen keine direkte Entsprechung im Deutschen gibt. Für andere gibt es zwar Entsprechungen, diese sind aber im Deutschen oftmals unüblich, weil sie holprig und schwerfällig klingen. Dieses Arbeitsbuch rückt aus der Übersetzerperspektive genau solche Unterschiede auf der Satzebene zwischen den beiden Sprachen in den Mittelpunkt.

Für die Konstruktionen, deren elegante Übersetzung Deutschen erfahrungsgemäß besonders schwer fällt, zeigt es grundlegende Lösungsmöglichkeiten auf. Diese bilden den Ausgangspunkt für eine stilistische und textsortenadäquate Optimierung.

Das Buch festigt den übersetzerischen Umgang mit grammatikalischen Strukturen und liefert den Studierenden damit grundlegende Fertigkeiten für den weiteren Studienverlauf.

JETZT BESTELLEN!

Narr Francke Attempto Verlag GmbH+Co. KG \ Dischingerweg 5 \ 72070 Tübingen \ Germany
Tel. +49 (07071) 9797-0 \ Fax +49 (07071) 97 97-11 \ info@narr.de \ www.narr.de

Sprache verbindet
dtv zweisprachig

dtv

Abanico español

Spanien
in kleinen Geschichten

Erzählt von Mercedes Mateo Sanz

120 Seiten € 7,90

dtv

Es muy fácil, ¿verdad?

Einfach Spanisch lesen

112 Seiten € 7,90

dtv

Cuentos míticos
latinoamericanos

Mythische Geschichten
aus Lateinamerika

Erzählt von Osvaldo Calle Quiñonez

144 Seiten € 9,90

dtv

Primeras lecturas

Erste spanische
Lesestücke

120 Seiten € 6,90

www.dtv.de **dtv**